中国上市公司ESG表现对权益资本成本的影响研究

陈永怀 等 著

中国财经出版传媒集团
中国财政经济出版社

·北京·

图书在版编目（CIP）数据

中国上市公司 ESG 表现对权益资本成本的影响研究 /
陈永怀等著. -- 北京：中国财政经济出版社，2024.
10. -- ISBN 978 - 7 - 5223 - 3451 - 6

Ⅰ. F279.23

中国国家版本馆 CIP 数据核字第 2024JA9032 号

责任编辑：谷 磊	责任印制：张 健
封面设计：陈宇琰	责任校对：胡永立

中国上市公司 ESG 表现对权益资本成本的影响研究
ZHONGGUO SHANGSHI GONGSI ESG BIAOXIAN DUI QUANYI ZIBEN CHENGBEN DE
YINGXIANG YANJIU

中国财政经济出版社 出版

URL：http://www.cfeph.cn
E - mail：cfeph@ cfeph.cn
（版权所有　翻印必究）

社址：北京市海淀区阜成路甲 28 号　邮政编码：100142
营销中心电话：010 - 88191522
天猫网店：中国财政经济出版社旗舰店
网址：https://zgczjjcbs.tmall.com
中煤（北京）印务有限公司印刷　各地新华书店经销
成品尺寸：170mm×240mm　16 开　20 印张　269 000 字
2024 年 10 月第 1 版　2024 年 10 月北京第 1 次印刷
定价：58.00 元
ISBN 978 - 7 - 5223 - 3451 - 6
（图书出现印装问题，本社负责调换，电话：010 - 88190548）
本社图书质量投诉电话：010 - 88190744
打击盗版举报热线：010 - 88191661　QQ：2242791300

前　言

　　一直以来，有关企业权益资本成本的探讨都是公司财务研究的核心课题之一；而在可持续发展理念逐步普及的今天，ESG投资已成为当下一个非常热络的议题，因此从ESG表现的视角研究权益资本成本就成为当前公司财务研究的前沿课题之一。相较于上市公司财务报告的CPA审计，ESG表现作为第三方机构对企业承担ESG责任的社会评价，是对企业环境保护、社会责任、公司治理三项非财务信息的一种社会鉴证。学者们从财务绩效和企业价值等视角考察ESG表现的影响，为企业实施ESG战略提供了证据支持。本书基于权益资本成本的视角，把ESG表现这种非财务鉴证信息作为委托代理制度下缓解资金供求双方信息不对称的一种手段，系统检验了ESG表现对上市公司权益资本成本的影响，以及该影响的作用路径和作用机制，丰富了相关研究成果。

　　具体而言，本书采用彭博（Bloomberg）ESG评价作为上市公司ESG表现的代理变量，采用资本资产定价模型（Capital Asset Pricing Model，CAPM）模型度量权益资本成本，以ESG表现对权益资本成本的影响为基础，在研究ESG表现与权益资本成本之间以融资约束、系统风险为路径的中介效应的基础上，探究在信息不对称条件下媒体治理等对该中介效应的调节作用。基于理论推演，本书实证了ESG表现、融资约束、系统风险、媒体治理、权益资本成本等的内在关系。具体内容包括，从理论上探讨ESG表现对权益资本成本的影响，ESG表现通过融资约束、系统风险对权益资本成本的影响，媒体治理与ESG表现、融资约束、系统风险对权益资本成本的交互影响。本书研究样本为中国股市上市公司，时间跨度为2011—2021年，研究方法包括但不限于单变量分析和多元回归分析。通过对相关假设的实证检验和稳健性检验，本书发现ESG表现是影响企业权益资本成本的一个重要因素：ESG表现通过缓解企业融资约束状况、平抑企业证券的系统风险降低其权益资本成本，而媒体治理会削弱ESG表现对公司权益资本成本的积极影响，主要途径是削弱两者之间通过融资约束、系统风险的间接效应，强化两者之间的直接效应。本书具体的研究成果如下。

首先，在探讨ESG表现对权益资本成本的影响方面，理论推演与实证检验表明：（1）ESG表现与权益资本成本呈显著负相关。该结论在产权性质不同、所处地区差异的情况下依然成立。（2）ESG表现各子项与权益资本成本呈显著负相关且与总效应有显著区别，其中公司治理贡献最大，占主导地位。

其次，ESG表现与权益资本成本之间存在不同的作用路径和作用机制，理论推演和实证检验表明：（1）ESG表现与权益资本成本之间分别存在以融资约束、系统风险、融资约束—系统风险为路径的中介效应，该效应为部分中介效应。（2）媒体治理在ESG表现对权益资本成本的影响中存在负向调节作用。

前　言

最后，本书研究了 ESG 表现与权益资本成本之间各路径的作用机制，研究发现：（1）媒体治理对 ESG 表现与权益资本成本之间的直接路径存在调节作用，随着媒体治理强度的增加，该路径的效应在增强。（2）媒体治理对于以融资约束、系统风险、融资约束—系统风险为路径的间接效应存在调节作用，与对直接路径不同，随着媒体治理强度的增加，各间接路径的效应在降低：①媒体治理强度的提升会迅速削弱以系统风险为路径的间接效用，直至效应为零。②媒体治理强度的提升会削弱以融资约束—系统风险为路径的间接效用，强度次之。③媒体治理强度的提升会削弱以融资约束为路径的间接效用，强度在这三者中最低。（3）在媒体治理的调节下，ESG 表现的总效应是降低的。（4）研究表明，各中介变量对负面报道敏感程度的不同是导致以上差异的原因。

启示：（1）管理层应该加强顶层设计和制度建设，提升企业消极承担 ESG 责任的法律成本，用制度规范企业的行为，提升行政管理的透明度、效率和效益。（2）加强研究，完善 ESG 表现的评价机制，促进 ESG 评价更加客观、公正和易于操作。（3）强化可持续发展理念的宣传，引导企业从自愿承担到自觉承担 ESG 责任的转变。（4）加强对媒体，特别是自媒体的监督管理，引导媒体对企业客观公正地报道，充分发挥媒体治理的积极作用。（5）加大绿色信贷的支持力度，用经济杠杆引导企业积极承担 ESG 责任，促进整个社会的良性发展。

本书的出版得到张友鹏、吴祥虎、陈妍的积极参与，还得到孙家秀、戴彬、陈业、姚增福等人的大力支持和帮助，获得西华师范大学、嘉陵江流域现代产业高质量发展研究中心的资助，在此表示感谢。

编者

2024 年 9 月

目　　录

第1章　绪论 …………………………………………………… 1

 1.1　选题背景和问题提出 ……………………………… 2
 1.2　研究意义 …………………………………………… 7
 1.3　研究目标、研究内容和研究方法 ………………… 9
 1.4　关键术语界定 ……………………………………… 17
 1.5　研究创新 …………………………………………… 18
 1.6　本章小结 …………………………………………… 20

第2章　文献综述 ……………………………………………… 21

 2.1　权益资本成本研究综述 …………………………… 22
 2.2　ESG研究综述 ……………………………………… 29
 2.3　融资约束研究综述 ………………………………… 36
 2.4　媒体治理研究综述 ………………………………… 41
 2.5　本章小结 …………………………………………… 45

第3章　ESG表现的评价及量化 ……………………………… 49

 3.1　ESG理念的历史沿革 ……………………………… 50
 3.2　ESG表现的度量 …………………………………… 54
 3.3　常见第三方评级机构 ……………………………… 56

3.4　ESG 度量的述评 ················· 65
　　3.5　本章小结 ····················· 66

第 4 章　ESG 表现对权益资本成本的总效应研究 ······· 69
　　4.1　理论分析与研究假设 ··············· 71
　　4.2　实证方案设计 ·················· 74
　　4.3　实证结果与分析 ················· 89
　　4.4　稳健性检验 ··················· 121
　　4.5　本章小结 ···················· 135

第 5 章　ESG 表现对权益资本成本影响的中介效应研究 ···· 137
　　5.1　理论分析与研究假设 ··············· 139
　　5.2　实证方案设计 ·················· 143
　　5.3　实证结果与分析 ················· 151
　　5.4　稳健性检验 ··················· 169
　　5.5　本章小结 ···················· 181

第 6 章　ESG 表现对权益资本成本影响的调节效应研究 ···· 183
　　6.1　理论分析与研究假设 ··············· 186
　　6.2　实证方案设计 ·················· 191
　　6.3　实证结果与分析 ················· 199
　　6.4　稳健性检验 ··················· 214
　　6.5　本章小结 ···················· 227

第 7 章　ESG 表现对权益资本成本影响的调节中介效应研究 ·· 229
　　7.1　理论分析与研究假设 ··············· 231
　　7.2　实证方案设计 ·················· 235
　　7.3　实证结果与分析 ················· 241

7.4 稳健性检验 …………………………………………… 260
7.5 本章小结 …………………………………………… 266

第8章 结论和政策启示 …………………………………………… 269

8.1 主要研究结论 …………………………………………… 270
8.2 政策启示 …………………………………………… 274
8.3 研究局限与研究展望 …………………………………………… 275
8.4 本章小结 …………………………………………… 276

参考文献 …………………………………………… 277
附录 …………………………………………… 299

表索引 …………………………………………… 303
图索引 …………………………………………… 309

中国上市公司ESG表现对权益资本成本的影响研究

Chapter 1

第1章 绪　论

1.1　选题背景和问题提出

权益资本成本是企业的所有者投入企业资本金的成本,是投资者预期的资本使用回报率,是企业进行财务决策的一个重要的参考因素。如果某一项目的投资回报率低于其权益资本成本,从财务管理的角度来看该项目是不可取的,因为该项目的实施不仅不会给股东带来新的财富,还会减损股东的现有财富;与此同时,为了吸引资本,一项投资至少需要满足投资者预期的资本使用回报率。从投资者的角度来看,权益资本成本具有机会成本的特征,因为通过将资本分配给特定投资对象,他们放弃了其他具有可比风险结构和期限结构的替代投资的机会,因此也放弃了相关回报。一般认为,随着投资风险的增加,预期回报率即权益资本成本也相应增加(Pratt & Grabowski, 2014)。从公司的角度来看,权益资本成本代表了股权提供者预期的最低回报率(Brealey et al., 2013)。因此,对于权益资本成本的研究一直是公司金融和公司财务理论研究的热点,同时权益资本成本也是公司金融实践的一个重要的决策变量,常用于股息估算、投资评估或基于价值的管理。它包括在中国现有国情下对国企改革成效的评价、资本市场的建设与完善,以及企业在融资方式、融资渠道和投资项目抉择等的管理。

一方面,学者们的研究集中在权益资本成本的度量上,研发出很多用以衡量企业权益资本成本的计算方法,其中比较有代表性且适用较为广泛的计算模型如资本资产定价模型(CAPM),该模型采用公司的一个特征变量——系统风险就可以方便地计算出权益资本成本,极大地便利了权益资本成本理论的研究。而其他计算方式如套利定价模型(Arbitrage Pricing Theory, APT)、Fama-French 三因素模型以及剩余收益模型等都是在一定程度上对资本资产定价模型的改进,但由于适用条件相对严苛，这些方法被广泛采用的程度稍有下降。另一方面，学者们还积极地找寻影响权益资本成本的因素，期望从控制权益资本成本的影响因素达到对权益资本成本的改变。比如宏观经济的影响，包括国家经济政策、财政政策、经济环境等对权益资本成本的影响；又如公司特征的影响，包括公司盈利状况、治理结构、股利政策、社会责任等对权益资本成本的影响。如今，伴随着可持续发展理念在全社会的普及，人们意识到我们只有一个地球，维护我们的生存家园是每一个公民、企业、政府部门不可推卸的责任，国家为此提出可持续发展战略，现代企业为了长期存续也就必须摒弃只崇尚股东价值最大化的固有思维、融合利益相关者理论、协同多方资源以实现企业经济效益和社会效益最大化。在此情况下，探究企业承担环境责任、社会责任与权益资本成本之间的关系就非常具有理论意义和实践价值。

  一些学者认为，承担企业社会责任（Corporate Social Responsibility，CSR）的公司会浪费各种资源，相较于没有承担此类义务的公司处于竞争劣势（Aupperle et al., 1985）。因为企业社会责任强调的是责任，承担企业社会责任将有悖于企业追求股东财富最大化的目标——无论是承担对雇员、消费者、债权人的责任还是采取措施较好地利用资源、保护环境，一定会有代价以成本的形式进入财务报告，成为财务成果的抵减项，从而降低企业的价值。另一些学者认为，企业满足利益相关者（如雇员、客户等）的隐性需求将有利于提高企业的声誉，并对财务绩效产生积极的影响（Cornell & Shapiro，1987）。

  不可否认，由于过去几十年发达经济体"先发展、后治理"的理念甚嚣尘上，发达国家当年不负责任地破坏环境以维系经济高速增长导致全球面临越来越严峻的气候、环境、资源挑战。中国作为一个负责任的大国，高举可持续发展的旗帜，不断充实完善一系列与环境相关的法律法规，使得企业承担环境责任的强制属性逐渐凸显，并与承担社会责任的自愿属性产生差异。比如，国内上市公司以前很少披露其社会责任信息，因为缺乏明确的制度规定，大多数企业也就缺乏相应的动力承担或披露其社会责任信息。自 2006 年深圳证券交易所（以下简称"深交所"）发布《上市公司社会责任指引》[①]之后，这种状况得以改善，但披露内容和披露方式都很随意，披露数量虽然有所提高，企业社会责任信息披露质量却并未提高（沈洪涛和金婷婷，2006）。2018 年，中国证监会对上市公司首次就环境责任、社会责任以及公司治理提出三位一体的要求[②]，ESG 理念开始在国内普及。

ESG 是英文 Environmental（环境）、Social（社会）和 Governance（治理）三个英文单词首字母的缩写，是一种关注环境保护、社会责任、公司治理绩效而非财务绩效的投资理念和评价标准（中国证券投资基金业协会和国务院发展研究中心金融研究所，2020），主要包括三个方面的内容：ESG 信息披露标准，对企业 ESG 表现的评价方法，以及 ESG 表现评价结果对投资的指引和参考作用。张飒（2017）认为，这三个方面是一个整体，其中披露是前提，评价是方法，核心是为投资者在社会责任投资（Socially Responsible Investment，SRI）方面提供决策依据。第一，投资者可以根据企业的 ESG 表现，评估其在促进经济可持续发展、履行社会责任等方面的贡献（中国证券投资基金业协会和国务院发展研究中心金融研究所，2020）。与传统社会责任相比，ESG 把环境责任放在首位，突出了自然环境的重要性，强调了节能减排与资源的投入产出效率，更是引导企业把社会可持续发展理念融入自己的发展战略，实现了从宏观社会治理战略到微观企业管理策略的对立统一；第二，ESG 在确保利益相关者合法利益的同时，维护了企业的主观能动性，该理念把公司治理纳入评价范

---

① 中央政府门户网站：https://www.gov.cn/banshi/2006-09/26/content_399213.htm。

② 中央政府门户网站：http://www.gov.cn/gongbao/content/2019/content_5363087.htm。中国证券监督管理委员会公告〔2018〕29 号《上市公司治理准则》。

围,在治理路径上实现了从社会治理到企业管理的转变;第三,在经历伦理投资、早期社会责任投资、现代社会责任投资之后,ESG理念推动ESG投资的兴起,将企业社会责任的承担由外在推动升级为内在驱动,实现了可持续发展理念在环境、社会、企业三者之间的良性互动。因此,从ESG的角度考察和评价企业对社会可持续发展的贡献就更有理论意义和实践价值。

2004年,自联合国全球契约组织正式提出"环境、社会及治理"(Environmental, Social and Governance, ESG)概念以来,联合国、国际组织、主要发达经济体、国际ESG评级机构等在上市公司ESG管理的国际协调、国际交流、信息披露监管和评级指标体系建设等方面取得快速进展(张长江等,2021)。国际组织和投资机构将ESG概念不断深化,针对ESG理念的三个方面演化出了全面、系统的信息披露标准和评价方法,成为一套完整的ESG理念体系。国际主要投资公司也逐步推出ESG投资产品。随着ESG理念在全球的传播,中国证监会于2018年修订了《上市公司治理准则》,明确了上市公司ESG责任。随后,相关机构编撰出版了《中国上市公司ESG评价体系研究报告(2019)》(中国证券投资基金业协会和国务院发展研究中心金融研究所,2020),基于中国的立场和实际情况规范了ESG的概念,明确了ESG的内涵和外延,并确定了相应的评价体系。一些数据信息服务机构也趁势推出了自己的ESG评价指数供投资者参考。自此,ESG相关理念被引入投资领域,并逐渐得到社会的认可和投资者的信赖。ESG评价对资本市场的影响也日渐凸显,标志着中国上市公司ESG治理已经步入实操阶段;2022年,国家市场监督管理总局发展研究中心、中国质量万里行促进会共同发布了《企业ESG评价通则》和《企业ESG信息披露通则》[①],并成立新华网"ESG专家委员会",为政府决策、监管政策落实、企业规范制定提

---

① 中国质量万里行促进会网站:https://www.caqp.org.cn/xinwen/bh/232.html。

供服务与支持，为促进中国 ESG 理念规范化和标准化迈出关键一步。

基于中国的实际情况，国内学界长期偏重上市公司环境信息和社会责任信息的披露、评价、动因以及效应等方面的研究。对于上市公司 ESG 表现的相关研究，多聚焦于环境绩效与权益资本成本的关系（沈洪涛等，2010；佟孟华等，2020）、社会责任绩效与权益资本成本的关系（李姝等，2013；黄建元和靳月，2016）、公司治理与权益资本成本的关系（陈宋生等，2015；蒋琰，2009）等方面，以 ESG 综合表现为核心变量探讨 ESG 表现对上市公司绩效提升方面研究的文献相对较少。

与此同时，媒体报道对于 ESG 理念在国内的普及功不可没。媒体报道对权益资本成本有重大影响（肖作平和黄璜，2013）。目前，中国网民规模达 10.32 亿[①]，投资者通过网络获取投资信息已经成为工作和日常生活的一部分。网络媒体改变了信息传播的速度和广度（陶可和张维，2018），成为 ESG 投资理念传播的重要途径。而根据新古典经济学理论，承担 ESG 责任会增加公司不必要的成本，从而使公司在竞争中处于劣势地位（Friedman，1970；Aupperle et al.，1985；Manner，2010；Jensen，2002），因为这种"不必要的成本"会产生"挤出效应"，对企业的生产经营活动以及投资行为产生影响，这对于受到融资约束影响的企业会更加明显。因此，厘清 ESG 表现、融资约束、媒体报道与权益资本成本之间的关系具有重要的理论意义和学术价值。

本书以中国现实国情为出发点，较为全面和系统地研究 ESG 表现、融资约束、媒体治理（网络媒体负面报道）与权益资本成本之间的关系，探讨其中的路径和机制，对已有文献作出有益的补充。具体而言，本书将从以下几个方面着手：（1）ESG 表现是如何影响中国上市公司权益资本成本的？（2）ESG 表现如何通过融资约束等路

---

① 中华人民共和国中央人民政府网站：http：//www.gov.cn/xinwen/2022 - 02/25/content_5675643.htm。

径作用于权益资本成本的？（3）媒体治理是怎样影响 ESG 表现与上市公司权益资本成本之间关系的？（4）媒体治理对这些路径存在什么样的作用机制？以上问题的回答对于 ESG 相关理论的发展以及中国资本市场的建设都具有十分重要的理论价值和现实意义。

1.2 研究意义

1.2.1 理论意义

首先，本书以中国的具体国情为出发点，实证检验了 ESG 表现对权益资本成本的积极影响，为监管部门的制度建设和规范化运作提供了理论支持和经验证据。近年来，为了推动企业承担 ESG 相关责任以及提高投资者对 ESG 理念的认知，监管部门制定了一系列相关政策法规。在此背景下，上市公司积极遵从政策要求是否有利于其在资本市场融资——这对于企业自愿践行 ESG 理念意义重大。通过对上市公司 ESG 表现与权益资本成本之间关系的实证检验，本书明确了 ESG 表现已成为投资者进行资本定价的一个重要因素，积极承担 ESG 责任有助于企业以更低的权益资本成本融资。这对于监管部门进一步完善相关制度的建设有相当的现实意义。本书的研究还有助于培养和增强企业自觉践行 ESG 理念的意识，引导企业以一种新的思路提高融资效率和融资效益。

其次，把企业承担 ESG 责任经济后果的研究从主要关注企业财务绩效类指标的视角拓展至融资约束、系统风险、媒体治理等视角，为企业 ESG 责任的风险降低假说提供了经验证据。基于不同的理论基础，关于企业 ESG 表现与系统风险的关系存在风险增加和风险降低两种理论假说，本书通过对中国上市公司 ESG 表现与系统风险关系的研究，发现在中国现有经济、法律环境下积极承担 ESG 相关责任有助于降低企业系统风险，这为企业承担相关责任会降低系统风险的假说提供了经验证据，进而从系统风险的视角揭示了企业承担相关责任对企业资产保值增值的积极作用，丰富了相关研究成果，拓展了人们的认知，对于促进企业增强ESG意识，强化ESG战略管理具有积极的现实意义。

最后，采用中介变量法和调节变量法，分别以融资约束、系统风险为中介，以媒体治理为调节，验证和揭示了企业ESG表现降低权益资本成本的路径与机制，对于厘清ESG表现与权益资本成本之间的关系提供了更深入和有说服力的经验证据：（1）基于ESG理念的内涵和权益资本成本的定义，从理论层面阐释企业承担环境、社会以及公司治理责任对权益资本成本的作用机理；（2）采用中介效应检验法，验证了企业承担ESG相关责任可以缓解企业融资约束状况和降低其证券系统风险，进而降低权益资本成本；（3）采用调节效应检验法，验证了媒体治理可以改变ESG表现对权益资本成本的影响；（4）采用调节中介效应法，验证了在信息不对称条件下，媒体治理可以改变ESG表现以及ESG表现分别和同时通过融资约束、系统风险对权益资本成本的影响，全面揭示和厘清企业承担ESG责任与权益资本成本的关系，意义重大。

1.2.2 实践意义

第一，本书从企业的角度探讨ESG表现与权益资本成本之间的关系，一方面为企业揭示了承担ESG责任的经济后果，另一方面也为企业提供了基于风险管理视角缓解融资约束、降低系统风险的新思路。本书表明良好的ESG表现可以为企业带来更丰富的资源，有助于其在竞争中处于优势地位以适应环境的变化，从而降低企业证券系统风险和权益资本成本。因此，引导企业在战略制定过程中纳入ESG理念，在经营实践中融入ESG理念，这不仅是企业缓解其融资约束的一种有效途径，也是企业获得投资者青睐、降低其证券系统风险的一种有效手段。

第二，本书的研究结论为监管部门制定和完善相关法规及政策提供了决策依据和参考。企业积极承担 ESG 责任能缓解其融资约束的程度、降低其证券系统风险，从而得到投资者的积极回应，以较低的权益资本成本融资。这不仅有利于企业提高自身可持续发展能力，还有利于国民经济健康可持续发展，印证管理层制定相关政策法规的可行性和有效性。

第三，从投资者的角度，本书的研究将有助于投资者正确认识企业 ESG 表现与其证券系统风险的关系，从而规避投资风险。因为企业对 ESG 理念的认知以及对 ESG 责任的承担对其证券系统风险有重要影响，这就要求投资者要重视企业在这方面的实践，规避那些存在 ESG 责任隐患的投资对象以减少潜在的投资损失。由于投资者对企业承担 ESG 责任的态度具有导向作用，能够促进企业相关意识的提升，进而自觉承担相关责任，促进企业进入健康、可持续发展的良性循环。

1.3 研究目标、研究内容和研究方法

1.3.1 研究目标

基于中国资本市场，本书在详细探讨当前上市公司 ESG 表现的评价和度量方法的基础上，从理论分析入手，系统阐释 ESG 表现、融资约束、系统风险以及媒体治理与权益资本成本之间的关系。本书以中国股市上市公司有关数据为样本，实证检验了 ESG 表现如何通过缓解企业融资约束状况、降低企业证券系统风险来降低其权益资本成本的作用路径，以及在媒体治理的调节下这些路径作用效应的变

化。本书通过揭示 ESG 表现与权益资本成本之间的关系，探究两者以融资约束和系统风险为路径的中介效应以及媒体治理的调节效应，全面展示 ESG 表现、融资约束、系统风险、媒体治理以及权益资本成本五者之间的内在逻辑关系。这不仅有益于深化和拓展已有文献，还为政府管理部门提供了决策支持，对于促进相关企业提升 ESG 表现以及促进资本市场的稳定发展大有裨益。

1.3.2 研究内容

本书以 ESG 表现对权益资本成本的影响为主线，着重考察两者之间的作用路径以及媒体治理对这些直接、间接路径的作用机制。具体内容如下：

（1）总效应研究：核心内容为 ESG 表现对权益资本成本的影响。

（2）ESG 表现对权益资本成本的作用路径研究：本部分主要从信贷市场和资本市场两个维度出发，研究 ESG 表现如何通过缓解融资约束、降低系统风险来影响企业权益资本成本的。

（3）媒体治理与 ESG 表现对权益资本成本的交互作用研究：在探讨媒体治理调节效应的过程中，通过挖掘其中理论推演与实证结果的差异，为后续深入探讨媒体治理对 ESG 表现与权益资本成本之间不同作用路径的调节效应做好铺垫。

（4）媒体治理对 ESG 表现与权益资本成本之间不同作用路径的调节机制研究：本部分以内容（2）（3）为出发点，系统研究了 ESG 表现与权益资本成本之间不同的路径在媒体治理的调节下发生的变化。

本书研究内容与各章节对应的情况如下：

a. ESG 表现——权益资本成本，总效应研究，详见本书第 4 章。

b. ESG 表现各子项（环境责任、社会责任、公司治理）与权益资本成本关系研究，详见本书第 4 章。

c. ESG 表现—融资约束—权益资本成本，以融资约束为路径的中介效应研究，详见本书第 5 章。

d. ESG 表现—系统风险—权益资本成本，以系统风险为路径的中介效应研究，详见本书第 5 章。

e. ESG 表现—中介变量（融资约束、系统风险）—权益资本成本，以融资约束、系统风险为中介的联合中介效应研究，详见本书第 5 章。

f. 媒体治理调节下 ESG 表现与权益资本成本关系研究，详见本书第 6 章。

g. 产权性质调节下 ESG 表现与权益资本成本关系研究，详见本书第 6 章。

h. 审计主体差异调节下 ESG 表现与权益资本成本关系研究，详见本书第 6 章。

i. 媒体治理调节下 ESG 表现与融资约束关系研究，详见本书第 7 章。

j. 媒体治理调节下 ESG 表现、融资约束与系统风险关系研究，详见本书第 7 章。

k. 媒体治理调节下 ESG 表现、融资约束、系统风险与权益资本成本关系研究，详见本书第 7 章。

1.3.3 研究框架

为了更好地阐释本书的理论框架，本书将变量、路径、机制的关系绘制成框架图（见图 1-1）。从相关路径与研究内容的关系上看，路径①与研究内容 a、b 对应，路径②与研究内容 c 对应，路径③与研究内容 d 对应，路径①、路径②、路径③、路径④的联合研究与研究内容 e 对应，路径⑤与研究内容 f 对应，路径⑥与研究内容 g 对应，路径⑦、⑧与研究内容 h 对应，路径⑤、路径⑥、路径⑦与研究内容 i 对应。

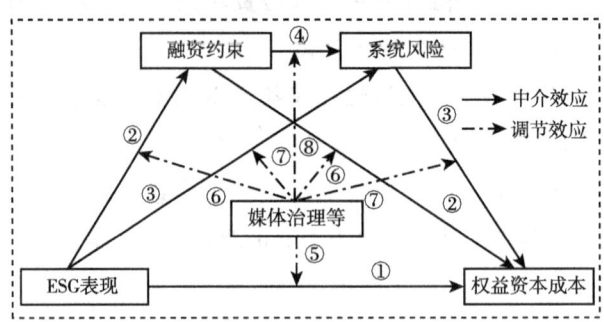

图 1-1 研究框架

最后，本书还将路径⑤、路径⑥、路径⑦、路径⑧联合讨论，以汇总考察各路径调节机制的差异，为主管部门制定管理政策提供决策依据，为企业制定和实施 ESG 相关战略提供决策支持。

1.3.4 技术路线

本书技术线路的实施涵盖如下 10 个步骤：①文献综述；②建立研究框架；③理论推演；④研究假设的提出；⑤实证方案的设计；⑥样本选择和数据收集；⑦单变量检验和模型选择检验；⑧实证结果与分析；⑨稳健性检验；⑩结论归纳和政策建议的提出。

如图 1-2 所示，本书的实证分为四大板块：

实证Ⅰ：ESG 表现对权益资本成本的影响，包括：ESG 表现总的影响、环境责任表现的影响、社会责任表现的影响以及公司治理责任表现的影响。

实证Ⅱ：ESG 表现分别通过融资约束、系统风险对权益资本成本的中介效应检验以及联合中介效应检验。

实证Ⅲ：媒体治理对 ESG 表现与权益资本成本作用关系的调节效应检验。

实证Ⅳ：媒体治理对 ESG 表现与权益资本成本之间各间接路径（融资约束、系统风险、融资约束—系统风险）以及直接路径调节效

第1章 绪　　论

应的联合检验。

本书的研究技术路线如图1-2所示。

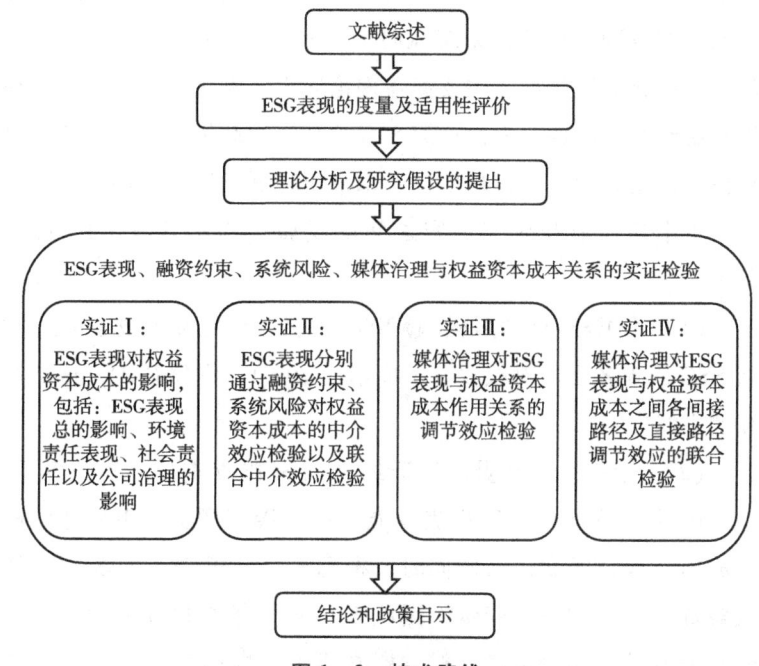

图1-2　技术路线

1.3.5　内容结构

本书后续章节安排如下：第2章是文献综述，主要探讨权益资本成本、ESG表现、融资约束以及媒体治理的研究现状并作出评价；第3章是自变量ESG表现的评价及量化；第4章为ESG表现对权益资本成本的总效应研究（还包括ESG表现各子项——环境保护、社会责任、公司治理对权益资本成本的影响），主要涵盖理论假设、实证方案设计、结果分析以及稳健性检验四个方面；第5章为ESG表现与权益资本成本之间以融资约束、系统风险、融资约束——系统风险为路径的联合中介效应（联合中介效应）研究，主要涵盖理论假设、实证方案设计、结果分析以及稳健性检验四个方面；第6章为基于媒体治理调节的ESG表现与权益资本成本，主要涵盖理论假设、实证方案设计、结果分析以及稳健性检验四个方面；第7章为基于媒体治理调节的以融资约束、系统风险为路径的ESG表现与权益资本成本的调节中介效应研究，主要涵盖理论假设、实证方案设计、结果分析以及稳健性检验四个方面；第8章是结论和政策启示，涵盖主要研究结论、政策启示、研究局限以及未来研究展望四个方面。

本书各章节和研究内容之间的逻辑关系如表1-1与图1-3所示。

（1）本书核心内容是检验ESG表现对权益资本成本的影响（包括ESG表现各子项对权益资本成本的影响），即路径①，这是本书研究的主线内容。

（2）文献研究表明，融资约束与权益资本成本存在正相关关系，因此本书研究了ESG表现能否通过缓解融资约束来降低权益资本成本，即路径②；与此同时，根据CAPM模型，系统风险是决定权益资本成本的特征变量，因此本书又研究了ESG表现是否通过降低其证券系统风险来降低权益资本成本，即路径③；文献研究还表明，融资约束对证券的系统风险有直接且明显的影响，因此本书还研究了ESG表现通过融资约束—系统风险对权益资本成本的影响，即路径④，并对直接路径以及这三条间接路径的效应进行联合检验。

（3）由于资本市场存在信息不对称，引入媒体治理考察其对ESG表现与权益资本成本之间关系的调节机制就很有理论价值，为此我们考察了媒体治理对主回归的调节效应，即路径⑤。

（4）在前三章实证的基础上，研究融资约束、系统风险、媒体治理与ESG表现和权益资本成本的关系，探寻媒体治理对于ESG表现与权益资本成本之间不同路径的不同的调节机制，为相关文献提供有益的补充，即路径⑤、路径⑥、路径⑦。

第1章 绪 论

表1-1 章节及研究路径与机制的篇章演进

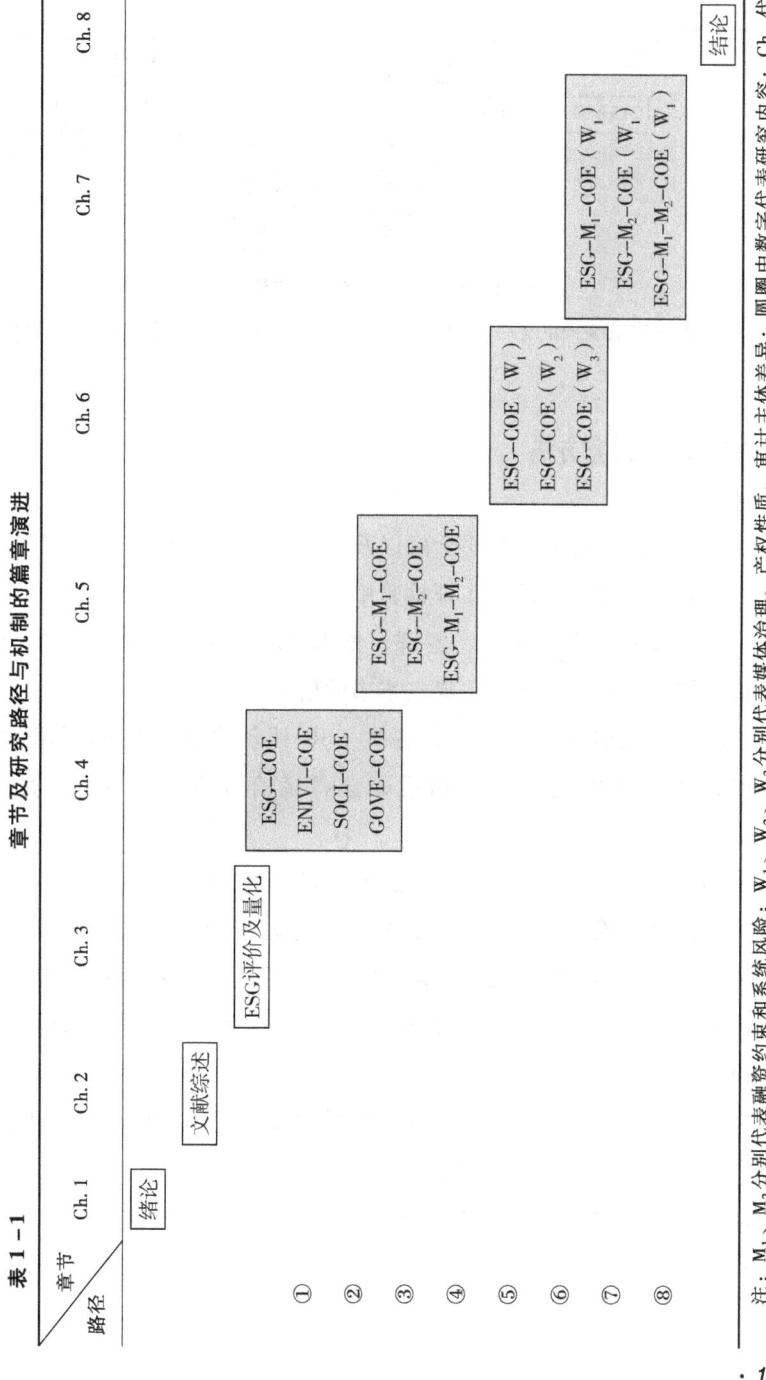

注：M_1、M_2分别代表融资约束和系统风险；W_1、W_2、W_3分别代表媒体治理、产权性质、审计主体差异；圆圈中数字代表研究内容；Ch. 代表研究内容所在章节。

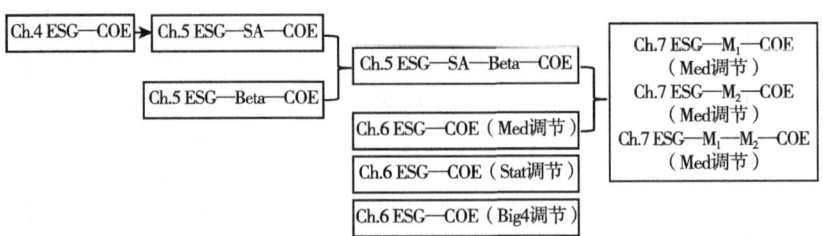

图 1-3　实证内容的逻辑演进

注：M_1 代表融资约束（SA）；M_2 代表系统风险（Beta）；Ch. 代表研究内容所在章节。

1.3.6　研究方法

本书把公司财务、公司金融以及计量经济学等相关学科的先进研究方法运用在理论分析与实证检验中，具体包括：

（1）文献研究。搜集、鉴别、整理相关文献，把握国内国外相关领域的最新动态和现状，界定本书的增量贡献。

（2）比较研究。比较分析各类 ESG 评价来源、数据要求和优缺点，并结合中国的实际情况，选择适合中国上市公司的 ESG 评价。

（3）从公司财务和公司金融等基础理论分析着手，考察在媒体治理的调节作用下，以 ESG 表现促成融资约束状况的缓解与系统风险的降低为切入点，理论分析 ESG 表现、融资约束、系统风险、媒体治理与权益资本成本之间的逻辑关系，提出相应研究假设。

（4）基于计量经济学的实证研究。在理论分析和研究假设的基础上，以中国股市上市公司为研究样本，设计方案，构建模型，实证检验在媒体治理调节下 ESG 表现、融资约束、系统风险与权益资本成本之间的关系。

1.4 关键术语界定

1.4.1 权益资本成本

资本成本是企业为取得资本使用权所付出的代价,是投资者要求的最低回报率(中国注册会计师协会,2022)。它是期望报酬率,而不是已经实现的报酬率。文献研究表明,决定权益资本成本的因素包括无风险报酬率、经营风险溢价和财务风险溢价等。其中,无风险报酬率是宏观经济变量,不属于企业的特征变量,而经营风险和财务风险会随着企业经营业务的差异和资本结构的不同发生变化。风险越高,投资者所要求的必要报酬率也越高,相应的企业的权益资本成本也就会越高(中国注册会计师协会,2022)。从机会成本的角度看,权益资本成本实际上是投资者用于某项投资后所放弃的在其他同等风险投资机会上所能获得的最大报酬率。

1.4.2 ESG 表现

ESG 是一种关注企业环境保护、社会责任、公司治理绩效而非财务绩效的投资理念和企业评价标准(中国证券投资基金业协会和国务院发展研究中心金融研究所,2020)。投资者可以基于 ESG 表现评估其投资对象在促进经济可持续发展、履行企业社会责任等方面的贡献,进而作出投资决策。

与传统的社会责任理念相比,ESG 理念把环境责任作为其三大支柱之首,突出了环境问题的重要性,也把环境责任的强制属性和社会责任的自愿属性加以区分;ESG 评价把公司治理纳入其中,强调企业的发展需要内外兼修。以上分析表明,与传统社会责任相比,ESG 理念的内涵和外延都有了巨大的提升。

文献研究表明,很多因素可以影响企业的 ESG 表现,而且这些因素还会因市场和行业的不同发生变化。而影响 ESG 表现因素的实质性与重要性往往是由市场和监管背景决定的,有些因素对某些行业来说很重要,对其他的行业可能并非如此。但大多数国家和市场面临着同样的潜在经济、环境和社会问题的挑战,根据《中国上市公司 ESG 评价体系研究报告(2019)》(中国证券投资基金业协会和国务院发展研究中心金融研究所,2020),这些典型的 ESG 因素包括:

(1)环境因素:气候变化,资源枯竭(包括水和不可再生资源),大气、水体、土壤污染,森林、植被破坏等。

(2)社会因素:工作条件、社区关系、文化冲突、健康与安全、员工关系和多样性等。

(3)治理因素:高管薪酬、股权结构、董事会多样性与结构等。

衡量 ESG 表现需要报告具体的 ESG 指标。在全球化的金融市场中,国际投资者需要可比较的、标准化的 ESG 数据和信息,以便在市场、行业和投资组合之间有效整合 ESG 因素。尽管目前国际国内尚无权威的、统一的 ESG 评价标准,但一些机构或公司已经研发出不同的评价模型,并采用大数据技术付诸实施。由于不同的机构或公司对同样的因素可能存在评分和赋权的差异,它们对同一个上市公司的评价结果可能存在不一致的地方,投资者使用时需要仔细甄别。

1.5 研究创新

相较于上市公司财务报告的注册会计师审计,ESG 表现作为第三方机构对企业承担 ESG 责任的社会评价,是对企业在环境保护、社会责任、公司治理这三个方面的非财务信息的一种社会鉴证。该鉴证信息对企业的财务信息的影响是学者们近期关注的议题。学者们从财务绩效和企业价值等视角考察 ESG 表现的影响,为企业实施 ESG 战略提供了证据支持。本书从权益资本成本的视角,把 ESG 表现这种非财务鉴证信息作为委托代理制度下缓解资金供求双方信息不对称的一种手段,系统检验了 ESG 表现对上市公司权益资本成本的影响,以及该影响的作用路径、作用机制,丰富了相关研究成果。

(1) 基于委托代理理论、信息不对称理论以及利益相关者理论,本书研究了企业 ESG 表现对权益资本成本的影响,探讨了 ESG 表现各组成部分——环境保护、社会责任、公司治理表现对权益资本成本的影响。研究发现,ESG 表现对权益资本成本的影响是各组成部分综合作用的结果。本书为承担 ESG 责任"有利论"抑或"有害论"的争议提供了基于微观层面的经验证据,为厘清企业 ESG 表现与权益资本成本之间的关系提供更丰富的理论探索。

(2) 以 ESG 表现对权益资本成本的总效应为基础,本书系统检验了 ESG 表现对权益资本成本影响的中介效应以及调节效应。研究表明,ESG 表现与权益资本成本之间不仅存在基于融资约束、系统风险等的中介效应,还存在基于媒体治理的调节效应。这不仅为管理层制定政策提供了着力点,也为企业践行"可持续发展理念"提供了抓手,丰富了企业 ESG 表现对权益资本成本影响的研究成果,是对现有研究的有益补充。

(3) 有别于现有文献,本书采用有调节的中介效应深入研究基于媒体治理调节的 ESG 表现与权益资本成本。本书研究发现,媒体治理的积极作用被淹没的原因在于:尽管媒体治理对 ESG 表现与权益资本成本之间的直接路径存在积极作用,但由于其对间接路径的消极作用大于前者,从而导致媒体治理的积极作用在总效应中被淹没。本书研究成果表明单纯从总效应的角度讨论调节变量的效用可能失之偏颇。这为调节效应的研究提供了理论层面的探讨和实践层面的证据,为相关研究提供了有价值的思路和方向。

1.6　本章小结

权益资本成本是企业的所有者投入企业资本金的成本,是投资者预期的资本使用回报率,是企业进行财务决策一个重要的参考因素。与此同时,在可持续发展理念快速普及的今天,ESG 是一种关注环境保护、社会责任、公司治理绩效而非财务绩效的投资理念和评价标准。媒体报道不仅对于 ESG 理念在国内的普及功不可没,媒体报道还对权益资本成本有重大影响。基于中国的现实国情,以 ESG 表现对权益资本成本的影响为主线,探讨两者之间的作用路径(以融资约束、系统风险为中介路径)和作用机制(以媒体治理为调节机制),这对于完善中国资本市场建设具有十分重要的理论价值和实践意义。

本章不仅探析了相关研究的理论意义、实践意义,规范了本书的研究目标、研究内容、研究框架、技术路线、内容结构以及研究方法,界定了关键术语(权益资本成本、ESG 表现),还梳理和归纳了本书的创新之处,即:(1)本书为承担 ESG 责任"有利论"抑或"有害论"的争议提供了基于微观层面的经验证据,为厘清企业 ESG 表现与权益资本成本之间的关系提供更丰富的理论探索;(2)本书不仅为管理层制定政策提供了着力点,也为企业践行可持续发展理念提供了抓手,丰富了企业 ESG 表现对权益资本成本影响的研究成果,是对现有研究的有益补充;(3)本书表明单纯从总效应的角度讨论调节变量的效用可能失之偏颇;本书为调节效应的研究提供了理论层面的探讨和实践层面的证据,为相关研究提供了有价值的思路和方向。

第2章 文献综述

本章梳理权益资本成本、ESG 表现、融资约束以及媒体治理的现有文献，以确定本书所作出的增量贡献，同时为后续章节的研究做好理论铺垫。本章具体内容还包括：（1）权益资本成本综述。该部分内容以权益资本成本的估算模型以及影响权益资本成本的影响因素为出发点，分别整理了权益资本成本的事后估算模型、事前估算模型以及公司特征、公司治理、公司行为等与权益资本成本相关研究成果；（2）ESG 表现研究综述。该部分内容主要探讨 ESG 理念的内涵、ESG 表现研究现状（包括环境责任、社会责任、公司治理三大支柱）以及 ESG 表现研究述评，为研究 ESG 表现与权益资本成本的关系做好铺垫；（3）融资约束研究综述。该部分内容探讨了融资约束的内涵、度量以及融资约束对企业资本成本、融资决策等的影响并作出述评，为下文探讨以融资约束为路径的中介效应做好铺垫；（4）媒体治理研究综述。该部分内容以媒体负面报道具有促进公司改正错误为出发点，探讨了媒体治理的内涵、度量方式以及对上市公司的影响，为探讨媒体治理与 ESG 表现、融资约束、系统风险的交互项对权益资本成本的影响奠定基础；（5）本章小结。该部分内容通过对前述文献内容的点评，确定本书的增量贡献。

2.1 权益资本成本研究综述

权益资本成本是公司金融应用中一个重要的基本要素，它关系到公司运作的方方面面。权益资本成本具有前瞻性，它是某一特定时刻为吸引股权资本到某一特定投资或项目所需的预期回报率，反映了该特定时间点的预期回报率与投资或项目风险的经济关系。权益资本成本是风险的定价，由于风险无法被直接衡量，所以考察权益资本成本只能估算而不能确定（Pratt & Grabowski, 2014）。通过整理现有文献，我们发现对权益资本成本的研究主要从两个维度展开：（1）权益资本成本的估算,即探究和研发更合理的度量权益资本成本的模型;(2)从企业内部和外部探究影响权益资本成本的因素,通过揭示这些因素与权益资本成本的内在联系,为企业采取措施、政府制定政策来降低权益资本成本提供依据。

2.1.1 权益资本成本的度量

根据现有研究成果,权益资本成本的度量主要分为事后估测法和事前估测法。事后估测法主要从已经实现的回报率出发,通过模型探究已实现回报率的无偏估计,并把它作为权益资本成本的代理变量。常见的事后估测法包括:资本资产定价模型(CAPM)、Fama – French 三因素模型(FFM)、套利定价模型(APT)等。

(1)权益资本成本的事后估测

CAPM 模型(Sharpe,1964)认为企业权益资本成本由两部分构成:①不用承担风险就可以获得的收益(无风险收益),实践中常用十年期国债利率作为代理变量;②需要承担风险的收益(风险收益),该部分收益由两部分构成:一是市场的风险溢价,常用市场的平均收益率减去无风险收益率作为代理变量;二是证券的系统风险,这是模型中企业唯一的特征变量,表示证券的风险相较于系统风险的强弱,用系统风险乘以市场的风险溢价作为企业证券的风险收益。按照 CAPM 模型,权益资本成本的估算如下:

$$COE = r_f + \beta \times (r_m - r_f) \quad \text{式}(2-1)$$

其中,COE 代表权益资本成本,r_f 代表无风险收益,r_m 代表市场平均收益,$(r_m - r_f)$ 代表市场的风险溢价,β 代表企业证券的系统风险。

CAPM 模型的出现便捷了权益资本成本的估算,因为只需要一个企业的特征变量就可以估算投资者的预期收益率,极大地促进了有关权益资本成本的研究,直到目前还被广泛应用在很多领域。但 CAPM 模型的缺点也很明显,那就是只有一个特征变量,很多学者认为该模型无法准确描述千差万别的企业。

针对 CAPM 模型的不足，罗斯（Ross，1976）提出套利定价模型（APT），该模型试图把更多的因素纳入其中，通过为每一种因素设定一个 β 系数测算风险收益，加上无风险收益得到权益资本成本。APT 模型的估算公式如下：

$$r_e = r_f + \beta_1 F_1 + \beta_2 F_2 + \cdots + \beta_i F_i \quad \text{式（2-2）}$$

其中，β 为因子载荷，F 为因子风险溢价。该模型的优点在于纳入更多的考虑因素，缺点在于如何确定因子载荷，如果无法确定因子载荷，模型的估算将无法进行，因此 APT 的适用受到很大的限制。

有鉴于 CAPM 模型以及 APT 模型的缺点，法玛和法兰奇（Fama & French，1992）在 CAPM 模型的基础上加入了市值效应和价值效应建立三因素模型，期望能够更好地估算权益资本成本：

$$E(r_e) - r_f = \beta[E(r_m - r_f)] + sE(SMB) + hE(HML) \quad \text{式（2-3）}$$

其中，$E(r_e)$ 代表权益资本成本，r_f 为无风险收益率；r_m 为市场收益率；$E(r_m - r_f)$ 为资本市场的风险收益，SMB 是市值因子模拟组合收益率，HML 是账面市值比因子的模拟组合收益率（范建华和张静，2013）。由于该模型在 CAPM 模型的基础上纳入了市值因子和账面市值比因子，法玛和法兰奇认为这样能更好地反映系统风险因素的补偿。不过，也有学者认为该模型涵盖的因素还是太少，因此把盈利因素和投资因素纳入估算的范围，开发出五因素模型。

总的说来，尽管事后估测模型还有很多，但由于 CAPM 模型计算简便，其适用范围要相对广泛得多。

（2）权益资本成本的事前估测

相较于采用已经实现的报酬率估测未来的权益资本成本，坚持事前估测的学者认为，只有通过未来的可实现的报酬率估测才更能反映未来权益资本成本的实质，如股利贴现模型、剩余收益模型以及超额收益增长模型等。

根据股利贴现模型（Williams，2012；王海军等，2023），如果一个企业把所有的收益都以股利的形式发放，在企业永续存在的前提下，企业的价值就等于未来股利的贴现值之和。按照这一理论，企业的价值就是现在的价格，而这个贴现率就是权益资本成本。

$$V_0 = \sum_{t=1}^{\infty} \frac{D_t}{(1+r)^t} = \sum_{t=1}^{\infty} \frac{D_0(1+g)^t}{(1+r)^t} \qquad 式（2-4）$$

其中，V_0 是企业的价值（股票的价格），D_t 是第 t 期的股利，r 为权益资本成本。很显然，该模型的难点在于如何对永久的股利进行估计。如果股利是按 g 永续增长的（Gordon，1959），那么公式（2-4）可以简化，推导出权益资本成本的计算公式：

$$V_0 = \frac{D_0(1+g)}{r-g} = \frac{D_1}{r-g} \Rightarrow r = \frac{D_1}{P} + g \qquad 式（2-5）$$

Gordon 模型的贡献在于可以确定一个不受公司股价影响的内在价值。但受制于数据的可获得性，其应用并不广泛。

基于 MM 理论（Modigliani & Miller，1958）的股利无关论，奥尔森（Ohlson，1995）认为，公司价值应该包含账面价值和未来净收益高于权益资本成本的贴现值：

$$PV_0 = BV_0 + \sum_{t=1}^{\infty} \frac{ROE - r}{(1+r)^t} \cdot BV_{t-1} \qquad 式（2-6）$$

其中，PV 是公司现在的价值（股价），BV 是账面价值，ROE 是净资产收益率，r 是权益资本成本。该模型把资本纳入考察范围，把公司存续的目的是保值增值体现得淋漓尽致。但缺点在于该模型对会计数据的质量要求高；由于规模效应的存在，该模型不利于规模差异较大的公司之间的比较。

基于伊斯顿（Easton，2004）模型，如果假定收益异常增长的独特的永久变化率（Δagr）恒定且为零，就得到 PEG 模型（毛新述等，2012；杨棉之，2015）：

$$PEG = \sqrt{\frac{eps_{t+2} - eps_{t+1}}{P_t}} \qquad 式（2-7）$$

其中，PEG 是依据模型计算的权益资本成本；eps_{t+2} 是以当期为基准,预测两年之后的每股收益;eps_{t+1}是以当期为基准,预测一年之后的每股收益;P_t是当期的股票价格;PEG 模型要求$eps_{t+2} \geqslant eps_{t+1}$。

PEG 模型的优点是可以更准确地兼顾公司的未来增长潜力和风险,同时也可以避免市盈率的局限性。市盈率只能反映公司当前的盈利水平,而不能反映公司未来的增长潜力。而 PEG 模型可以结合市盈率和增长率两个因素,更全面地评估公司的投资价值。

PEG 模型的缺点是需要预测公司的未来增长率,这是一个非常艰难的任务。如果预测不准确,就会导致估测结果的误差。此外,PEG 模型未考虑公司的财务风险和系统风险等因素,因此需要结合其他估测方法进行综合分析。

基于 Easton 模型,如果只假定收益异常增长的独特的永久变化率(Δagr)恒定,就能得到 MPEG 模型(毛新述等,2012;王冰洁和刘振涛,2017):

$$r_e = \sqrt{\frac{r_e \cdot dps_1 + eps_2 - eps_1}{P_0}} \qquad 式(2-8)$$

其中,dps_1表示以当期为基准,预测一年之后的每股股利;P_0为当期股票价格;r_e是权益资本成本。

与此同时,奥尔森和朱特纳-瑙罗特(Ohlson & Juettner-Nauroth,2005)提出 OJ 模型,他们认为股票价格与未来一期的每股期望收益、每股收益的短期增长率、每股收益的长期增长率以及资本成本有关,设定模型如下:

$$R_e = A + \sqrt{A^2 + \frac{EPS_{t+1}}{P_t} \times [g - (\gamma - 1)]} \qquad 式(2-9)$$

其中:

$$g = \frac{EPS_{t+2} - EPS_{t+1}}{EPS_{t+1}}; A = \frac{1}{2}\left((\gamma - 1) + \frac{DPS_{t+1}}{P_t}\right)$$

R_e为以第 t 期的信息为基础得到的权益资本成本;P_t为第 t 期的每股股价;长期增长率($\gamma - 1$)是指在相当长时期内整体经济的平均增长率,即 5%。上述模型的内在假设都是建立在$EPS_{t+1} > 0$和

$EPS_{t+2} > 0$ 上,所以须舍弃未来一期和二期的每股收益预测为负的样本。

除上述事前估测模型之外,还有诸如 GLS 模型(Gebhardt et al.,2001)、Easton 模型(Easton,2004)等,这些模型在其他模型的基础上提出自己的解决方法,但同时又产生其他问题。相较于 CAPM 模型,其他模型的核心问题还是数据的可获得性差。即使经过几十年的发展,CAPM 模型依然是目前广泛采用的权益资本成本估测模型之一(田彩英,2013)。因此,采用 CAPM 模型度量权益资本成本不啻为一个尚佳的选择。

2.1.2 权益资本成本影响因素

除权益资本成本的估算外,学者们的研究还集中在探究权益资本成本的影响因素方面:包括公司特征、公司治理、公司行为以及外部因素等。公司特征方面,比如财务杠杆(Bhandari,1988)、账面市值比与公司规模(Fama & French,1992)、股票流动性(Brennan et al.,1998)、融资规模和负债率(王晓梅和龚洁松,2012)等。

公司治理作为解决委托代理问题的一种制度安排,它对权益资本成本的影响一直备受学者们关注:比如审计委员会和董事会的独立性(Ashbaugh et al.,2004)、股权集中度(沈艺峰等,2005)、管理层持股(Huang et al.,2009)、内部人持股(Suchard et al.,2012)、高管薪酬(姜付秀和陆正飞,2006)、股权激励(周嘉南和雷霆,2014)等的影响。委托代理问题的出现其实源于信息不对称,信息不对称与权益资本成本呈正相关(He et al.,2013),而各种制度安排的本质是为了缓解信息不对称,因此降低信息不对称可以降低权益资本成本(Lambert et al.,2007)。在已有制度安排下,解决信息不对称存在主动披露和被动披露两种形式。企业主动披露信息的水平能够降低权益资本成本(Francis et al.,2008;曾颖和陆正飞,2006),企业定期披露信息也有助于降低权益资本成本(Larocque,2009)。

所谓被动披露是指企业之外的第三方，通常是指媒体通过收集、整理和发布信息，缓解企业与中小投资者以及债权人之间的信息不对称，降低公司权益资本成本。

公司行为方面，企业积极承担 ESG 责任将有助于财务绩效的提升（Velte，2017；Dimson et al.，2015）。企业积极承担环境责任有助于权益资本成本的降低（沈洪涛等，2010；吴红军，2014），积极承担社会责任有助于融资约束的缓解（Cheng et al.，2014），权益资本成本的降低、公司治理的改善有助于权益资本成本的降低（蒋琰，2009；陈宋生等，2015）。从国内的实践来看，随着各种公益宣传逐渐深入人心，企业积极承担 ESG 责任将有助于获得投资者的认同，进而对控制权益资本成本产生积极影响。

外部因素方面，数字化转型有益于提高效率，降低企业的权益资本成本（徐展和盛思思，2023），气候风险会导致企业权益资本成本升高（杜剑，2023），腐败与权益资本成本存在显著的正相关关系（肖作平和周婧霏，2021），儒家文化也有益于控制权益资本成本（Tan & Wang，2023）。

2.1.3　权益资本成本研究述评

就权益资本成本估算模型而言，学者们争议的焦点集中在准确性与简便性的博弈。一般认为，一个模型考虑的因素越多，该模型就越准确。但事实并非如此，随着考虑因素的增加，如何确定各因素相应的系数就是另外一个需要克服的难题，当学者们用一个又一个估计值作为系数的近似值，很难得出究竟哪一个估算结果更为准确的结论。与此同时，由于考虑因素的增加，数据的可获得性降低，对于研究过程中观测值的缺失要么删除要么采用近似值补缺，无论哪一种方法都不能保证其准确性。有鉴于此，本书对于权益资本成本的估算仍然采用 CAPM 模型。

就权益资本成本影响因素而言,现有文献很少涉及将环境责任、社会责任以及公司治理组合成一个综合因素考察其与权益资本成本的关系。而在可持续发展理念广为人知的今天,采用ESG表现的综合指标研究其对权益资本成本的影响就很有理论意义和现实价值。

2.2 ESG 研究综述

2.2.1 ESG 理念的内涵

ESG是英文Environmental(环境)、Social(社会)和Governance(治理)的缩写,作为一种投资理念以及企业评价标准,其核心是关注企业在承担环境责任、社会责任以及实施公司治理方面取得的成效而非财务绩效(中国证券投资基金业协会和国务院发展研究中心金融研究所,2020)。ESG是关于环境保护、社会责任和公司治理如何协调发展的价值观。它将目标公司置于相互联系、相互依赖的社会网络之中,将个体活动映射到整个社会网络,将公共利益引入公司价值体系,更加注重公司发展过程中的价值观和行为,以及由此带来的公司价值与社会价值的共同提升,而非孤立的单一公司的财务成果。

ESG有三大价值支柱:环境责任、社会责任和公司治理责任。环境责任,是指公司应当提升生产经营中的环境绩效,降低单位产出带来的环境成本;社会责任,是指公司应当坚持更高的商业伦理、社会伦理和法律标准,重视与外部社区之间的内在联系,包括人的权利、相关方利益以及行业生态改进;公司治理责任,是指公司应当完善现代企业制度,围绕受托责任合理分配股东、董事会、管理层权力,形成从发展战略到具体行动的科学管理制度体系(中国证券投资基金业协会和国务院发展研究中心金融研究所,2020)。

因此,ESG作为一种投资理念以及企业评价标准,其核心内容是关注企业在承担环境保护、社会责任以及实施公司治理方面的成效而非财务绩效；ESG 评价是第三方机构对 ESG 概念所涉三项非财务信息的社会鉴证；ESG 表现是 ESG 评价的外在表现形式，是投资者决策的依据之一。具体而言，ESG 表现是第三方机构根据 ESG 的内涵设定一定的模型、确定众多数据采集点和采集方式，根据预先设定的规则进行评分和汇总，以分数或等级的形式对外公布，供投资者决策的一种信息。相较于财务报告的注册会计师审计是财务信息的社会鉴证，ESG 评价更像是企业非财务信息的一种社会鉴证。

在 ESG 理念流行之前，更为人熟知的概念是"责任投资"。责任投资是一种旨在将环境保护、社会责任和公司治理（ESG）因素纳入投资决策，从而更好地管理风险并产生可持续长期回报的投资方式（张飒，2017）。此概念的产生源于经济高速增长带来负面影响，全球越来越严峻的气候、环境、资源挑战引发的环保运动。20 世纪六七十年代，欧美的公众环保运动抵制和抗议企业因过度追求利润而破坏环境、浪费资源。随着环保运动影响力的逐步扩大，国际机构开始关注环保问题。1972 年，联合国第一届人类环境会议在瑞典斯德哥尔摩召开。会议首次发表了与环保相关的《人类环境宣言》，并确定每年 6 月 5 日为"世界环境日"。从 1992 年开始，联合国举办环境与发展会议，提出《21 世纪议程》，倡导在促进经济发展的同时注重环境保护，成为世界范围内注重经济可持续发展的开端。

尽管投资者越来越关注企业在绿色环保、履行社会责任方面的绩效，但并无明确的 ESG 理念。2004 年，联合国全球契约组织首次正式提出"环境、社会及治理"（Environmental, Social and Governance, ESG）概念以来，联合国、国际组织、主要发达经济体、国际 ESG 评级机构等在上市公司 ESG 管理的国际协调、国际交流、信息披露监管和评价指标体系建设等方面取得快速进展（张长江等，2021）。国际组织和投资机构将 ESG 概念不断深化，针对 ESG 的三个方面演化出全面、系统的信息披露标准和绩效评估方法，形成一套完整的

ESG 理念体系。国际主要投资公司也逐步推出 ESG 投资产品。

2018 年，中国证监会首次对上市公司就环境保护、社会责任以及公司治理提出三位一体的要求①，随后由中国证券投资基金业协会发布《中国上市公司 ESG 评价体系研究报告（2019）》，使得相关理念在国内的落地有了可操作的指引，标志着中国上市公司 ESG 治理已步入实操阶段；2022 年，国家市场监督管理总局发展研究中心、中国质量万里行促进会发布了《企业 ESG 评价通则》和《企业 ESG 信息披露通则》②，并成立新华网"ESG 专家委员会"，以统一的标准为政府决策、监管政策落实、企业规范发展提供服务与支撑，为中国 ESG 理念规范化和标准化迈出关键一步。

2.2.2 ESG 研究现状

学者们对 ESG 的研究经历了两个阶段，第一个阶段是基于 ESG 各组成部分的影响或企业特征等对 ESG 各组成部分的影响（Wong et al., 2018；Orazalin, 2020；Liu, 2018；李卫兵和张凯霞，2019；陶欣欣，2022；Komath, 2023）等，学者们分别从环境责任、社会责任、公司治理的角度开展研究。随着大数据技术的发展，ESG 评价的第三方指标逐步成熟起来，比如华证 ESG 评级、彭博 ESG 评级等。这就促成学者们将 ESG 作为一个整体，研究其对企业特征的影响（方先明和胡丁，2023；Avramov et al., 2022）；学术界对 ESG 的研究进入第二阶段。

（1）基于 ESG 各组成部分的研究

①环境责任

环境责任是 ESG 理念的首要组成部分，也是 ESG 理念的重要支柱。随着近几十年全球环境问题的不断恶化，保护地球这个家园已经

---

① http://www.gov.cn/gongbao/content/2019/content_5363087.htm。
② http://www.news.cn/fortune/2022-07/01/c_1128796663.htm。

成为整个社会的共识,环境责任的重要性不言而喻。现有文献研究环境责任的角度包括:从财务绩效的角度考察承担环境责任的影响(Wong et al.,2018);考察管理层特征对承担环境责任的影响(孟晓华等,2012;辛杰,2014);考察企业特征对承担环境责任的影响(Qin et al.,2019);考察公司治理对企业承担环境责任的影响(Orazalin,2020;Liu,2018)等。ESG把环境责任放在首位,突出了自然环境的重要性,强调了节能减排与资源的投入产出效率,更是引导企业把社会可持续发展理念融入自己的发展战略,实现了从宏观社会治理战略到微观企业主体策略的对立统一。

企业积极承担环境责任是整个社会可持续发展实践的重要环节,对企业本身乃至整个社会意义重大。环境污染会显著降低企业生产效率(李卫兵和张凯霞,2019),因此环境规制对城市的经济增长具有显著的促进作用(史贝贝等,2017),金融机构合理承担环境责任是促进经济增长、质量提升的重要手段(刘锡良和文书洋,2019);但环境治理不应是政府单方面的责任,企业自觉承担环境责任应该成为一种制度性安排(谢丹,2021)。幸运的是,上市公司环保绩效能够在一定程度上影响投资者决策(沈红波等,2012),企业进行环保投资有利于实现产品市场差异化、降低负面事件带来的风险(Lins et al.,2017;Servaes & Tamayo,2013)、提高企业声誉(Hart,1995)、吸引机构投资者投资(黎文靖和路晓燕,2015)、提升企业的价值(姜英兵和崔广慧,2019),从而产生更高的市场回报(Derwall et al.,2005)。环境信息披露也有助于改善投资者预期,降低融资成本(吴红军等,2017)。

②社会责任

社会责任是ESG理念的重要组成部分。自谢尔顿(Sheldon,2001)提出了"企业社会责任"(CSR)这一理念以来,学者们把企业满足消费者各种需求与承担社会责任联系起来,指出企业对社区的服务应该有利于增进社区利益;商人在作商业决策时应遵循社会的价值取向（Bowen，2013）。一个对社会负责的商业决策能够给公司带来长期经济利益（Davis，1960）。因此，企业应当将社会责任转化为商业机会与利润（Drucker，1984）。与企业对股东的传统责任不同，社会责任还强调企业对消费者、雇员、供应商，以及所在社区等的责任（Jones，1980；陶欣欣，2022）。既然社会责任不只是企业对出资人的直接责任，那么企业是否必须承担呢？学者们有不同的看法：有学者认为，该责任既包括强制责任，也包括自愿责任（Jamali & Mirshak，2007）；也有学者认为，该责任首先应该是自愿性的（Lantos，2001）。现有研究还没有对企业社会责任的内涵和边界达成一致意见，但都认同其内涵会随着社会的发展而发生变化。这种变化体现在：经历伦理投资、早期社会责任投资、现代社会责任投资之后，ESG理念推动了SRI①投资的兴起，将社会责任的承担和实现由外在推动升级为内在驱动，实现了可持续发展理念在环境、社会、企业三者之间的良性互动。

承担社会责任对企业财务绩效有影响吗？张完定等（2014）认为这两者是正相关，布拉默等（Brammer et al.，2006）认为这两者是负相关，内林和韦布（Nelling & Webb，2009）认为，这两者不相关；弗兰纳里（Flammer，2015）认为，这两者是非线性关系。深入分析发现学者们得出不同答案的原因源于代理变量选择的不同。奥利茨基等（Orlitzky et al.，2003）研究发现如果采用会计指标作为财务绩效的代理变量、以企业声誉作为企业履行社会责任的代理变量，那么两者之间正相关性非常明显。

现有研究认为，企业承担社会责任会有如下益处：1）降低资本成本（Dhaliwal et al.，2011）；2）获得有社会责任感的消费者的认同并保持其忠诚度，吸引新的客户（Kotler & Lee，2005）；3）获得竞争优势（Porter，1985）；4）招聘到优秀员工（Turban & Greening，

---

① SRI是英文Socially Responsible Investment的缩写，是社会责任投资的意思。

1997）；5）降低经营风险，提升财务表现（陈璇和淳伟德，2010）。

③公司治理

公司治理是 ESG 理念的第三大支柱。ESG 在确保利益相关者合法权益的同时，维护了企业的主观能动性——把公司治理纳入评价的范畴，在治理路径上实现了把社会治理融入企业管理的转变。公司治理源于"所有权与控制权分离"，因此其核心就是从制度设计上协调股东与其他利益相关者的关系（钱颖一，1995），比如控制权分配、监督考核、激励机制等。而管理层作为内部人和代理人，其与所有者之间的利益冲突需要通过契约等方式协调（Townsend，1979），即外部投资者需要通过行之有效的制度设计实现对管理层的监督和管理（Hirschman，1970）。无论是管理层激励还是控制权分配，都是从不同视角确保收入、监管和控制权三者关系的辩证统一，这对于企业承担环境责任以及社会责任意义重大。

现有文献从不同角度考察公司治理对企业的影响。基于产权性质的角度，国有股权有助于权益资本成本的降低（李青原等，2023），因为国企投资入股有助于提高民营企业的公司治理水平、提升企业的价值、化解其股权质押危机（周珏廷和李善民，2023）。基于股东特质，机构投资者也可以提高上市公司的治理质量，降低权益资本成本（代昀昊，2018）；而资本市场开放以及外资股东的引入则有助于降低控股股东股权质押水平（卢锐等，2022；庞家任等，2020）。基于管理激励，彭韶兵等（2021）研究发现高管股权激励有利于企业抑制异常关联交易。总体而言，公司治理的提高有利于提升企业的价值，比如银行市场价值的提升（Komath，2023）。

（2）基于 ESG 综合指标的研究

自 2018 年国家公布修订后的《公司治理准则》以来，第三方机构对企业 ESG 表现的评价如雨后春笋般涌现，这些机构大多是投资服务公司，其推出 ESG 评价的目的是给投资者提供参考。从性质上讲，ESG 表现是对企业在环境保护、社会责任、公司治理表现的第三方评价,相当于对这些非财务信息的社会鉴证,可以在一定程度上量化企业在"可持续发展"中的表现。

于是学者们运用这些量化指标开展各种各样的研究,其中一个主要方面是研究企业 ESG 表现对投资者决策的影响,周方召等(2020)研究认为,机构投资者能够关注公司的 ESG 表现,在中国股票市场具有明显的 ESG 责任偏好,特别是对国有企业 ESG 表现的持股偏好更加明显。不过学者们对于投资者的了解并不是非常充分,所以一部分学者开始研究这种社会鉴证的非财务信息对企业本身的影响,包括经营管理、财务指标、财务绩效等。比如高杰英等(2021)就从投资效率的角度研究认为 ESG 表现通过降低代理成本和缓解融资约束两个渠道降低投资不足,通过缓解代理问题减少过度投资;邱牧和远殷红(2019)从融资成本的角度发现 ESG 表现中的环境保护和公司治理表现的提升有利于融资成本的降低;这也就不难理解 ESG 表现对企业价值具有显著的正向影响(张琳和赵海涛,2019)了。

2.2.3 ESG 研究述评

文献研究表明,企业承担环境责任对企业权益资本成本存在影响(沈洪涛等,2010;佟孟华等,2020),企业承担社会责任对企业权益资本成本存在影响(李姝等,2013;黄建元和靳月,2016),公司治理对企业权益资本成本存在影响(蒋琰,2009;陈宋生等,2015)。将这个三个维度综合起来,企业的 ESG 表现有助于引导机构投资者投资(周方召等,2020),提高企业的投资效率(高杰英等,2021),降低融资成本(邱牧和远殷红,2019),最终提升企业的价值(张琳和赵海涛,2019)。

现有研究存在的问题有:

第一,ESG 表现的度量。尽管企业的 ESG 评价是由第三方机构提供，与企业财务信息的 CPA 审计有异曲同工之妙，但由于缺乏明确的制度设计和过程管理，各机构凭借自己的认知开发评价系统，通过模型设计、数据采集和评分最终得出评价结果以引导投资者决策。由于不同机构的能力和水平的差异，抑或作为证券投资服务商本身的偏向性，目前对企业 ESG 表现的评判很难有一致的意见和方法，很难判断哪一家的 ESG 评价质量更好。不同的学者也总是采用与自己观点更接近的数据来进行论证。

第二，现有研究没有认识到 ESG 表现作为非财务信息第三方鉴证结果，是缓解信息不对称和代理问题的重要手段，其内在逻辑是通过缓解企业内外的信息不对称，降低企业的经营风险、市场风险和系统风险；降低融资成本、提升企业价值，而这种信息的缓解存在不同的途径和机制，这才是需要学者们仔细研判的。

第三，由于现有 ESG 评价主要依赖于企业的信息披露，这就存在企业因不同的目的进行选择性披露的可能性，由此产生的内生性问题也是学术研究必须考虑的。

综上所述，在对 ESG 评价数据进行仔细甄别的前提下，从缓解信息不对称和代理问题的角度出发，控制好可能存在的因遗漏重要解释信息而导致的内生性问题的条件下，本书以 ESG 评价综合指标作为代理变量，研究 ESG 表现对权益资本成本的影响，是对现有文献的重要补充，具有较强的理论价值和现实意义。

2.3 融资约束研究综述

融资约束是源于资本市场的不完善，资金需求方在融资时因为信息不对称而受到限制，出现了内外部融资差异性，造成内外部融资不能够相互替代的状况（Fazzari et al., 1988）。在完美市场条件下，企业不会受到融资决策的影响，企业的价值主要取决于投资行为而非融资行为（Modigliani & Miller，1958）。但现实市场并不完美，由于信息不对称的存在，外部投资者会降低购买风险证券的价格，从而会增加外部融资的成本，抑或导致内外部资金成本的差异加大（Mayers & Majluf，1984），恶化企业融资约束的状况。融资约束会迫使一些企业不得不放弃那些 NPV[①] 为正的投资项目。

在信息不对称条件下，代理问题会使外部融资成本高于内部融资成本。外部投资者为委托方，经理人为受托方，经理人为了使自身利益最大化有可能会侵害投资者利益，为此外部投资者只能够向资金使用者索要一定程度的溢价以弥补其可能遇到的风险，这就使得外部融资成本高于内部融资成本。即使不存在信息不对称和代理问题，企业通过外部金融市场融资会存在谈判、签约、监督等各种交易费用，高额的交易费用也会使企业面临融资约束，从而放弃 NPV 大于零的投资项目。

2.3.1 融资约束的度量

学术界对融资约束的度量存在模型度量、单指标度量和多指标合成指数法度量三种形式。其中，多指标合成指数法是学者们目前主要采用的度量形式。

模型度量主要指法扎里等（Fazzari et al.，1988）提出的投资—现金流敏感性指标。投资—现金流敏感度越高，企业的融资约束越强。该模型的局限性在于，企业内部资金已经完全耗尽，且外部融资非常困难，企业面对新的投资机会时，该指标可以很好地量化企业融资约束的程度（Moyen，2004），但企业的高成长性和宽松的外部融资环境也可能对该指标的结论形成干扰。连玉军和程建（2007）认为，在中国，投资—现金流敏感度更多反映的是代理问题而非融资

---

① NPV 是 Net Present Value 的缩写，代表净现值。

约束。

鉴于以上原因,有学者借鉴法扎里等(Fazzari et al.,1988)的研究方法,从企业规模(Athey & Laumas,1994)、股利支付率(Fazzari & Petersen,1993)、集团关系(Gilchrist & Himmelberg,1995)、利息保障倍数(Guariglia,1999)、债券等级(Gilchrist & Himmelberg,1995)等角度来量化企业融资约束的程度。而对于中国企业而言,由于政府干预的存在,民营企业相较于国有企业在融资过程中存在明显的劣势(程六兵和刘峰,2013),因此也有学者采用产权性质来量化国内企业融资约束的程度(王彦超,2009)。显然,这种单一指标的量化存在一定的局限性,不能综合反映企业融资约束的程度。

鉴于单指标度量融资约束的不足,卡普兰和津盖尔(Kaplan & Zingale,1997)利用定性信息(主要来自对股东、公众及公司管理层的调查与讨论)和定量信息(现金流、增长率、股利、利息保障倍数和债务等在内的财务指标数据)相结合的综合指标来确定企业融资约束的程度。拉蒙特(Lamont et al.,2001)沿袭 KZ 的研究思路,选取了营业现金流量、托宾 Q 值、资产负债率、股利支付率和现金持有五个变量进行次序逻辑回归分析,利用估计系数构造了衡量融资约束程度的新 KZ 指数。KZ 指数越大代表企业融资约束程度越高(纪茂利和董宝莹,2020)。具体计算见如下公式:

$$KZ = \frac{-1.001909 \cdot OCF}{Asset} + 3.139193 \cdot Lev - \frac{39.3678 \cdot Dividends}{Asset}$$

$$- \frac{1.314759 \times Cash}{Asset} + 0.2826389 \cdot Tobin's\ Q \quad 式(2-10)$$

其中,OCF 为净经营性现金流、Dividends 为股利、Cash 为现金持有量,相关数据均采用期初的总资产进行标准化,Lev 为资产负债率,Tobin's Q 是托宾 Q 值。

在后续的研究中,有学者(Whited & Wu,2006)研究发现 KZ 指数在度量融资约束时存在着不少与事实相反的情形,比如融资约束企业在债券信用等级、投资率、销售增长率等方面反而是最高的。鉴于 KZ 指数的局限性，有学者（Whited & Wu，2006）基于动态结构估计方法设计出了衡量融资约束程度的 WW 指数。该指数在一定程度上能够较好地契合融资约束的概念。

$$WW = -0.091 \cdot CF - 0.062 \cdot DivPos + 0.021 \cdot Lev - 0.044 \cdot Size + 0.102 \cdot ISG - 0.035 \cdot SG \quad 式（2-11）$$

其中，CF 为现金流与总资产的比率，采用经营活动产生的现金流量金额/总资产度量；DivPos 为现金股利支付哑变量，当期如果派息则为 1，否则为 0；Lev 为长期负债与资产比率；Size 为总资产自然对数；ISG 为行业平均销售增长率，按 2012 年证监会行业分类标准，制造业取两位编码，其他行业取一位编码；SG 为销售收入增长率。

由于 KZ 指数和 WW 指数包含了很多具有内生性的变量，比如现金流、杠杆等与融资约束存在互为因果的情况。有鉴于此，为了减少内生性的干扰，哈德洛克和皮尔斯（Hadlock & Pierce，2010）按照 KZ 指数的计算方法，依据企业财务报告划分企业融资约束类型，然后仅用企业规模和企业年龄两个随时间变化不大且具有很强外生性的变量构建 SA 指数。

$$SA_{it} = -0.737 \times Size_{it} + 0.043 \times Size_{it}^2 - 0.040 \times Age_{it} \quad 式（2-12）$$

其中，$Size_{it}$ 单位一般为百万元。此处 SA 指数计算中，先把单位为元的企业总资产数据经过通胀调整后处理成单位为百万元的数据再计算，即 $Size_{it}$ = ln（企业总资产真实值），Age_{it} = 企业上市年限。哈德洛克和皮尔斯（Hadlock & Pierce，2010）在计算 SA 指数时对 $Size_{it}$ 和 Age_{it} 在 95% 分位数以上进行了截断处理，考虑到中国的实际情况，先用上述原始的 $Size_{it}$ 和 Age_{it} 计算原始 SA 指数，然后对此原始 SA 指数在 99% 分位数处进行截断处理（鞠晓生等，2013；余明桂等，2019）。根据余明桂等（2019）的观点，SA 值越大，表示企业面临的融资约束程度越高。

2.3.2 融资约束的影响

从中国的实践来看,"融资难"一直困扰中小企业(樊纲等,2010;魏志华等,2014;孙灵燕和李荣林,2011)。融资约束往往给企业带来严重的不利影响,因此,寻找解决相关问题的理论解释就成为学者们努力探寻的方向。融资约束会限制企业获取资金的途径,甚至导致企业因为缺乏足够的资金支持而丧失投资机会、影响产品创新及其竞争力的提升(刘啟仁和黄建忠,2015;祝树金和张鹏辉,2015),这就有可能对外部投资者的风险预期与期望报酬率产生影响,体现为权益资本成本上升。

鉴于信息不对称以及由此产生的代理问题是融资约束产生的根本原因,这就要求企业通过加强信息披露(曾颖和陆正飞,2006)、强化公司治理(姜付秀等,2017)、加强内部管理(鞠晓生等,2013;连玉君等,2010)等措施缓解融资约束。而在中国现有制度背景下,积极承担社会责任(顾雷雷等,2020)将有助于缓解融资约束:第一,企业这样做能获得良好的口碑,这对于企业获得消费者认同和投资者青睐大有裨益;第二,企业承担社会责任能够降低潜在的经营风险,比如降低违反环境责任的可能性、减少不必要的支出;第三,积极承担社会责任还有利于企业获得国家政策性贷款的扶持,特别是符合国家产业政策的绿色信贷。

2.3.3 融资约束研究述评

融资约束的现有研究仍存在某些亟待解决的问题:

第一,融资约束的度量方式存在争议。由于模型法可能反映的是代理问题而非融资约束(连玉军和程建,2007),单指标法存在过于简单、一刀切的嫌疑,多指标合成指数法相对客观,但仍存在很多疑虑。如果采用调查问卷的方式获得基础数据，那么问卷的设计质量就成为影响调查结果的关键因素；如果采用财务数据，那么计算往往很繁复。

第二，对于融资约束的理解存在争议。法扎里等（Fazzari et al.，1988）采用了股利支付率、公司规模作为融资约束的代理变量，研究信息不对称导致的融资约束，而卡普兰和津盖尔（Kaplan & Zingale，1997）使用了公司财务指标定义融资约束，研究财务资源匮乏导致的融资约束。所以在实证研究中，首先要确定融资约束的范围，得出的结果才具有稳健性。

第三，现有融资约束的研究，忽视了融资能力与融资策略的关联。一般来说，企业融资途径主要包括商业信用、银行等金融机构信贷以及资本市场融资。由于上下游企业之间相互熟悉的程度较高，交易成本也就更低，商业信用的提升可以放大企业的融资能力，因此，忽略企业融资策略中对商业信用的运用无法对企业的融资约束的状况作出准确的评价。

第四，具体到本书，尽管企业积极承担社会责任有助于缓解其融资约束状况（顾雷雷等，2020），但鲜见学者从ESG表现的角度考察其对企业融资约束状况的影响，以及ESG表现通过融资约束对权益资本成本的影响。因此，这样的研究具有较强的理论意义和实践价值，是对现有研究的有益补充。

2.4 媒体治理研究综述

媒体素来有"第四权力"之称，指的是媒体报道对社会的治理跟行政、立法、司法有相似的效果。就中国的具体实践而言，以移动互联网为载体的新媒体迅速发展，极大地拓展了人们信息获取和信息交换的渠道。特别是自媒体的出现和发展，人们不仅是媒体信息的接收者,还是各类信息的发布者。媒体报道对人们生活的影响越来越大:一方面,媒体报道具有信息传递功能,这主要源于媒体通过收集、整理大量的信息并向特定和不特定人群发送,降低了信息不对称,起到信息中介的作用;另一方面,媒体通过负面报道,引发舆情关注,促使企业、个人等关注和改正自己的错误行为、提高服务质量,以致有关权力部门介入,加速问题的解决。

将媒体负面报道用于企业管理实践,媒体报道就具有治理的效应(Dyck & Zingales, 2002;叶勇等,2017),其作用受到广泛的重视(Monks & Minow, 2011;Miller, 2006;Joe et al., 2009)。媒体治理通过影响行政官员、公司股东以及管理人员的行为发挥媒体监督效应(Dyck & Zingales, 2002)。媒体治理还会影响内部人员从企业价值中为自己预留份额的大小(Dyck & Zingales, 2004)。权小峰和吴世农(2012)认为,媒体治理有利于减少盈余操纵行为,提高盈余构成信息的质量。进一步讲,媒体治理有助于识别和降低会计舞弊行为(Miller, 2006),增强财务成果的真实性。媒体治理还能减少管理者个人机会主义行为,保障股东利益最大化(Dyck & Zingales, 2002)。总之,媒体治理可以加强投资者对公司的监管,以便投资风险下降以及投资者风险溢价的下降,从而实现权益资本成本的降低。

2.4.1 媒体治理的度量

传统的媒体治理的度量常常采用媒体关注来实现。学者们选取发行量较大的财经类报纸作为媒体报道的数据来源,比如《华尔街日报》和《纽约时报》(Bednar, 2012;Cohen et al., 2010)、《中国证券报》《上海证券报》《证券日报》《证券时报》《金融时报》《21世纪经济报道》《中国经营报》《经济观察报》《第一财经日报》(孔东民等,2013;李培功,2013;李培功和沈艺峰,2010),根据新闻主观色彩将其划分为正面与负面报道,并将负面报道次数或者词汇数作为媒体治理的代理变量。比如采用5级对称计分法（即将积极、较积极、中性、较消极、消极报道或词汇分别赋值 -2、-1、0、1、2）来量化报道基调（李培功和沈艺峰，2010；杨德明和赵璨，2012），或者采用从 -1—1 的标度表达新闻正面或负面的程度以及新闻报道基调的强度——新闻的正面或负面取决于 $(P-N)/(P+N)$，其中，P 和 N 分别代表新闻中正面和负面词汇的数量，该值在 -1（完全负面）—1（完全正面）；类似地，新闻的基调强度由以下公式确定：$(S-W)/(S+W)$，其中，S 和 W 分别表示包含在新闻中表达强烈或微弱的词汇数量，其值也在 -1—1（Carretta，2011）。

很显然，这些模型的优点在于通过对负面新闻的量化，能够对报道的强度进行度量，进而考察新闻报道对公司治理的影响。但缺点也很明显：第一，记者不会去仔细思考一篇新闻报道中正面或负面词汇的数量以及强度，相关词汇的数量和语调具有很强的随机性；第二，如果一篇负面报道中正面、负面词汇的数量相当，语气语调相似，是否意味着其对企业的影响强度为零？答案肯定是否定的。因为负面新闻的出现，一定会给企业的管理带来压力，进而产生促进其改正的动力；第三，以上度量方法有一个假设，即任何负面报道的增加，其边际效应是相同的，这显然违背传播学常识，因为负面报道也有边际效应递减的趋势，也就是说负面报道从 0 次到 1 次产生的效应与负面报道从 99 次增加到 100 次产生的效应显然是不同的；第四，以上方法大多剔除了新闻转载的影响，只考虑原创新闻，这也与日常生活中的"热点"或"热搜"相违背，因为转载的次数越多，社会关注度越高，对企业的压力也就越大，治理强度也就越大。

针对传统度量方式的不足，有学者提出用媒体负面报道次数的自然对数来衡量媒体治理的强度（朱梅，2019）。这种改进具有很强的合理性：（1）相较于对媒体报道词汇语气、语调的定性，对新闻事件整体定性就相对客观：比如对企业环境污染事件，很容易判定这是一条负面新闻，但如果采用报道中词汇的语气、语调来判断，整体判定为积极事件也未尝不可能;(2)采用对数形式的度量方式,可以很好地反映新闻传播中边际效应递减这一规律;(3)不否认转载或重复报道的次数,是对"热点"或"热搜"的回应,能更好地反映社会的关注程度以及媒体治理的强度。

2.4.2 媒体治理的影响

媒体通过收集、整理和发布信息,能够很好地缓解企业与投资者、债权人之间的信息不对称。在资本市场上,媒体负面报道通过挖掘上市公司舞弊信息,践行媒体治理功能,促进资本市场健康有序运行(Miller,2006)。媒体监督对公司治理积极作用的认识最早源于戴克和津加莱斯(Dyck & Zingales,2002),使用发行量作为媒体影响力的替代变量,研究表明媒体报道能够显著降低控制权私有收益的数量。米勒(Miller,2006)的研究表明,媒体在揭示会计舞弊的过程中扮演了积极的"看门狗"(Watchdog)角色。戴克等(Dyck et al.,2008)研究进一步发现,媒体报道增加了企业改正公司违规行为的概率,并迫使监管部门采取行动。乔等(Joe et al.,2009)的研究分析了媒体对不同利益相关者行为的影响,发现媒体对董事会无效行为的曝光会产生显著的经济后果,使得董事会不得不采取积极的纠正行动来保护股东财富。

贺建刚等(2010)通过对五粮液公司2003年之后的关联交易和现金股利的分析,发现媒体监督并没有改善或缓解大股东借助控制权实施的利益输送行为。闫邹先、尚秋芬(2008)实证分析了媒体监督、上市公司性质与上市公司合谋行为之间的关系,研究发现媒体监督可以有效地防范上市公司的合谋行为。李培功和沈艺峰(2010)通过把媒体分为政策导向性媒体和市场导向性媒体,结果表明,市场导向性媒体具有更加积极的治理导向作用,并认为中国媒体公司治理作用的发挥是通过引起相关行政机构的介入实现的。

2.4.3 媒体治理研究述评

从形式上，传统的媒体报道的形式主要包括报纸、杂志以及电视和广播等，但随着社会经济发展和技术进步，以移动互联网为载体的新媒体迅速发展，极大地拓展了人们信息获取和交换的渠道。特别是自媒体的出现和发展，人们不仅是媒体信息的被动接收者，还是各类媒体信息的发布者，这种颠覆性的变革使得网络媒体具有两个非常鲜明的特征：

（1）媒体监督功能得到前所未有的强化，任何负面新闻引发的来势汹汹的舆情都是政府、企业乃至个人不可小觑的，政府部门、企业、官员、明星等的任何行为都可能被放在阳光下接受检验。实践证明，这对于政府部门、企业提高服务质量以及官员、明星收敛自己的行为大有裨益。

（2）网络媒体跟风报道有可能掩盖事情的真相，由于各种自媒体捕风捉影的报道，在传播过程中不断加入个人主观的感情色彩，最终可能导致事件的关注点发生根本变化。

因此，在自媒体广泛普及的今天，传统媒体治理的研究成果是否有效就值得商榷。这需要重新考察媒体报道的监督方式与治理功能，以及该功能对 ESG 表现与融资约束、系统风险、权益资本成本之间关系的调节作用，为媒体治理的研究作出增量贡献，具有很强的理论价值和现实意义。

2.5 本章小结

本书就权益资本成本、ESG 表现、融资约束、媒体治理的国内外研究现状进行梳理发现：

中国上市公司 ESG 表现对权益资本成本的影响研究

（1）权益资本成本一直是学术研究和企业实践关注的焦点议题之一。目前，学术界还没有就权益资本成本的估算达成一致意见：无论是事后估算模型还是事前估算模型，都各有各的优点和缺点，各种模型的研发其实就是核算的简便性和模型的复杂性的取舍。无论是事前估算模型还是事后估算模型，它们的提出都是针对其他模型某方面不足的一种解决方案，但同时又产生其他不足。相较于 CAPM 模型，其他模型的核心问题还是数据的可获得性差。因此，即使经过几十年的发展，CAPM 模型依然是目前应用广泛的权益资本成本估算模型之一（田彩英，2013）。因此，采用 CAPM 模型度量权益资本成本不啻为一个尚佳的选择。

（2）ESG 是英文 Environmental（环境）、Social（社会）和 Governance（治理）三个单词首字母的缩写。作为一种投资理念以及企业评价标准，ESG 核心内容是关注企业在承担环境责任、社会责任以及实施公司治理方面取得的成效而非财务绩效；ESG 评价是第三方机构对 ESG 理念所涉三项非财务信息的社会鉴证；ESG 表现是 ESG 评价的外在表现形式，是投资者决策的依据之一。文献研究表明，学者们分别就环境保护、社会责任以及公司治理与企业经济效益和社会效益等的关系作了较为充分的研究，但就 ESG 表现作为一个综合指标与企业特征、经济效益和社会效益等的研究还是在近几年才兴起的。

与此同时，国内 ESG 研究多聚焦于 ESG 各组成部分对企业权益资本成本的影响。比如承担环境责任对企业权益资本成本的影响（沈洪涛等，2010；佟孟华等，2020）、承担社会责任对企业权益资本成本的影响（李姝等，2013；黄建元和靳月，2016）、公司治理对企业权益资本成本的影响（蒋琰，2009；陈宋生等，2015）等方面，从环境保护、社会责任以及公司治理综合指标探讨其对上市公司权益资本成本影响具有较强的理论意义和学术价值。

（3）融资约束是源于资本市场的不完善，资金需求方在融资时因为信息不对称而受到限制,出现了内外部融资差异性,造成内外部融资不能够互相替代的状况(Fazzari et al.,1988)。融资约束的度量存在模型度量、单指标度量和多指标合成指数法度量三种形式,目前学者们尚未就融资约束的度量达成一致意见。"融资难"一直困扰着中小企业(樊纲等,2010;魏志华等,2014;孙灵燕和李荣林,2011)。融资约束往往给企业带来严重的不利影响,因此,寻找解决相关问题的理论解释就成为学者们努力探寻的方向。融资约束会限制企业获取资金的途径,甚至导致企业因为缺乏足够的资金支持丧失投资机会、影响产品创新及其竞争力(刘啟仁和黄建忠,2015;祝树金和张鹏辉,2015),这就有可能对外部投资者期望报酬率产生影响,体现为权益资本成本上升。尽管企业积极承担社会责任有助于缓解其融资约束状况(顾雷雷等,2020),但鲜见学者从ESG表现的角度考察其对企业融资约束状况的影响,以及通过融资约束对权益资本成本的影响。

(4)媒体通过收集、整理和发布信息,能够很好地缓解企业与投资者、债权人之间的信息不对称。自媒体的出现和发展,人们不仅是媒体信息的被动接收者,还是各类媒体信息的发布者,这种颠覆性的变革使得媒体治理的传统理论受到极大的挑战。媒体治理的强度从来没有如此之强烈,任何负面新闻引发的来势汹汹的舆情都是政府、企业乃至个人不可小觑的,政府部门、企业、官员、明星等的任何行为都可能被放在阳光下接受检验,实践证明,这对于政府部门、企业提高服务质量以及官员、明星收敛自己的行为大有裨益。与此同时,网络媒体的跟风报道有可能掩盖事情的真相。由于各种自媒体捕风捉影的报道,在传播过程中不断增加个人的主观感情色彩,最终可能导致事件的关注点发生根本变化。因此,在新形势下重新探讨媒体治理的作用机制就很有理论意义和学术价值。

总体而言,ESG表现作为企业在环境责任、社会责任以及公司治理方面的第三方综合评价,是一种非财务鉴证信息,是对企业财务信息的重要补充,与财务鉴证信息一样可以缓解企业与中小投资者以及债权人等外部人之间的信息不对称。探讨这种缓解作用是否有助于降低企业权益资本成本是一个很有价值的议题。因此,ESG 表现能否通过缓解企业融资约束、系统风险降低权益资本成本,以及这些不同的作用路径在媒体治理的调节下会发生什么样的变化?对这些问题的回答是对相关理论的有益补充,具有重要的理论意义和学术价值。

中国上市公司ESG表现
对权益资本成本的
影响研究
Chapter 3

第3章 ESG表现的评价及量化

3.1　ESG 理念的历史沿革

3.1.1　ESG 理念的定义及内涵

ESG 是英文 Environmental（环境）、Social（社会）和 Governance（治理）的缩写，作为一种投资理念以及企业评价标准，其核心是关注企业在承担环境责任、社会责任以及实施公司治理方面的成效而非财务绩效（中国证券投资基金业协会和国务院发展研究中心金融研究所，2020）。换言之，ESG 是企业关于环境、社会和治理如何协调发展的价值观。它将目标公司置于相互联系、相互依赖的社会网络之中，将个体活动映射到整个社会网络，将公共利益引入公司价值体系，更加注重公司发展过程中的价值观和行为，以及由此带来的公司价值与社会价值的共同提升，并非孤立的单一公司的财务结果。

ESG 有三大价值支柱：环境责任、社会责任和公司治理责任。环境责任，是指公司应当提升生产经营中的环境绩效，降低单位产出带来的环境成本；社会责任，是指公司应当坚持更高的商业伦理、社会伦理和法律标准，重视与外部社会之间的内在联系，包括人的权利、利益相关方以及行业生态改进；公司治理责任，是指公司应当完善现代企业制度，围绕受托责任合理分配股东、董事会、管理层权力，形成从发展战略到具体行动的科学管理制度体系（中国证券投资基金业协会和国务院发展研究中心金融研究所，2020）。

ESG 评价一般由独立的第三方机构根据企业公布的信息，运用一定的模型和方法计算得出。信息来源包括但不限于企业的可持续发展报告、年度文件、委托书、公司治理报告、补充发布和公司网站信息等。其他信息来源还有公司股票基本面数据（如收入），非政府组织监测数据、政府信息以及各种新闻等。因此,ESG 评价是对企业在环境保护、社会责任和公司治理三个非财务信息的综合的社会鉴证。

3.1.2 ESG 理念的提出及发展演变

最早出现的与 ESG 类似的概念,是 20 世纪诞生的伦理投资。投资者基于自身的信仰或寻求对社会产生积极价值等目的而产生的投资理念。宗教基金就是早期伦理投资的一个典型代表。借助伦理投资的概念,投资者会筛选掉他们认为"不道德"的投资对象,例如破坏环境的石油重工,影响和平的武器装备,有损大众健康的烟草等。

而后,在 ESG 理念流行以前,更为人熟知的概念是"责任投资"。这个概念产生的背景是,由于经济高速增长所带来的负面影响,全球面临越来越严峻的气候、环境、资源挑战,环保运动随之兴起。20 世纪六七十年代,欧美的公众环保运动,抵制和抗议企业因过度追求利润而破坏环境、浪费资源。随着环保运动影响力逐步扩大,国际机构开始关注环境问题。

1972 年,第一届联合国人类环境会议在瑞典斯德哥尔摩召开,会议首次发表了与环保相关的《人类环境宣言》,并确定每年 6 月 5 日为"世界环境日"[①]。

1992 年,联合国环境与发展会议在巴西里约热内卢举行,达成了《21 世纪议程》,呼吁投资于未来,实现 21 世纪的全面可持续发展;针对教育、自然资源保护、经济可持续发展等方面提出了建议[②]。

1997 年,世界各国领导人在纽约签署了《联合国气候变化框架公约》和联合国《生物多样性公约》,并批准通过了《里约宣言》和

---

① https://www.un.org/zh/conferences/environment/stockholm1972。

② https://www.un.org/zh/conferences/environment/rio1992。

《21世纪议程》。

2006年，联合国全球契约组织成立①，并与联合国环境规划署金融倡议（UNEP FI）共同发布《负责任投资原则》（Principles for Responsible Investment，PRI）。

2015年9月，"联合国可持续发展峰会"在纽约召开；两个月后，在巴黎气候变化大会上，各国领导人签署了《巴黎协定》。

2022年，"加强自然行动，实现可持续发展目标"，第五届联合国环境大会在肯尼亚首都内罗毕（Nairobi）联合国环境规划署总部召开。通过对塑料污染、绿色回收、循环经济和保护生物多样性采取行动，人们得以应对气候变化、生物多样性丧失以及污染和废物这三重地球危机。

现实生活中，人们作为消费者也更加关注环保因素，通过对产品或服务的选择将环保理念传递给作为生产者的企业，在市场机制作用下，企业为获取收入和利润，会更加注重生产过程中的环境保护，于是环境因素从公众运动逐步向上下两端延伸，与此同时，环境相关的各类法律法规不断充实完善，相关概念也被引入投资领域，投资者逐渐意识到企业的环境绩效可能也会影响企业的财务绩效，于是责任投资、ESG理念和绿色金融等概念就逐渐进入理论研究者、政策制定者和投资者的视线。

3.1.3 中国ESG理念发展历程

2002年，为推动上市公司建立和完善现代企业制度，规范上市公司运作，促进中国证券市场健康发展，根据《公司法》《证券法》及其他相关法律、法规确定的基本原则，并参照国外公司治理实践中普遍认同的标准，中国证券监督管理委员会和国家经济贸易委员会共

---

① https：//unglobalcompact.org/about/foundation。

同制定并发布了《上市公司治理准则》。

2006年,深圳证券交易所发布《上市公司社会责任指引》[①],在倡导上市公司积极承担社会责任,并在追求经济效益、保护股东利益的同时,关注和保护其他利益相关方的权益,促进企业与社会的协调、和谐发展。

2008年,上海证券交易所发布《关于加强上市公司社会责任承担工作的通知》[②],倡导各上市公司积极承担社会责任,落实可持续发展及科学发展观,促进公司在关注自身及全体股东经济利益的同时,充分关注包括公司员工、债权人、客户、消费者及社区在内的利益相关者的共同利益,促进社会经济的可持续发展。

2012年,香港联合交易所就《环境、社会及管制报告指引》,并于2015年底将一般披露责任由"建议披露"提升至"不遵守就解释";中国责任投资论坛(China SIF)在北京发起,旨在推广责任投资与环境、社会和公司治理(ESG)理念,推动绿色金融,促进中国资本市场的可持续发展[③]。

2018年,证监会修订《上市公司治理准则》,确立中国ESG信息披露的基本框架。中国证券投资基金业协会、国务院发展研究中心金融研究所共同出版了《中国上市公司ESG评价体系研究报告》[④],中国证券投资基金业协会出台了《绿色投资指引(试行)》[⑤]。

2019年,香港联合交易所第三次修订《环境、社会和治理指引》。

2022年,国家市场监督管理总局发展研究中心、中国质量万里行促进会共同发布了《企业ESG评价通则》和《企业ESG信息披露通则》[⑥],并成立新华网"ESG专家委员会",为政府决策、监管政策

---

① https://www.gov.cn/banshi/2006-09/26/content_399213.htm。
② http://finance.sina.com.cn/stock/y/20080514/01184864686.shtml。
③ https://www.chinasif.org/pages/aboutus。
④⑤ https://www.amac.org.cn。
⑥ https://www.caqp.org.cn/xinwen/bh/232.html。

落实、企业规范制定提供服务与支持,对促进中国 ESG 理念规范化和标准化迈出关键一步。

3.2 ESG 表现的度量

根据现有公开资料,ESG 表现的评价一般由第三方机构完成。为了实现对企业 ESG 表现的评价,第三方机构研发相应的数据模型,确定相应的指标体系,选择相应的数据采集点,并采用 AI 技术进行数据抓取(国内)或对相关企业进行问卷调查(国外),对采集的数据按模型自下而上进行汇总计算,最终确定企业 ESG 表现得分,有的第三方机构还会把这些得分映射到不同的等级,并对外公布相应的评价结果。

3.2.1 评价指标的选择

第三方机构确定的评价指标体系一般包含三个层次:

第一层次的指标体系大多包含企业的环境责任、社会责任及公司治理的表现。比如彭博 ESG 评价、MSCI ESG 评价、华证 ESG 评价等大部分第三方机构都是如此。不过也有例外,比如万得 ESG 评级就将第一层次的指标体系确定为管理实践和争议事件,其中管理实践包含环境责任、社会责任以及公司治理表现三个维度;而社会价值联盟更是从负面清单出发,将第一层次的指标体系分为产业问题、财务问题、重大负面事件、违法违规、特殊处理五个方面。

第二层次的指标体系是第一层次指标体系的延伸和细化。不同的第三方机构所确定的第二层次的指标体系有很大的不同,比如彭博 ESG 评价,其环境表现的二级指标包括:空气质量、温室气体排放、气候敞口、生态冲击、可持续性产品、能源管理、废物管理、水管理、生态型供应链管理；而华证 ESG 评价的环境表现的二级指标为内部管理体系、经营目标、绿色产品、外部认证、违规事件五个方面。

第三层次的指标体系是第二层次指标体系的延伸，不同的第三方机构会有很大不同，但有一点，第三个层次指标体系的数量都有大幅增加，比如万得 ESG 评价的第三层有 25 个议题，华证有 26 个议题。

指标体系之下是数据采集点，这是对相应指标体系的细化和实现，不同第三方机构的选择有很大不同，比如万得 ESG 评价有 2000＋的数据采集点，而华证 ESG 评价只有 300＋的数据采集点。

3.2.2 数据来源

第三方机构在进行数据采集时，主要关注企业自己披露的信息，其次才是政府监管数据、非政府机构的数据、新闻报道等，其中企业自己披露的信息是关注重点，包括定期、不定期公告、CSR 报告、ESG 报告等。比如，华证 ESG 评价的数据来源包括企业定期报告及临时公告（55%）、企业社会责任报告（23%）、国家及地方监管部门公告（10%）、新闻媒体数据（12%）。

3.2.3 ESG 表现的评分评级

ESG 表现的评分是一个自下而上的过程：首先，根据数据点数据采集情况对第三层指标打分；其次，将第三层指标得分按一定的权重以及模型汇总算出第二层指标得分；再次，将第二层指标得分按一定的权重以及模型汇总算出 ESG 表现总分；最后，将 ESG 表现总分映射到不同的级别上。比如，万得 ESG 评价就是将核心评估模型中的各项指标按照 0~10 分的规则进行打分，根据实质性议题与权重汇总为 E、S、G 维度得分与管理实践得分以及 ESG 表现总分，然后把总分按 [0,4)、[4,5)、[5,6)、[6,7)、[7,8)、[8,9)、[9,10] 映射到 CCC、B、BB、BBB、A、AA、AAA 七个级别上。

3.2.4 其他

一般来说，ESG 得分越高，其表现越好，但也有例外，比如晨星（Sustainalytics）ESG 评价就是负向指标，得分越高表明风险越大。

赋分的调整与标准化。由于企业之间存在行业差异，比如一家绿色环保公司与一家重污染企业相比，前者的废水废物排放几乎为零，废水废物的处理也几乎为零，而后者由于大量的排放，其处置废水废物的绝对值就很高，如果不加以调整和标准化，后者在废水废物的处置方面得分就高于前者，这显然是不合理的。还有，在同一行业，一个公司产值很低，但废水废物排放和处置绝对值较高；而另一家公司产值很高，但废水废物排放和处置绝对值较低。如果不加以调整和标准化，那么前者在废水废物的处置方面得分就高于后者，显然也是不合理的。

3.3 常见第三方评级机构

ESG 表现第三方评级机构很多，成立时间也有长有短，但一个普遍的事实是国际上第三方评级机构成立的时间都较早，存续时间较长，积累了丰富的经验。而国内相关机构成立的时间或从事 ESG 评价的时间较短，一般只有几年时间，经验相对比较欠缺。

目前，国际上较为有影响力的评级机构包括但不限于彭博（Bloomberg）、明晟（MSCI）、汤森路透（Thomson Reuters）、富时罗素（FTSE Russell）、道琼斯（DJSI）、晨星（Sustainalytics）、恒生（HSSUS）及碳信息披露项目（CDP）等。国内目前比较出名的第三方机构包括但不限于华证（Sino - Securities）、中证（China - Securities)、商道融绿、万得（Wind）、嘉实、社会价值投资联盟 ESG 评级以及和讯社会责任指数等。

3.3.1 Bloomberg ESG 评价[①]

Bloomberg ESG 评分（评级）体系是指彭博旗下为企业和投资机构提供的一种环境、社会和治理（ESG）表现的评估工具。该体系通过对企业的 ESG 表现进行评估，帮助投资者了解企业的可持续性风险和机会，以及企业在 ESG 方面的表现是否符合社会和道德价值观。该评级体系基于企业自愿披露的数据和信息以确保信息的准确性以及与原始信息的一致性，包括但不限于可持续发展报告、年度文件、委托书、公司治理报告、补充发布和公司网站等。其他数据来源还有公司股票基本面数据（如收入）、非政府组织监测数据、政府信息以及各种新闻等。

Bloomberg ESG 评分（评级）包括三大支柱，分别是环境、社会责任以及公司治理，其中环境支柱包括气体排放质量、气候风险敞口、生态冲击、能源管理、生态型供应链管理、温室气体排放、可持续产品、废物管理、废水管理九个议题；社会责任支柱包括社区权利与管理、道德与合规、劳动和就业实践、职业健康管理、操作风险管理、产品质量管理、社会供应链管理七个议题；公司治理支柱包括董事会组成、高管薪酬、股东权利三个议题。议题下面还有小议题以及评分数据抓取点。

Bloomberg ESG 评分采取自下而上、模型驱动的方式进行。处理过程包括：①研究分析师和主题专家的定性输入，用于确定适当的领域和指标；②因素分析，以便于识别独特的环境、社会问题以及治理问题；③统计和数据科学技术，以协助识别同行群体；④使用参数方

---

① 参见 Bloomberg 数据终端。

法以及与历史数据非常接近量化领域的经验分布,处理行业和国家之间的差异以及不同的公司治理状态,以便公司之间进行有意义的比较。

综合得分计算:每个公司在环境、社会、公司治理三个子项分别获得一个百分制得分;然后按不同的权重把子项得分汇总成一个综合得分,反映其在环境、社会和公司治理方面的整体表现。该得分基于全部加权和标准化的指标,权重并非统一,会因行业的不同而有差异。

行业比较:为了更好地比较不同公司的表现,彭博将每个公司的得分与其所在行业的平均得分进行比较。这可以帮助投资者了解一个公司的 ESG 表现在其行业中是处于领先水平还是落后水平。

ESG 报告:彭博提供一些 ESG 报告和分析工具,帮助投资者更好地理解和评估不同公司的 ESG 表现和风险。这些报告可以提供详细的数据和见解,帮助投资者作出更明智的投资决策。

3.3.2　MSCI ESG 评价[①]

MSCI 是摩根士丹利资本国际公司(Morgan Stanley Capital International)的公司的英文简称。MSCI ESG 评级内容主要由环境、社会及治理三个维度构成,涵盖 10 个小议题和 37 个核心指标。在完成基本指标打分后,MSCI 按照全球行业划分准则(GICS)将被评企业分为 11 大类,24 个行业组别,69 个行业及 158 个子行业,并按照不同行业中各议题的风险将各项核心议题分配不同的权重。

最终评分结果输出:公司原始评分计算方式为,根据关键议题得分乘以相应权重计算 E、S 各范畴总分,根据倒扣法计算 G 范畴总分,公司原始评分由 E、S、G 各范畴总分乘以相应权重而得。得出公司原始评分后,MSCI 根据同行业所有企业表现情况,对各公司的

---

① https://www.msci.com//esg。

评分进行标准化处理（Min-Max 法），得出行业调整分数（Industry-Adjusted Score，IAS）。

根据 IAS 将 ESG 评分映射到 CCC、B、BB、BBB、A、AA、AAA 七个等级上，其中 CCC 与 B 级被称为落后者，中间 BB、BBB、A 级被称为平均者，后面 AA、AAA 级被称为领先者。

3.3.3 Sustainalytics ESG 评价[①]

Sustainalytics 是晨星公司（Morningstar）旗下一家领先的独立 ESG 研究、评级和分析公司，支持全球投资者制定和实施负责任的投资策略。Sustainalytics ESG 的评分原则和方法如下：

Sustainalytics 将 ESG 指标分解为三个不同的维度：准备、披露和绩效。并根据同类分组的关键指标找出每个分类中最具 ESG 效益的标的，然后根据每个公司相对于全球同行业同类型公司的 ESG 表现进行评估和排名（通过专家团队的打分，最终给予 ESG 相应评分，被评分公司具有申诉权）。

Sustainalytics 的评估体系从风险角度出发，根据企业 ESG 表现进行风险评估，并按照企业 ESG 风险得分划分为 5 个风险等级。0—9.9 分为可忽略风险（企业价值被认为具有由 ESG 因素驱动的重大财务影响的可忽略风险）；10—19.99 分为低风险水平（企业价值被认为具有低风险的重大财务影响所驱动的 ESG 因素）；20—29.99 分为中风险水平（企业价值被认为具有中等风险的重大财务影响所驱动的 ESG 因素）；30—30.99 分为高风险水平（企业价值被认为具有高风险的重大财务影响所驱动的 ESG 因素）；40 分以上为严峻风险水平（企业价值被认为具有严峻风险的重大财务影响所驱动的 ESG 因素）。

---

① https://www.sustainalytics.com/。

与其他 ESG 评分相比，Sustainalytics ESG 风险评级是一个负向指标，即分值越高，风险越大。

3.3.4 富时罗素 ESG 评价[①]

富时罗素 ESG 评级与联合国可持续发展目标（UN SDGs）相一致，所有 17 项联合国可持续发展目标均反映在富时罗素 ESG 评级体系的 14 个主题中。它包括一个整体评级，以及其下细分的 E、S、G 三大支柱、14 个主题暴露相关度和评分。通过分析每家公司具体情况的 300 多个独立评估指标，富时罗素 ESG 评级对这些支柱和主题进行评分。最终，每家符合条件的公司会获得一个分值在 0—5 分的 ESG 整体评分，其中 5 分为最高评分。

3.3.5 华证 ESG 评价[②]

华证 ESG 评价由环境（E）、社会（S）、公司治理（G）三项汇总而成，每项由相关的若干主题构成，主题又进一步细分为若干议题因素。

华证 ESG 评价体系包括一级支柱指标 3 个、二级主题指标 16 个、三级议题指标 44 个、四级底层指标近 80 个，以及底层数据采集点 300+。

华证 ESG 评价实施过程：首先，对指标赋值，根据文献研究、实践经验和国家标准等设定各个指标的理论基准水平，对指标进行标准化处理并赋值。其次，区分数据类型，华证 ESG 评级对于底层数据分为结构化数据和非结构化数据。对于非结构化数据，采用 NLP[③]

---

① 参见万得数据终端。
② https：//www.chindices.com/esg-ratings.html。
③ Natural Language Processing 的缩写，含义为自然语言处理。

技术、语义分析技术等,利用算法对指标进行赋值。最后,采用统计方法对数据中的缺失值进行补缺。

华证指数在理论分析的基础上,借鉴国际机构的经验做法,综合考虑各指标对每个 GICS[①] 行业的影响程度和影响时间,按行业属性分别对三级指标议题设置权重。首先,判断每个行业的核心议题指标;其次,就每个议题指标对该行业的影响程度和影响时间进行判断;再次,根据各指标在影响程度和影响时间的象限进行赋值。赋值的原则为影响程度高的权重更高,影响时间短的权重更高。对于不是该行业的核心议题指标,不考虑其影响时间的长短,权重直接设置为 0;最后,根据指标体系自下而上加权计算得到各级主题指标的得分,E、S、G 评价分项得分,以及最终的 ESG 评价综合得分,并根据综合得分给予被评主体"AAA—C"九档评级。华证 ESG 总分、一级指标、二级指标、三级指标得分均为介于 0—100 的标准分,得分越高,说明被评主体在该指标上的表现越好。评分和评级的关系为:C[0,60)、CC[60,65)、CCC[65,70)、B[70,75)、BB[75,80)、BBB[80,85)、A[85,90)、AA[90,95)、AAA[95,100]。

3.3.6 中证 ESG 评价[②]

中证 ESG 评价体系包括环境(E)、社会(S)和公司治理(G)三个维度,由 13 个主题、22 个单元和近 200 个指标构成。环境维度反映企业生产经营过程对环境的影响,揭示企业面临的环境风险和机遇;社会维度反映企业对利益相关方的管理能力及社会责任方面的管理绩效,揭示企业可能面临的社会风险和机遇;公司治理维度考察企业是否具有良好的公司治理能力或存在潜在的治理风险。

争议性事件指标主要考察突发事件,反映企业的 ESG 风险。根

---

① Global Industry Classification Standard 的缩写,含义为全球行业分类系统。
② https://www.csindex.com.cn。

据 ESG 争议性事件的性质、影响程度与范围、事件发生时间等原则，中证指数有限公司制定了 ESG 争议性事件风险等级标准，并根据不同等级进行相应处理，以便更准确地反映企业的 ESG 水平。

中证 ESG 评价分数由指标开始，依次计算出单元、主题、维度和 ESG 总分及评价结果。结合国际经验和国内研究，考虑企业所处行业特征，数据的可获得性、有效性以及质量等，该评价体系确定指标、单元、主题、维度等各层级的权重，最终自下而上逐级加权形成 ESG 评价结果。

中证 ESG 评价结果由高到低分为 AAA、AA、A、BBB、BB、B、CCC、CC、C 和 D 共十档，反映被评企业相对于行业内其他企业的 ESG 表现。

3.3.7 商道融绿 ESG 评价[①]

商道融绿 ESG 评级系统共包含三级指标体系。一级指标包括环境、社会和公司治理三个维度。二级指标包括一级指标项下的 14 个核心议题，如环境一级指标项下的二级指标包括环境政策、能源与资源消耗、污染物排放、应对气候变化、生物多样性五个二级指标；社会一级指标项下的二级指标包括员工发展、供应链管理、客户权益、产品管理、数据安全、社区六个方面；公司治理一级指标项下的二级指标包括治理结构、商业道德、合规管理三个方面。三级指标涵盖具体的 ESG 指标，共有 200 多项三级指标，数据源于近 700 个数据采集点。商道融绿共设立了 51 个行业模型，包括该行业的 ESG 指标和指标权重。ESG 分析团队先通过对近 200 个 ESG 指标进行打分，再通过行业模型，最终得到每家公司的 ESG 得分（0—100 分）及 ESG 评级（A+至 D，共 10 个等级）。分类级别与含义如下：

---

① https://www.syntaogf.com/pages/esg01。

A＋、A：企业具有优秀的 ESG 综合管理水平，过去 3 年几乎没出现 ESG 负面事件或个别轻微负面事件，表现稳健；

A－、B＋：企业 ESG 综合管理水平良好，过去 3 年出现过少数影响轻微的 ESG 负面事件，ESG 风险较低；

B、B－、C＋：企业 ESG 综合管理水平一般，过去 3 年出现过一些影响中等或少数较严重的负面事件，但尚未构成系统性风险；

C、C－：企业 ESG 综合管理水平薄弱，过去 3 年出现过较多或较严重的 ESG 负面事件，ESG 风险较高；

D：企业近期出现了重大的 ESG 负面事件，对企业有重大的负面影响，已暴露出很高的 ESG 风险。

3.3.8 万得 ESG 评价[①]

万得 ESG 综合得分由管理实践得分（总分 7 分）和争议事件得分（总分 3 分）组成，包含 3 个维度、25 个议题、300＋指标。万得利用人工智能、大数据等技术，全网追踪抓取 ESG 信息，覆盖 22000＋数据源。

管理实践得分（总分 7 分）反映公司长期 ESG 管理实践水平，由 E、S、G 维度得分加权而得。其中环境维度得分（总分 10 分）由该公司所在行业环境维度实质性议题得分加权而得；社会维度得分（总分 10 分）由该公司所在行业社会维度实质性议题得分加权而得；治理维度得分（总分 10 分）由该公司所在行业治理维度实质性议题得分加权而得。

争议事件得分（总分 3 分）能够反映公司短期突发事件风险，由新闻舆情、监管处罚、法律诉讼三大来源事件扣分加权而得。

万得 ESG 评级以万得 ESG 综合得分为基础，根据得分高低分

---

① 参见万得数据终端。

别给予"AAA—CCC"的七档评级,综合反映公司 ESG 管理实践水平以及重大突发风险。

3.3.9 社会价值投资联盟 ESG 评价[①]

社会价值投资联盟(以下简称"社投盟")ESG 模型由"筛选子模型"和"评分子模型"两部分构成。

"筛选子模型"是社会价值评估的负面清单,按照5个方面(产业问题、财务问题、重大负面事件、违法违规、特殊处理)、17个指标,对评估对象进行"是与非"的判断。如评估对象符合任何一个指标,即被判定为资质不符,无法进入下一步量化评分环节。

在"筛选子模型"遴选出符合资质的上市公司后,"评分子模型"对其社会价值贡献进行量化评分。"评分子模型"包括3个一级指标(目标、方式和效益)、9个二级指标、27个三级指标和55个四级指标。

信息来源为企业公开披露的信息,主要来自上市公司年度报告、社会责任报告、可持续发展报告、ESG 报告、企业官网、临时公告、监管部门的监管信息等。

社投盟评级共设 10 个大等级,分别为 AAA、AA、A、BBB、BB、B、CCC、CC、C 和 D。其中,AA 至 B 级用"＋"和"－"号进行微调,因此,总共 20 个子等级;D 级表示使用筛选子模型筛出的公司[②]。

3.3.10 和讯社会责任指数

和讯社会责任指数由和讯网提供,该指数涵盖企业对股东的责

[①][②] 参见万得数据终端。

任、对员工的责任、对供应商、客户和消费者的责任、环境责任以及社会责任五个方面,各项分别设立二级和三级指标对相关责任进行全面的评价。其中,涉及二级指标13个,三级指标37个。

一般情况下,该指数中股东责任权重占比30%,员工责任权重占比15%,供应商、客户和消费者权益责任权重占比15%,环境责任权重占比20%,社会责任权重占比20%。消费行业员工责任权重占比10%,供应商、客户和消费者权益责任权重占比20%,其他指标权重保持不变;制造业环境责任权重占比30%,社会责任权重占比10%,其他指标权重保持不变;服务业环境责任权重占比10%,社会责任权重占比30%,其他指标权重保持不变。

和讯指数将企业ESG表现分为ABCDE五级,其中80分以上A级,60—80分为B级,40—60分为C级,0—40分为D级,0分以下为E级。

3.4 ESG度量的述评

根据公开资料,20世纪90年代以美国为首的西方发达国家就开始构建ESG评级体系,距今已有几十年的发展历史,已经形成一套比较成熟、完整的评价方法和操作流程。比如,MSCI早在1972年就开始ESG研究,在1990年开始ESG指数的开发,时至今日已经有超过50年的经验;标普全球(S&P Global)的"公司可持续评估"(CSA)始于1999年;ISS[①]成立于1985年,专业从事企业ESG评级超过25年。

中国的ESG评级起步较晚,大多兴起于2018年前后,因为当年修订并颁布的《上市公司治理准则》明确了企业的ESG责任。例如,

---

① https://www.issgovernance.com/about/about-iss/。

社会投资者联盟的 A 股上市公司社会价值评估报告开始于 2017 年，润灵的首版 ESG 评级框架发布于 2019 年 11 月，中债估值中心于 2020 年 10 月开始试行中债 ESG 评价系列产品，中诚信绿金 ESG 评价发布于 2020 年 11 月，中证指数有限公司于 2020 年 4 月发布沪深 300 ESG 指数系列，同年 12 月发布 ESG 评价方法。因此，一个基本结论就是，中国 ESG 评价体系的发展比国际知名评级机构晚了至少 20 年。

也正因为如此，海外评级机构经过几十年的探索，ESG 评分（评级）的模型建立、数据收集、服务团队、与企业的互动更为成熟，缺点是对涉及评分评级的中国企业的数量较少。自 2018 年之后，国内各种 ESG 评级机构如雨后春笋般不断涌现，这些机构的优点在于对中国的国情比较了解，但对于 ESG 评分（评级）建模、数据收集以及与企业的互动上还处于较低的层次，所涉时间范围也很短。

由于企业的 ESG 评价是由第三方机构进行，目前社会上还缺乏明确的制度设计和过程管理，各机构凭借自己的认知研究开发评价系统，通过模型设计、数据采集和评分最终得出评价结果以引导投资者决策。受限于不同的机构的能力和水平的差异，抑或作为证券投资服务商本身的偏向性，目前对企业 ESG 表现的评判很难有一致的意见和方法，很难判断出哪一家服务机构的 ESG 评价质量更好。不同的学者也总是采用与自己观点更接近的数据来论证自己的观点。这就需要学者在做科研的时候仔细甄别，优化利用。

3.5　本章小结

本章详细介绍了 ESG 理念的历史沿革，包括 ESG 理念的定义、内涵及发展演变（包括国际、国内两个角度），并对 ESG 表现的度量进行梳理。研究发现，现有 ESG 表现的评价一般由第三方机构完成，每个机构都有规范的操作文件和评估模型。在操作层面,现有评价体系一般包括评价指标和数据采集点。指标体系以 ESG 综合评分为起始点,其下一般分三层,每一个上层指标包含数个子项,第三层指标之下是大量的数据采集点,指标体系呈金字塔结构。

目前,国际上较为有影响力的评级机构包括但不限于彭博(Bloomberg)、明晟(MSCI)、汤森路透(Thomson Reuters)、富时罗素(FTSE Russell)、道琼斯(DJSI)、晨星(Sustainalytics)、恒生(HSSUS)及碳信息披露项目(CDP)等。国内目前比较出名的第三方机构包括但不限于华证(Sino – Securities)、中证(China – Securities)、商道融绿、万得(Wind)、嘉实、社会价值投资联盟 ESG 评级以及和讯社会责任指数等。

由于不同的机构采用的指标体系、评估模型以及数据采集点差异很大,评估结果差异很大。究竟哪些评价数据更接近对企业的真实评价,目前理论界尚无定论。

中国上市公司ESG表现
对权益资本成本的
影响研究
Chapter 4

第4章　ESG表现对权益资本成本的总效应研究

中国上市公司ESG表现对权益资本成本的影响研究

2020年，中国政府向世界庄重宣布"碳达峰、碳中和"时间表①，为世界践行可持续发展理念树立了榜样。与此同时，政府有关部门积极采取建设性措施，以满足可持续发展理念的要求，如修订或颁布各种法律、法规或制度，明确企业应承担的ESG责任。

2002年，中国证监会制定、颁布《中国上市公司治理准则》，明确了上市公司的治理责任；2006年，深交所发布《上市公司社会责任指引》，倡导上市公司积极承担社会责任，引导企业在追求经济效益、保护股东利益的同时，关注和保护其他利益相关方的权益，促进公司与全社会的协调、和谐发展；2008年，上交所发布《关于加强上市公司社会责任承担工作的通知》，倡导各上市公司积极承担社会责任，落实可持续发展及科学发展观，促进公司在关注自身及全体股东经济利益的同时，充分关注包括公司员工、债权人、客户、消费者及社区在内的利益相关者的共同利益，促进社会经济的可持续发展；2018年，中国证监会修订了《中国上市公司治理准则》，明确了除公司治理责任以外的环境保护和社会责任义务。2020年，为促进公众对ESG理念的认知，相关部门编纂并出版了《ESG评估体系研究报告（2019）》（中国证券投资基金业协会和国务院发展研究中心金融研究所，2020），规范了ESG理念的内涵和外延，并构建了相应的评价体系。ESG作为一种理念，其核心是引导人类社会树立环保理念、追求社会效益，而不仅仅是追求自身财务利益最大化，同时做好公司治理，内外兼修，努力践行整个社会的可持续发展。

ESG理念是企业追求绿色发展的核心框架和内在要求，也是社会经济可持续、高质量发展的必然要求。如果实施ESG战略的支出不能被后来的收入弥补，那么企业就会缺乏内在动力，这将阻碍企业进一步遵循ESG的要求开展业务。因此，从理论和实践的角度探寻

---

① https：//www.gov.cn/xinwen/2021-04-22/content_5601515.htm。

ESG 表现对企业财务指标的影响就非常重要,这导致了对两者关系的研究成果迭出。从理论上讲,一些学者认为,ESG 表现对经济绩效有积极影响(Cek & Eyupoglu, 2020; Fatemi et al., 2018; Velte, 2017; 邱牧远和殷红, 2019; 屠光绍, 2019); 而另一些学者认为, ESG 表现与企业财务绩效没有关系,甚至是负相关(Atan et al., 2018; Duque-Grisales & Aguilera-Caracuel, 2019; Smith et al., 2007)。因此,很难对 ESG 表现与企业财务绩效之间的关系得出明确结论(Forte, 2013)。

由于中国仅在近几年大力宣传普及 ESG 理念,国内现有研究大多考察 ESG 表现与财务绩效(张长江, 2021)、企业价值(王琳璘等, 2022; 王波和杨茂佳, 2022)的关系。鲜见从委托代理、缓解信息不对称和降低风险的视角考察 ESG 表现对权益资本成本的影响。

因此,本章将从缓解信息不对称、降低风险的视角考察 ESG 表现对上市公司权益资本成本的影响;探讨 ESG 表现的三大支柱与权益资本成本的关系;以中国现有制度环境为背景,考察 ESG 表现影响的差异性。

4.1 理论分析与研究假设

所有权和控制权分离会引起内部人(如管理者、大股东等)比外部人(如中小投资者、债权人等)拥有更多的信息资源,进而导致信息不对称。一旦外部人明确自己处于信息弱势一方,他们要么放弃投资或收回对方对自己的欠款,要么索取更高的资金使用价格,进而导致企业陷入融资约束的困境,资本成本上升。在此情况下,缓解信息不对称就是降低资本成本的有效手段之一,具体包括主动披露和被动披露,如企业自己定期或不定期披露(财务报告、ESG 报告等),以及媒体报道、第三方评价等(如企业 ESG 表现评价)。与此同时，外部人一旦获悉企业的经营风险在加大，他们也会用"脚"投票，进而对企业的资本成本产生不利影响。

财务成本管理的目标是股东财富最大化（中国注册会计师协会，2022），利润最大化是实现股东财富最大化的主要措施，而提高收入与控制成本是实现利润最大化的手段。从这个角度考察，绝大多数环保支出都被看成是企业经营活动的"成本"，是企业生产运营的负担（李扬和张晓晶，2015），会提升企业的经营风险。弗里德曼（Friedman，1970）认为，企业只有一项社会责任，那就是在遵守游戏规则的前提下，利用自己的资源从事旨在增加利润的活动；而企业承担社会责任的相关支出则是管理者为了个人声誉所做的投资，不仅不能给企业带来收益，还会因为占用太多资源而限制企业的发展，从而对企业产生不利影响。这在社会发展的某一历史时期是成立的。以环境责任为例，由于环境污染具有"外部经济性"，只要企业排污受到的惩罚很小或较小，且大大低于其收益，企业会选择污染环境，让整个社区来承受相关损失（比如社区内疾病导致的医疗费用的增加），这在发展中国家是很常见的。这就不难理解在发展中国家，特别是相关法律法规还不够完善的国家，积极承担环境责任、社会责任不利于企业的发展。史密斯等（Smith et al.，2007）就采用自行研发的环境披露评级指标，结合马来西亚吉隆坡证券交易所相关数据就企业环境信息披露对企业特征的影响进行研究，发现企业环境披露评级与其财务绩效负相关。与此类似，十多年前的中国，上市公司披露其承担社会责任的信息会引发股价下跌（胡建军等，2013）。杜克－格里萨莱斯和阿吉莱拉－卡拉库埃（Duque-Grisales & Aguilera-Caracuel，2019）利用汤森路透（Thomson Reuters）Eikon数据库研究拉美地区新兴市场跨国公司ESG评分与财务绩效的关系，发现ESG表现与财务绩效呈负相关。这似乎可以得出一个初步结论：ESG投入的增加（包括环境保护、社会责任的承担以及公司治理的改善）会降低企业的财务绩效，进而增加其经营风险。该风险会使其证券的系

统风险上升,最终导致权益资本成本上升。有鉴于此,本书提出如下假设:

假设4-1:上市公司 ESG 表现不利于降低其权益资本成本,即 ESG 表现与权益资本成本呈正相关。

现有相关研究也表明 ESG 表现对企业财务绩效有积极影响:比如有学者(Cek & Eyupoglu,2020)采用结构方程对 2011—2015 年标准普尔 500 公司进行研究发现 ESG 表现与财务绩效呈显著正相关。维尔特(Velte,2017)利用 Thomson Reuters Asset4 数据库对德国基本标准企业(包括 DAX30、TecDAX、MDAX)进行研究,发现 ESG 表现对总资产收益率有积极影响。有学者(Dimson et al.,2015)通过对美国上市公司 1999—2009 年参与环境保护、社会责任以及公司治理实践对财务绩效的影响开展研究,发现成功的参与者能够获得超常回报,特别在环境保护和社会责任承担方面,成功参与者的财务绩效有显著提升。有学者(Cheng et al.,2014)认为承担社会责任(包含承担社会责任和保护环境两个维度)有助于缓解企业融资约束,降低债务资本成本。蒋琰(2009)认为,上市公司的综合治理水平的提升有利于降低企业的权益融资成本和债务融资成本,并对企业权益融资成本产生更大的影响。陈宋生等(2015)认为,在 XBRL[①] 实施过程中,公司治理有利于权益资本成本的节约。沈洪涛等(2010)以中国重污染上市公司为样本,研究发现环保信息的披露能显著降低企业的权益资本成本。吴红军(2014)以 2006—2008 年中国化工行业上市公司为研究样本,研究发现企业环境信息披露水平与环境绩效呈正相关关系,以此为基础,提高环境信息披露水平能够有效降低权益资本成本。有鉴于此,本书提出如下假设:

假设4-2:上市公司 ESG 表现有助于降低其权益资本成本,即 ESG 表现与权益资本成本呈负相关。

---

① XBRL,Extensible Business Reportling Language 的缩写,含义为可扩展商业报告语言。

4.2 实证方案设计

4.2.1 研究变量定义

(1) 因变量——权益资本成本 (COE) 的计算

①CAPM 模型

就公司权益资本成本的测定,常用的事后模型如 CAPM 模型 (Sharpe, 1964; Lintner, 1965)、APT 模型 (Ross, 1976)、Fama - French 三因子模型 (Fama & French, 1993) 等;采用的事前模型如 PEG 模型 (毛新述等, 2012; 杨棉之等, 2015)、Gordon 模型 (Gordon, 1959; 王冰洁和刘振涛, 2017)、剩余收益模型 (Ohlson, 1995) 和异常盈余增长模型 (霍晓萍和林红英, 2021) 等。但理论界对于何种模型能更好度量权益资本成本还未达成一致 (Cek & Plumlee, 2005)。本书借鉴林特勒 (Lintner, 1965) 的做法,采用 CAPM 模型构建被解释变量:

$$COE = r_f + \beta \times (r_m - r_f) \quad \text{式 (2-1)}$$

其中,r_f 为无风险收益率,这里我们采用十年期国债利率,r_m 为市场组合的收益率,这里采用综合市场收益率,$r_m - r_f$ 为股票市场的风险溢价;β 为证券对于市场风险的敏感度系数(系统风险系数),$\beta \times (r_m - r_f)$ 为证券的风险溢价。模型 2-1 表明上市公司预期的权益资本成本等于无风险收益与风险收益之和。我们将在主回归中采用 CAPM 模型测算权益资本成本。

②Fama - French 三因素模型

鉴于 CAPM 模型的不足,为了避免因选择特定变量可能导致的伪回归,本书将在稳健性检验中采用三因素模型重新计算权益资本成本 (Fama & French, 1992) 并再次进行实证检验:

第4章 ESG表现对权益资本成本的总效应研究

$$E(r_e) - r_f = \beta[E(r_m - r_f)] + sE(SMB) + hE(HML) \qquad 式（2-3）$$

其中，$E(r_e)$代表权益资本成本，r_f为无风险收益率；r_m为市场的收益率；$E(r_m - r_f)$为资本市场的风险收益，SMB是市值因子模拟组合收益率，HML是账面市值比因子模拟组合收益率（范建华和张静，2013）。由于该模型在CAPM模型的基础上纳入了市值因子和账市比因子，法玛和法兰奇（Fama & French，1992）认为，这样能更好地反映系统风险因素的补偿。

③PEG模型

鉴于只采用事后模型可能存在伪回归，本书将在稳健性检验中采用PEG模型（毛新述等，2012；杨棉之等，2015）重新计算权益资本成本并再次进行稳健性检验：

$$PEG = \sqrt{\frac{eps_{t+2} - eps_{t+1}}{P_t}} \qquad 式（2-7）$$

其中，PEG表示依据模型计算的权益资本成本；eps_{t+2}表示以当期为基准，预测两年之后的每股收益；eps_{t+1}表示以当期为基准，预测一年之后的每股收益；P_t表示当期的股票价格；PEG模型要求$eps_{t+2} \geq eps_{t+1}$。

④OJ模型

鉴于只采用一种事前测算模型可能存在伪回归，本书将在稳健性检验中采用OJ模型（Ohlson & Juettner - Nauroth，2005；肖作平，2016）重新计算权益资本成本并再次进行稳健性检验：

$$R_e = A + \sqrt{A^2 + \frac{EPS_{t+1}}{P_t} \times [g - (\gamma - 1)]} \qquad 式（2-9）$$

其中：

$$g = \frac{EPS_{t+2} - EPS_{t+1}}{EPS_{t+1}}; \quad A = \frac{1}{2}\left((\gamma - 1) + \frac{DPS_{t+1}}{P_t}\right)$$

其中，R_e为以第t期的信息为基础得到的权益资本成本；P_t为第t期的每股股价；EPS_{t+m}为第t+m期的预期每股收益；DPS_{t+m}为第t+m期的预期每股股利，由$EPS_{t+m} \times K$计算得出，K选取目标年份的过去3年的平均股利支付率；长期增长率（$\gamma - 1$）是指在相当长时期内整体经济的平均增长率,即为5%。上述模型的内在假设都是建立在$EPS_{t+1}>0$和$EPS_{t+2}>0$上,所以须舍弃未来一期和二期的每股收益预测为负的样本。

(2) 自变量——ESG 的确定

学者们选择 ESG 表现的代理变量多种多样,比如,是否发布企业社会责任 (CSR) 报告 (何贤杰等,2012);依据企业政策构造代理指标 (袁洋,2014);利用第三方评价机构的评分评级,比如 Thomson Reuters ESG 评分 (Duque – Grisales & Aguilera – Caracuel, 2019;Tommaso & Thornton, 2020)、Bloomberg ESG 评分 (邱牧远和殷红,2019) 等。

为了考察选择何种指标作为 ESG 表现的代理变量能更好地反映中国股市的实际情况,本书做了如下研究:(1) 在本章 4.3.3 样本选择的基础上,为了保持数据的连续性和稳定性,选择在考察范围内有 6 年以上观察值的企业作为研究对象。(2) 考虑到国外 ESG 评价具有时间长、经验丰富的优点,但也有数量相对较少的缺点;与此相对应,国内 ESG 评价虽然时间短、经验也不足,但覆盖面较广。经过比较分析,本书计划采用国、内外指标分别评价、相互印证,以提高结论的可信度。(3) 经研究发现,国内 ESG 评价中,仅华证、和讯、社投盟 ESG 评价时间超过 6 年,可作为拟选代理变量,但由于社投盟涵盖上市公司数量太少,缺乏足够的代表性,不被纳入考察范围;国外 ESG 评价中,考虑数据的接受度和可获得程度,选择彭博 ESG 评价作为拟选代理变量。(4) 对纳入拟选范围的三种 ESG 评价所涉企业进行比较分析,分别考察企业的数量、负债、权益、总资产、总收入、营业利润、利润总额、净利润以及产权性质的相对数量。由于华证 ESG 评价所涉时间最长,涵盖 2009—2021 年共计 13 年时间,因此将华证 ESG 评价所涉企业的特征值作为基准考察彭博 ESG 评价、和讯社会责任指数所涉企业的相对值 (见表 4 – 1),以判断拟选相关代理变量的效用。

第 4 章　ESG 表现对权益资本成本的总效应研究

表 4-1　彭博、和讯以及华证 ESG 评价所涉企业比较

彭博 ESG 评价（%）									
年份	数量	负债	权益	总资产	总收入	营业利润	利润总额	净利润	产权性质
2011	45.71	89.51	85.69	87.88	89.08	92.73	92.04	91.90	57.58
2012	41.33	90.28	84.84	88.04	89.17	91.85	91.02	90.89	59.11
2013	39.89	90.45	84.41	88.01	89.62	90.91	90.23	90.02	60.41
2014	40.63	91.15	85.35	88.80	90.00	90.86	90.16	89.79	61.30
2015	46.38	92.49	87.12	90.27	90.62	92.52	91.79	91.47	64.09
2016	45.40	93.87	86.90	90.99	90.68	93.12	92.70	92.71	62.98
2017	47.05	95.52	88.37	92.58	91.25	94.73	94.63	94.64	63.83
2018	46.99	96.20	89.29	93.40	91.56	99.04	99.04	99.86	63.61
2019	46.99	96.59	90.47	94.14	92.10	98.61	98.51	99.01	61.50
2020	46.74	96.26	91.04	94.17	92.60	98.51	98.50	98.99	60.14
2021	45.68	93.62	89.62	92.03	91.19	94.84	94.91	94.97	57.79
总计	44.87	94.05	88.28	91.71	90.71	94.34	93.96	94.02	61.12
和讯社会责任指数（%）									
年份	数量	负债	权益	总资产	总收入	营业利润	利润总额	净利润	产权性质
2011	100.74	100.51	100.69	100.59	100.54	101.02	101.00	101.05	100.84
2012	97.57	99.59	99.98	99.75	99.08	101.61	101.45	101.68	97.60
2013	100.48	100.34	100.36	100.35	100.16	100.47	100.45	100.43	100.63
2014	100.48	100.51	100.37	100.45	100.16	100.56	100.53	100.50	100.63
2015	94.93	99.94	98.96	99.53	99.22	99.49	99.50	99.47	98.61
2016	94.95	100.05	98.89	99.57	99.18	98.66	98.74	98.56	98.62
2017	95.01	100.02	98.76	99.50	99.02	98.18	98.19	98.01	98.76
2018	95.01	99.95	98.75	99.46	98.98	98.29	98.33	98.22	98.62
2019	94.78	99.04	98.23	98.71	98.80	97.50	97.50	97.23	97.94
2020	94.50	98.86	97.91	98.48	98.53	96.28	96.25	95.80	97.12
总计	96.84	99.88	99.29	99.64	99.37	99.21	99.19	99.09	98.94

注：本表以华证 ESG 评价所涉企业为基准，考察彭博、和讯数据的相对值。

根据表 4-1，尽管彭博所涉企业的数量只有基准水平的 44.87%，

其中国企数量为基准的 61.12%，但总体而言，所涉企业总资产占比 91.71%，总收入占比 90.71%，其他指标也都接近或超过 90%，因此可以得出一个基本结论——彭博 ESG 评价涵盖了中国股市中规模较大、比较有代表性的企业，把它作为 ESG 表现的代理变量具有较高的合理性。

因此，本书借鉴邱牧远和殷红（2019）、王双进等（2022）的做法，选择彭博 ESG 评价及其子项数据作为代理变量开展研究。和讯数据与华证数据涵盖范围基本相同，本书借鉴高杰英等（2021）、王琳璘等（2022）以及冯晓晴等（2020）的做法，在稳健性检验中分别采用华证 ESG 评级和和讯社会责任指数（评分）作为自变量再次开展实证检验。由于公开数据库没有提供华证 ESG 评价详细得分以及子项数据，只提供汇总评级数据，依次为 AAA—C 九个等级，无法达到定量分析的需要。因此，为了量化数据以满足定量分析的需要，本书根据华证 ESG 评级中分值与级别的对应，按所属等级对应分值的中值分别赋值[①]（沈坤荣和金刚，2018；王斌和梁欣欣，2008；何贤杰等，2012）。

（3）控制变量

①控制变量的选择

借鉴吴红军等（2017）、托马索和桑顿（Tommaso & Thornton，2020）等文献研究范式，本书选择公司规模、发展能力（销售增长率）、机构持股、资产负债率、账市比、债务税盾、换手率、公司性质等作为控制变量；考虑核心解释变量的范围，同时引入最大股东持股、前十大股东持股、法人持股、独立董事占比、年报审计是否由"四大"[②] 审计等公司治理的控制变量。详细情况见表 4-2。

[①] 华证指数 ESG 评分满分 100 分，分值和级别对应规则是 C[0~60]、CC[60~65]、CCC[65~70]、B[70~75]、BB[75~80]、BBB[80~85]、A[85~90]、AA[90~95]、AAA[95~100]，因此在还原过程中我们按各级别对应范围的中值赋值。

[②] "四大"是指全球四大会计师事务所，分别是普华永道（PWC）、德勤（DTT）、毕马威（KPMG）和安永（EY）。

②对变量选择的特别考虑

考虑到本书的自变量是基于CAPM模型计算的权益资本成本,因此在选择控制变量的时候,并没有将系统风险(Beta)纳入其中以减少模型的多重共线性。研究结果也表明模型的膨胀因子(VIF)符合一般研究规定。

表4-2 控制变量的定义

变量	符号	定义
公司规模	Size	ln(年均总资产)
发展能力	Growth	营业总收入年增长率
最大股东	Top1	第1大股东持股
前十大股东	Top10	前10大股东持股
独董占比	Indirector	独立董事占比
公司性质	Stat	公司性质,1国有,0非国有
"四大"审计	Big4	年报是否由四大审计,1是,0否
资产负债率	LEV	资产负债率
账市比	BTM	账面价值/市场价值
机构持股	Fund	机构持股比例合计
法人持股	Legal	一般法人持股比例
税盾	DTS	债务税盾=利息×(1-所得税税率)/年均总资产
换手率	Turn	股票交易年平均换手率

4.2.2 模型构建

为了检验假设4-2,我们借鉴托马索和桑顿(Tommaso & Thornton,2020)的做法,建立如下双向固定效应模型:

$$COE_{it} = \varphi_0 + \mu_i + \varphi_1 ESG_{it} + \varphi C + \sum IND_{it} + \sum Year_{it} + \varepsilon_{it}$$

式(4-1)

其中,φ_0为截距项;μ_i为个体效应;COE_{it}为权益资本成本,是因变量;ESG_{it}为ESG表现,是自变量;φ是控制变量系数向量;C是控制变量矩阵；$\sum IND_{it}$ 为行业特征效应；$\sum Year_{it}$ 为时间特征效应；ε_{it} 为随机扰动项。关键系数为 φ_1：如果 φ_1 显著为正，那么表明 ESG 表现会显著增加企业的权益资本成本，降低企业的价值；如果 φ_1 显著为负，那么表明 ESG 表现会显著降低企业权益资本成本，提升企业的价值。

4.2.3 样本选择和数据来源

本书借鉴张长江等（2021）的做法，以中国上市公司 2011—2021 年的数据为基础，并作如下筛选：（1）一般说来，金融和保险类公司不创造实际财富却持有大量流动资金，与其他公司存在显著差异，剔除这类公司有助于避免重大偏误；（2）明确陷入财务困境的企业（ST 或 *ST 企业）与其他企业在融资机制上也存在较大差异，剔除这类上市公司也有助于避免重大偏误；（3）一个资不抵债的公司，其资产负债率是大于 1 的，这类公司的可持续经营受到很大挑战，有很高的财务风险，剔除这类公司也有利于避免重大偏误；（4）本书对于存在数据缺失的观测数据也做了删除处理。数据来源包括彭博数据终端、万得（Wind）数据终端、国泰安（CSMAR）数据库。对所有变量数据都在 1% 和 99% 分位数进行"缩尾处理"（winsorize）。

4.2.4 数据的描述性统计

（1）权益资本成本的描述性统计

我们采用 CAPM 模型测算权益资本成本，按年度进行描述性统计，具体内容见表 4-3。从整体上看，表中权益资本成本的平均数为 9.129%，中位数为 8.227%，标准差为 22.603%；分年份来看，均值最高值为 51.651%（2014 年），中值最高值为 51.821%（2014 年）；均值最低值为 -26.283%（2018 年）、中值最低值为 -26.777%（2018 年）（见图 4-1）。

第4章 ESG表现对权益资本成本的总效应研究

表4-3 CAPM模型测算权益资本成本的统计性特征（%）

年份	数量	均值	标准差	极小值	25分位	中值	75分位	极大值
2011	563	-25.130	6.231	-36.499	-29.638	-25.149	-20.609	-7.661
2012	657	5.500	0.533	4.014	5.147	5.514	5.866	6.857
2013	712	-1.802	1.058	-5.392	-2.568	-1.843	-1.088	1.529
2014	725	51.651	9.927	17.947	45.030	51.821	60.085	65.136
2015	868	23.525	3.250	7.609	21.812	24.186	25.884	29.826
2016	802	-11.952	2.669	-20.516	-13.815	-12.163	-10.442	-1.993
2017	830	12.409	3.779	1.265	9.859	12.549	15.075	24.063
2018	864	-26.283	6.216	-36.499	-30.948	-26.777	-22.013	-2.330
2019	945	31.259	7.262	4.610	26.673	31.440	35.682	63.013
2020	978	21.887	5.636	4.906	18.264	21.367	25.436	40.186
2021	991	6.634	2.680	1.442	4.584	6.168	8.345	16.031
总计	8935	9.129	22.603	-36.499	-4.052	8.227	24.234	65.136

根据图4-1，两者的变化趋于一致，平均数从2014年最高点的51.651%下降到2018年最低点的-26.283%（中位数从2014年最高点的51.821%，下降到2018年最低点的-26.777%）。各年度权益资本成本的平均数（中位数）的波动幅度非常大。总体上，权益资本成本呈小幅上升趋势（见图4-1中的虚线部分）。

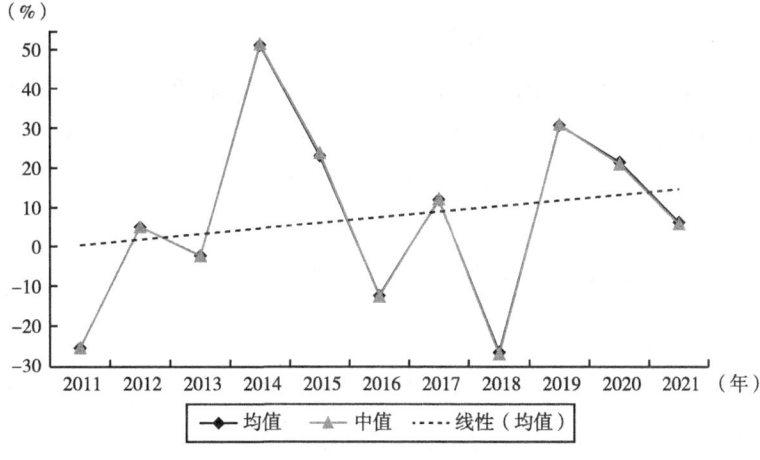

图4-1 权益资本成本的均值、中值及均值变化趋势（CAPM）

首先，从整体上看，权益资本成本的均值和中值都在10%以内，但标准差却达到了22.603%和24.234%，这说明不同年份间企业权益资本成本存在较大差异，控制时间特征效应十分必要；其次，从均值和中值的走势上看，权益资本成本在各年间也存在很大的差异性，为此我们在进行模型选择的时候将考虑控制这种随时间变化的冲击。

考虑到数据的可比性，本书将在附录的附表中分别提供采用Fama – French三因素模型（见表8-1）、PEG模型（见表8-2）以及OJ模型（见表8-3）测算的权益资本成本及它们的走势图（见图8-1、图8-2、图8-3）。

（2）ESG表现及各单项的描述性统计

①ESG表现的描述性统计

我们对ESG表现按年进行描述性统计，具体内容见表4-4。从整体上看，样本公司ESG表现的平均数和中位数分别是28.558和27.583，标准差是9.022；从年份来看，平均数和中位数的最高值分别是37.961（2021年）和35.942（2021年），平均数和中位数的最低值分别是20.395（2011年）和19.495（2014年）。

如图4-2所示，均值和中值的走势趋同；均值的趋势斜向上，这说明随着国家产业政策以及各种宣传活动的深入，企业整体的ESG表现在不断提高，国家在ESG治理方面逐步取得成效；中国上市公司ESG表现的起点还是较低，均值和中值都没有超过38（满分为100分），中国ESG政策的实施还有很长一段路要走。

表4-4　　　　ESG表现的统计性特征（%）

年份	数量	均值	标准差	极小值	25分位	中值	75分位	极大值
2011	563	20.395	5.202	11.357	17.282	20.129	23.056	44.996
2012	657	20.562	5.173	11.357	17.493	19.565	22.727	46.610
2013	712	20.719	5.706	11.357	17.453	19.581	22.726	48.225
2014	725	20.857	6.141	11.357	17.171	19.495	23.106	56.272

第 4 章　ESG 表现对权益资本成本的总效应研究

续表

年份	数量	均值	标准差	极小值	25 分位	中值	75 分位	极大值
2015	868	26.598	6.412	11.357	23.001	26.245	29.207	56.272
2016	802	28.578	6.302	13.349	24.907	27.261	30.631	56.272
2017	830	30.537	6.529	18.368	26.476	28.594	32.482	56.272
2018	864	31.739	6.877	18.881	27.090	29.871	33.815	56.272
2019	945	32.603	7.528	18.881	27.331	30.450	35.228	56.272
2020	978	33.841	8.266	22.181	27.744	31.214	37.813	56.272
2021	991	37.961	8.296	22.744	31.617	35.942	43.205	56.272
总计	8935	28.558	9.022	11.357	22.503	27.583	32.733	56.272

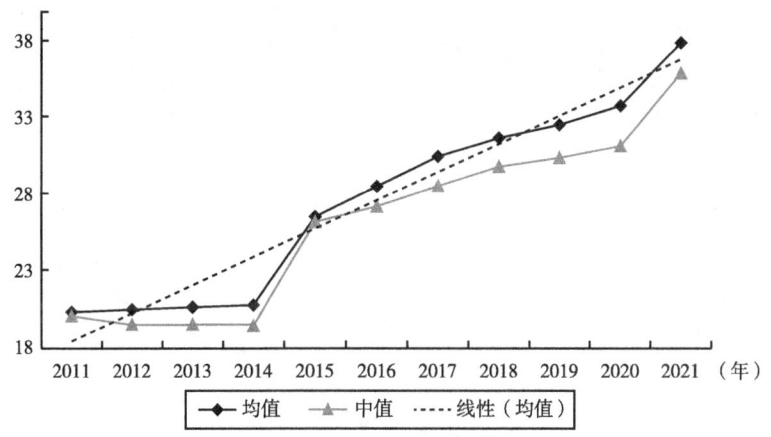

图 4-2　ESG 表现均值、中值及均值变化趋势

②ESG 表现子项——环境保护得分的描述性统计

我们对 ESG 表现的子项——环境保护得分按年进行描述性统计（见表 4-5）。从整体上看，样本公司环保表现的平均数和中位数分别是 9.399 和 2.416，标准差是 12.489；从年份来看，平均数和中位数的最高值分别是 20.308（2021 年）和 16.370（2021 年），平均数和中位数的最低值分别是 3.667（2011 年）和 1.087（2011—2013 年）（见图 4-3）。

表 4-5　　　　环境保护表现的统计性特征（%）

年份	数量	均值	标准差	极小值	25 分位	中值	75 分位	极大值
2011	537	3.667	5.798	0	0	1.087	6.765	40.803
2012	634	4.005	5.934	0	0.423	1.087	6.977	43.673
2013	690	4.416	6.258	0	0.423	1.087	7.520	46.119
2014	706	5.085	7.145	0	0.423	1.571	8.336	52.311
2015	851	5.536	8.505	0	0.423	1.269	8.698	53.428
2016	802	6.149	9.716	0	0.423	1.087	9.695	53.428
2017	830	8.591	11.637	0	0.423	1.933	14.618	53.428
2018	864	10.787	12.619	0	1.087	7.052	15.947	53.428
2019	945	12.329	13.785	0	1.087	8.940	17.638	53.428
2020	978	14.275	15.225	0	1.087	10.269	23.226	53.428
2021	991	20.308	15.628	0	7.853	16.370	30.746	53.428
总计	8828	9.399	12.489	0	0.755	2.416	14.618	53.428

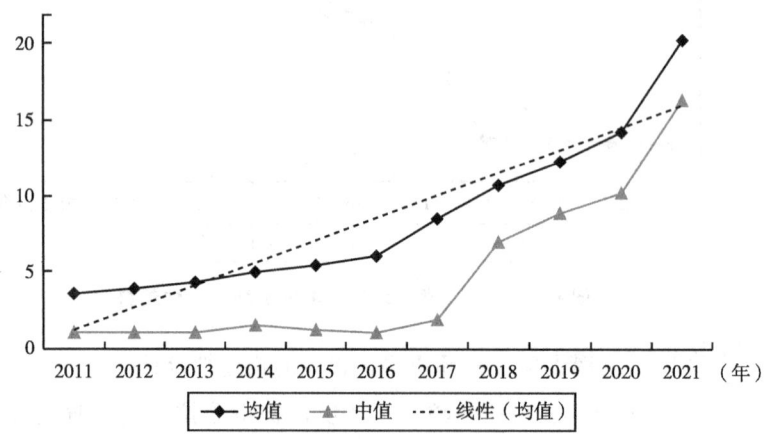

图 4-3　环境保护表现的均值、中值及均值变化趋势

如图 4-3 所示，环保得分的均值和中值的走势趋同。均值的趋势斜向上，这说明随着国家产业政策以及各种宣传活动的深入，企业整体的环保表现在不断提高，国家在环境治理方面逐步取得成效。与此同时，我们还发现从 2011—2017 年，企业整体的环保表现都比较

差;但从 2018 年开始,上市公司的环保表现出现重大拐点,得分迅速增加,这与 2018 年国家对企业明确提出 ESG 要求是契合的。总体而言,尽管国家的产业政策取得了一定的成效,但整体水平还是较低的,均值的最高值 20.308(2021 年),中值的最高值只有 16.370(2021 年);而且均值一直高于中值,说明环保表现得分低的企业数量相对较多,企业之间的环保表现差异较大。国家在相关政策上还应加大力度,同时作出适当的调整。

③ESG 表现子项——社会责任得分的描述性统计

我们对 ESG 表现的子项——社会责任得分按年进行描述性统计,见表 4-6。

表 4-6 社会责任表现的统计性特征(%)

年份	数量	均值	标准差	极小值	25 分位	中值	75 分位	极大值
2011	539	9.035	6.608	0	5.472	8.646	12.031	33.333
2012	653	10.981	5.941	0	7.376	8.857	12.969	36.427
2013	708	11.863	6.339	0	7.830	10.036	14.178	36.427
2014	722	12.210	6.705	0	7.830	10.399	14.420	36.427
2015	866	12.348	6.736	2.570	7.830	9.885	14.601	36.427
2016	802	11.772	5.887	0	7.830	9.885	13.845	36.427
2017	830	12.054	6.037	3.204	7.830	10.278	13.966	36.427
2018	864	12.740	6.412	3.204	7.830	10.611	15.251	36.427
2019	945	13.365	6.988	2.570	7.830	11.064	16.626	36.427
2020	954	16.287	8.381	3.204	8.857	13.815	21.524	36.427
2021	991	14.394	7.770	3.204	8.616	11.639	18.410	36.427
总计	8874	12.715	7.037	0	7.830	10.611	15.538	36.427

如表 4-6 所示,样本公司社会责任得分的平均数和中位数分别是 12.715 和 10.611,标准差是 7.037;从年份看,平均数和中位数的最高值分别是 16.287(2020 年)和 13.815(2020 年),平均数和中位数的最低值分别是 9.035(2011 年)和 8.646(2011 年)。

如图 4-4 所示，社会责任得分均值和中值的走势趋同，总体趋势斜向上，这说明企业整体的社会责任意识在不断增强；与此同时，我们发现从 2019—2020 年，企业社会责任得分迅速增加，但从 2020—2021 年又迅速下降，这可能与新冠疫情在全球的肆虐有一定的关系，特别是在疫情期间严格的防疫措施下，除了医疗、制药企业外，其他企业在社会责任承担方面受到较大的影响。与此同时，企业承担社会责任的整体水平还是较低，均值和中值都没有超过 17 分；而且均值一直高于中值，这说明社会责任得分低的企业数量相对较多，企业之间的社会责任表现差异较大。国家在相关政策上还应加大力度，同时作出适当的调整。

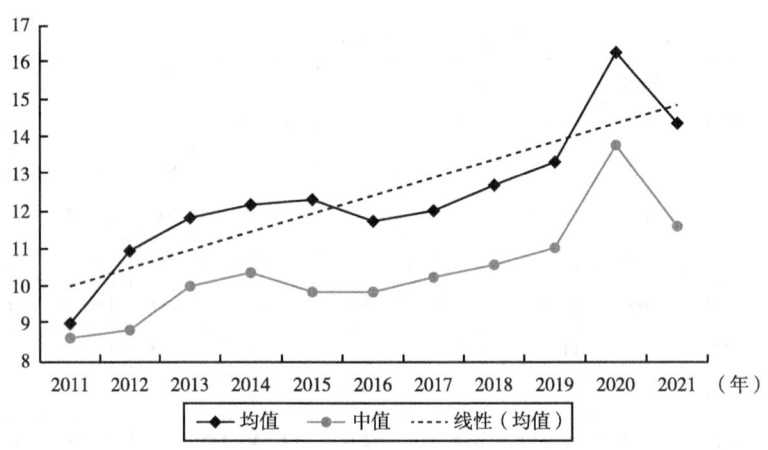

图 4-4　社会责任表现的均值、中值及均值变化趋势

④ESG 表现子项——公司治理得分的描述性统计

我们对 ESG 表现子项——公司治理得分按年进行描述性统计，具体内容见表 4-7。从整体上看，样本公司治理表现的平均数和中位数分别是 64.203 和 69.296，标准差为 13.914；从年份看，平均数和中位数的最高值分别是 77.031（2020 年）和 75.196（2020 年），平均数和中位数的最低值分别是 47.346（2014 年）和 44.552（2014 年）。

第4章　ESG 表现对权益资本成本的总效应研究

表4-7　公司治理表现的统计性特征（%）

年份	数量	均值	标准差	极小值	25分位	中值	75分位	极大值
2011	563	50.228	9.930	32.029	44.552	48.826	55.087	89.284
2012	657	48.547	10.429	32.029	42.857	46.930	52.318	89.284
2013	712	48.036	11.695	32.029	42.173	44.672	52.438	89.284
2014	725	47.346	12.023	32.029	39.675	44.552	52.198	89.284
2015	868	63.535	12.314	32.029	57.225	66.556	72.246	89.284
2016	802	67.770	8.976	32.601	64.419	69.296	72.818	89.284
2017	830	70.844	6.477	47.050	66.797	71.794	75.196	89.284
2018	864	71.544	6.193	47.050	66.918	71.794	75.196	89.284
2019	945	71.933	6.206	47.050	67.550	72.246	75.196	89.284
2020	954	77.031	4.577	60.716	75.196	75.196	81.457	89.284
2021	991	72.488	6.171	47.622	69.296	72.818	75.557	89.284
总计	8911	64.203	13.914	32.029	52.679	69.296	75.196	89.284

如图4-5所示，公司治理得分均值和中值的走势趋同，总体趋势斜向上，说明企业整体的公司治理水平在不断提高。与此同时，我们发现从2011—2014年，企业公司治理得分是在缓慢下降的；但从2014—2015年又迅速上升，其后仍然是上升趋势，只是幅度有所降低。相较于ESG表现的其他子项，上市企业公司治理的得分还是相

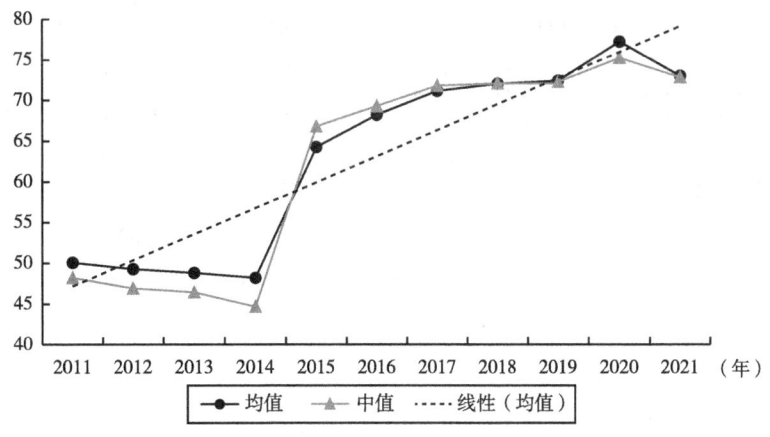

图4-5　公司治理表现的均值、中值及均值变化趋势

对较高的,均值和中值的最高值在75.000分以上,远高于其他两项。这与2002年中国证监会出台《上市公司治理准则》,要求上市公司改善公司治理相契合。

总体来说,无论是ESG表现还是ESG表现各子项,各年度的差异很大,这意味着企业ESG表现受年度影响的程度较高,需要对这个因素进行控制。

(3) 控制变量的描述性统计

我们对控制变量进行描述性统计,见表4-8。

表4-8 控制变量的统计性特征

变量	数量	均值	标准差	极小值	25分位	中值	75分位	极大值
Size	8935	23.180	1.289	19.825	22.255	23.071	23.980	26.246
Growth	8927	0.169	0.315	-0.471	0.005	0.119	0.265	1.730
Top1	8935	0.375	0.162	0.089	0.248	0.360	0.494	0.803
Top10	8935	0.604	0.161	0	0.491	0.609	0.720	1
Indirector	8935	0.374	0.055	0.300	0.333	0.364	0.417	0.571
Stat	8935	0.504	0.500	0	0	1	1	1
Big4	8935	0.140	0.347	0	0	0	0	1
LEV	8934	0.463	0.193	0.051	0.315	0.474	0.613	0.844
BTM	8923	0.619	0.296	0.093	0.376	0.605	0.859	1.185
Fund	8935	0.068	0.087	0	0.011	0.033	0.090	0.409
Legal	8935	0.394	0.236	0	0.212	0.417	0.573	0.823
DTS	8935	0.031	0.029	0	0.011	0.021	0.042	0.128
Turn	8935	1.807	1.559	0.009	0.766	1.338	2.343	20.080

如表4-8所示,样本公司规模(Size)的平均值和中位数分别为23.180和23.071,标准差为1.289,最大值和最小值相差6.421,最大值企业资产规模是最小值企业资产规模的615倍[①],规模差异很

[①] 由于公司规模取值为期初期末总资产平均数的自然对数,所以最大最小差值6.421的反自然对数 = $e^{6.421}$ ≈ 615,表示最大规模企业资产是最小规模的615倍。

大。发展能力（Growth）的均值为 16.9%（0.169），中值为 11.9%（0.119），但最低为 -47.1%（-0.471），最高为 173.0%（1.730），这表明不同公司之间总收入变化存在很大的不同。公司独立董事占比（Indirector）差别不大，均值和中值基本处于三分之一的水平，符合公司法的相关规定。国企虚拟变量（Stat）的平均数为 50.4%（0.504），表明国企仍然是社会发展的主力。年度财务报告是否由"四大"审计虚拟变量（Big4）的均值为 14.0%（0.140），说明样本公司年报由"四大"审计的比例较低。资产负债率（LEV）的均值为 46.3%（0.463），中值为 47.4%（0.474），表明样本企业整体的财务状况较为稳健。账市比（BTM）的均值为 61.9%（0.619），中值为 60.5%（0.605），说明样本企业整体溢价并未翻倍；机构持股（Fund）的均值为 6.8%（0.068），中值为 3.3%（0.033），说明机构持股比例普遍较低；法人持股（Legal）的均值为 39.4%（0.394），中值为 41.7%（0.417），说明法人持股比例基本超过 30%，上市公司一股独大的情况比较普遍，这就需要加强公司治理以减少"大股东掏空"，也从一个侧面反映提高审计质量的迫切性；税盾（DTS）的均值为 3.1%（0.031），中值为 2.1%（0.021），说明企业还存在利用债务减少纳税的空间；公司证券的换手率均值和中值都超过 1，股票的交易比较活跃，有利于我们得出稳健的结论。

4.3 实证结果与分析

4.3.1 单变量分析

（1）ESG 表现与权益资本成本单变量检验

相较于西方发达资本主义国家，中国的国有企业是特有的经济组织形式。产权性质是影响一个公司权益资本成本的重要因素，为了避免该因素给单变量分析造成干扰，本书在进行 ESG 表现与权益资本成本的单变量分析时，首先，按 ESG 表现将全样本（Panel A）划分为高 ESG 表现组与低 ESG 表现组；其次，分别对国企子样本和非国企子样本按同样的方法划分为高 ESG 表现组与低 ESG 表现组（Panel B 和 Panel C）；最后，按性质将企业划分为国企组和非国企组（Panel D）。各组分析结果见表 4-9，对于均值差异我们采用 T 检验，对于中值差异我们采用秩和检验。

在表 4-9 检验结果中，无论是全样本（Panel A）还是国企子样本组（Panel B）、非国企子样本组（Panel C），高、低 ESG 表现企业的权益资本成本不存在均值差异，但中值差异通过了 1%、5% 的显著性水平检验。结果表明，一个企业 ESG 表现越好其权益资本成本越高，与原假设背离，其主要原因可能在于面板数据存在个体效应，而单变量检验没有控制这些因素的影响。而均值差异不显著也从侧面说明了这一点。

在国企和非国企子样本配对（Panel D）中，国企与非国企 ESG 表现的均值、中值差异都通过了 1% 的显著性水平检验，国企的 ESG 表现明显优于非国企，与前文的理论推演一致。这表明在生态文明建设的大背景下，国企对政策、制度和法律的响应、执行和遵守优于非国企。

表 4-9　ESG 表现与权益资本成本单变量分析（按产权性质）

分组类型	观测数	均值	均值差	T 值	观测数	中值	中值差	Z 值
Panel A：全样本								
高 ESG 表现	3891	0.092	0.001	0.276	4453	0.107	0.050***	3.997
低 ESG 表现	5063	0.091			4501	0.057		
Panel B：国企子样本组								
高 ESG 表现	1994	0.087	0.002	0.271	2247	0.102	0.048***	3.578
低 ESG 表现	2521	0.085			2268	0.054		
Panel C：非国企子样本组								
高 ESG 表现	1885	0.098	0.002	0.339	2219	0.114	0.054**	2.538
低 ESG 表现	2554	0.096			2220	0.060		

续表

分组类型	观测数	均值	均值差	T值	观测数	中值	中值差	Z值
Panel D：国企子样本和非国企子样本								
国企子样本	4515	28.981	0.870***	4.568	4515	28.096	1.016***	5.007
非国企子样本	4439	28.112			4439	27.080		

注：上标***、**分别表示差值在1%、5%的水平通过了显著性检验。

中国是一个地域辽阔的国家，地区差异客观存在。这是否意味着东部地区与中西部地区差异会对权益资本成本产生影响呢？为此本书在进行ESG表现与权益资本成本的单变量分析时，首先按ESG表现将全样本（Panel E）划分为高ESG表现组与低ESG表现组；其次，分别对东部和中西部地区公司子样本按同样的方法划分为高ESG表现组与低ESG表现组（Panel F和Panel G）；最后，按地区差异将企业划分为东部子样本和中西部子样本（Panel H）。各组分析结果见表4-10，对于均值差异我们采用T检验，对于中值差异我们采用秩和检验。

在表4-10检验结果中，无论是全样本（Panel E）、东部地区子样本（Panel F）还是中西部地区子样本（Panel G），高、低ESG表现企业的权益资本成本的均值无显著性差异；而中值差异都在1%、5%的水平通过显著性检验。检验结果表明一个企业ESG表现越好其权益资本成本越高，与原假设背离，其主要原因可能在于面板数据存在个体效应，而单变量检验没有控制这些因素的影响。其中的均值差异不显著也间接证明了这一点。

表4-10　ESG表现与权益资本成本单变量分析（按地区）

分组类型	观测数	均值	均值差	T值	观测数	中值	中值差	Z值
Panel E：全样本								
高ESG表现	3891	0.092	0.001	0.276	4453	0.107	0.050***	3.997
低ESG表现	5063	0.091			4501	0.057		
Panel F：东部地区子样本组								
高ESG表现	2622	0.092	-0.001	-0.125	3089	0.100	0.043**	2.562
低ESG表现	3556	0.093			3089	0.057		

续表

分组类型	观测数	均值	均值差	T值	观测数	中值	中值差	Z值
Panel G：中西部地区子样本组								
高ESG表现	1291	0.092	0.004	0.506	1386	0.122	0.065***	3.133
低ESG表现	1485	0.087			1390	0.057		
Panel H：东部子样本和中西部子样本								
东部子样本	6178	28.853	0.978***	4.750	6178	27.663	0.382***	3.952
中西部子样本	2776	27.876			2776	27.281		

注：上标***、**分别表示差值在1%、5%的水平通过了显著性检验。

在东部、中西部子样本配对（Panel H）中，企业ESG表现的均值和中值差都在1%的水平通过显著性检验，表明地区差异的确存在。东部地区企业更加注重环保和可持续发展，对政策、制度和法律的响应、执行和遵守优于中西部地区企业，并取得良好的成效。

根据第3章相关论述，ESG表现涵盖环境、社会责任以及公司治理3大支柱，因此在对ESG表现与权益资本成本单变量分析的基础之上，将ESG表现各子项与权益资本成本进行单变量分析，以考察其内在联系就很有价值。本节后续将以ESG表现各子项得分情况与权益资本成本进行单变量分析。

（2）ESG表现子项——环境责任与权益资本成本单变量检验

同前文，在中国产权性质是影响一个公司权益资本成本的重要因素，为了避免该因素给单变量分析造成干扰，本书在进行ESG表现子项——环境责任（ENVI）表现与权益资本成本的单变量分析时，首先按ENVI表现将全样本（Panel A）划分为高ENVI表现组与低ENVI表现组；其次，分别对国企子样本和非国企子样本按同样的方法划分为高ENVI表现组与低ENVI表现组（Panel B和Panel C）；最后，按性质将企业划分为国企组和非国企组（Panel D）。各组分析结果见表4-11，对于均值差异我们采用T检验，对于中值差异我们采用秩和检验。

表 4-11　环保表现与权益资本成本单变量分析（按产权性质）

分组类型	观测数	均值	均值差	T 值	观测数	中值	中值差	Z 值
Panel A：全样本								
高 ENVI 表现	3149	0.100	0.013**	2.604	4285	0.095	0.032***	3.974
低 ENVI 表现	5698	0.087			4562	0.063		
Panel B：国企子样本组								
高 ENVI 表现	1591	0.092	0.010	1.373	2247	0.079	0.022*	1.753
低 ENVI 表现	2906	0.082			2250	0.058		
Panel C：非国企子样本组								
高 ENVI 表现	1626	0.112	0.023***	3.363	2143	0.106	0.018***	3.841
低 ENVI 表现	2724	0.089			2207	0.088		
Panel D：国企子样本和非国企子样本								
国企子样本	4497	9.621	0.479*	1.806	4497	2.507	0.574***	6.556
非国企子样本	4350	9.142			4350	1.933		

注：上标 ***、**、* 分别表示差值在 1%、5%、10% 的水平通过了显著性检验。

根据表 4-11，全样本（Panel A）中高 ENVI 表现组权益资本成本的均值和中值均高于低 ENVI 表现组，分别通过了 5% 和 1% 的显著性水平检验；在国企子样本组（Panel B）中，高、低 ENVI 表现组权益资本成本的均值差异不明显，中值差异通过 10% 显著性水平检验；在非国企子样本组（Panel C）中，高、低 ENVI 表现组权益资本成本的均值、中值差异通过了 1% 的显著性水平检验。检验结果表明一个企业 ENVI 表现越好其权益资本成本越高，与原假设背离，其主要原因可能在于面板数据存在个体效应，而单变量检验没有控制这些因素的影响。

在国企和非国企子样本配对（Panel D）中，国企、非国企 ENVI 表现的均值差异在 10% 的水平通过显著性检验，中值差异通过了 1% 的显著性水平检验，国企的 ENVI 表现明显优于非国企，这与前文的理论推演一致。这表明在生态文明建设的大背景下，国企对政策、制度和法律的响应、执行和遵守优于非国企。

本书在进行 ENVI 表现与权益资本成本按地区差异所作的单变量

分析时,首先按 ENVI 表现按全样本 (Panel E) 划分为高 ENVI 表现组与低 ENVI 表现组;其次,分别对东部地区子样本和中西部地区子样本按同样的方法划分为高 ENVI 表现组与低 ENVI 表现组 (Panel F 和 Panel G);最后,按地区差异将企业划分为东部子样本和中西部子样本 (Panel H)。各组分析结果见表 4-12,对于均值差异我们采用 T 检验,对于中值差异我们采用秩和检验。

如表 4-12 所示,全样本 (Panel E) 中高 ENVI 表现组权益资本成本的均值和中值均高于低 ENVI 表现组,分别通过了 5% 和 1% 的显著性水平检验;在东部地区子样本组 (Panel F) 中,高、低 ENVI 表现组权益资本成本的均值差、中值差分别通过 5%、1% 显著性水平检验;在中西部地区子样本组 (Panel G) 中,高、低 ENVI 表现组权益资本成本的均值差异不显著,中值差异通过了 5% 的显著性水平检验。检验结果表明一个企业 ENVI 表现越好其权益资本成本越高,与原假设背离,其主要原因可能在于面板数据存在个体效应,而单变量检验没有控制这些因素的影响。

表 4-12　环保表现与权益资本成本单变量分析 (按地区)

分组类型	观测数	均值	均值差	T 值	观测数	中值	中值差	Z 值
Panel E:全样本								
高 ENVI 表现	3149	0.100	0.013**	2.604	4285	0.095	0.032***	3.974
低 ENVI 表现	5698	0.087			4562	0.063		
Panel F:东部地区子样本组								
高 ENVI 表现	2186	0.102	0.014**	2.346	2922	0.092	0.030***	3.165
低 ENVI 表现	3911	0.087			3175	0.062		
Panel G:中西部地区子样本组								
高 ENVI 表现	1008	0.098	0.013	1.502	1363	0.103	0.039**	2.431
低 ENVI 表现	1742	0.085			1387	0.064		
Panel H:东部子样本和中西部子样本								
东部子样本	6097	9.539	0.493*	1.721	6097	2.416	0.000	0.754
中西部子样本	2750	9.046			2750	2.416		

注:上标***、**、*分别表示差值在 1%、5%、10% 的水平通过了显著性检验。

在东部、中西部子样本配对（Panel H）中，企业的 ENVI 的均值差在 10% 水平通过显著性检验，中值差异不显著，表明地区差异的确存在。东部地区企业更加注重环保和可持续发展，对政策、制度和法律的响应、执行和遵守优于中西部地区企业，并取得良好的环境保护成效。

(3) ESG 表现子项——社会责任与权益资本成本单变量检验

国企是中国特有的经济组织形式，产权性质是影响一个公司权益资本成本的重要因素，为了避免该因素给单变量分析造成干扰，本书在进行 ESG 表现子项——社会责任（SOCI）表现与权益资本成本的单变量分析时，首先按 SOCI 表现将全样本（Panel A）划分为高、低 SOCI 表现组；其次，分别对国企和非国企子样本按同样的方法划分为高、低 SOCI 表现组（Panel B 和 Panel C）；最后，按性质将企业划分为国企组和非国企组（Panel D）。各组分析结果见表 4-13，对于均值差异我们采用 T 检验，对于中值差异我们采用秩和检验。

根据表 4-13 的检验结果，在全样本（Panel A）中，高、低 SOCI 表现的企业权益资本成本的均值、中值差都通过了 1% 的显著性水平检验；国企子样本组（Panel B）中，高、低 SOCI 表现的企业权益资本成本的均值、中值差分别通过了 5%、1% 显著性水平检验；非国企子样本（Panel C）中，高、低 SOCI 表现的企业的权益资本成本的均值、中值差都通过了 1% 显著性水平检验，表明一个企业提升自己的 SOCI 表现会增加其权益资本成本，与原假设背离，其主要原因可能在于面板数据存在个体效应，而单变量检验没有控制这些因素的影响。

表 4-13　社会责任表现与权益资本成本单变量分析

（按产权性质）

分组类型	观测数	均值	均值差	T 值	观测数	中值	中值差	Z 值
Panel A：全样本								
高 SOCI 表现	3183	0.107	0.024***	4.802	4258	0.103	0.039***	5.236
低 SOCI 表现	5710	0.083			4635	0.064		

续表

分组类型	观测数	均值	均值差	T值	观测数	中值	中值差	Z值
Panel B：国企子样本组								
高SOCI表现	1711	0.095	0.016**	2.231	2246	0.082	0.024***	2.775
低SOCI表现	2782	0.079			2247	0.058		
Panel C：非国企子样本组								
高SOCI表现	1503	0.121	0.034***	4.849	2194	0.120	0.039***	4.545
低SOCI表现	2897	0.087			2206	0.082		
Panel D：国企子样本和非国企子样本								
国企子样本	4493	13.044	0.674***	4.521	4493	11.185	1.542***	7.708
非国企子样本	4400	12.370			4400	9.643		

注：上标***、**分别表示差值在1%、5%的水平通过了显著性检验。

在国企和非国企子样本配对（Panel D）中，国企与非国企SOCI表现的均值差异、中值差异都通过了1%的显著性水平检验，国企的SOCI表现明显优于非国企，这与前文的理论推导一致。这表明在生态文明建设的大背景下，国企对政策、制度和法律的响应、执行和遵守优于非国企。

本书在进行ESG表现的子项——社会责任（SOCI）表现与权益资本成本按地区差异所作的单变量分析时，首先将全样本（Panel E）按SOCI表现划分为高SOCI表现组与低SOCI表现组；其次，分别对东部和中西部地区公司子样本按同样的方法划分为高、低SOCI表现组（Panel F 和 Panel G）；最后，直接将企业按地区差异划分为东部和中西部地区企业组（Panel H）。各组分析结果见表4-14，对于均值差异我们采用T检验，对于中值差异我们采用秩和检验。

根据表4-14检验结果，在全样本（Panel E）以及东部地区子样本组（Panel F），高、低SOCI表现企业的权益资本成本的均值、中值差都通过了1%显著性水平检验；在中西部地区企业子样本组（Panel G），高、低SOCI表现企业的权益资本成本的均值、中值差也分别通过5%的显著性水平检验，表明一个企业提升自己的SOCI表现会增加其权益资本成本,与原假设背离,其主要原因可能在于面板数据存在个体效应,而单变量检验没有控制这些因素的影响。

表4-14 社会责任表现与权益资本成本单变量分析(按地区)

分组类型	观测数	均值	均值差	T值	观测数	中值	中值差	Z值
Panel E:全样本								
高 SOCI 表现	3183	0.107	0.024***	4.802	4258	0.103	0.039***	5.236
低 SOCI 表现	5710	0.083			4635	0.064		
Panel F:东部地区子样本组								
高 SOCI 表现	2243	0.109	0.026***	4.292	3067	0.098	0.036***	4.323
低 SOCI 表现	3895	0.084			3071	0.062		
Panel G:中西部地区子样本组								
高 SOCI 表现	984	0.104	0.023**	2.551	1368	0.109	0.043**	2.516
低 SOCI 表现	1771	0.081			1387	0.066		
Panel H:东部子样本和中西部子样本								
东部子样本	6138	13.056	1.114***	6.921	6138	10.611	0.726***	5.827
中西部样本	2755	11.942			2755	9.885		

注:上标***、**分别表示差值在1%、5%的水平通过了显著性检验。

在东部、中西部子样本配对中(Panel H),企业 SOCI 的均值和中值差分都通过了1%水平的显著性检验,表明地区差异的确存在。东部地区企业更加注重环保和可持续发展,对政策、制度和法律的响应、执行和遵守优于中西部地区企业,并取得良好的社会责任成效。

(4)ESG 表现子项——公司治理与权益资本成本单变量检验

鉴于国企是中国特有的经济组织形式,为了避免该因素给单变量分析造成干扰,本书在进行 ESG 表现子项——公司治理(GOVE)表现与权益资本成本的单变量分析时,首先将全样本(Panel A)按 GOVE 表现划分为高、低 GOVE 表现组;其次,分别对国企子样本和非国企子样本按同样的方法划分为高、低 GOVE 表现组(Panel B 和 Panel C);最后,将企业按性质划分为国企组和非国企组(Panel D)。各组分析结果见表4-15,对于均值差异我们采用 T 检验,对于中值差异我们采用秩和检验。

在表 4-15 检验结果中，无论是全样本（Panel A）、国企子样本（Panel B）还是非国企子样本组（Panel C），高、低 GOVE 表现企业的权益资本成本的均值差都不显著，中值差都通过了 1% 的显著性水平检验；检验结果表明一个企业提升自己 GOVE 表现会增加其权益资本成本，与原假设背离，其主要原因可能在于面板数据存在个体效应，而单变量检验没有控制这些因素的影响。

表 4-15　公司治理表现与权益资本成本单变量分析
（按产权性质）

分组类型	观测数	均值	均值差	T 值	观测数	中值	中值差	Z 值
Panel A：全样本								
高 GOVE 表现	5757	0.090	-0.003	-0.687	3977	0.134	0.077***	8.061
低 GOVE 表现	3173	0.093			4953	0.056		
Panel B：国企子样本组								
高 GOVE 表现	2853	0.084	-0.004	-0.626	2007	0.122	0.068***	5.242
低 GOVE 表现	1649	0.088			2495	0.054		
Panel C：非国企子样本组								
高 GOVE 表现	2909	0.096	-0.003	-0.384	2203	0.140	0.083***	5.654
低 GOVE 表现	1519	0.099			2225	0.058		
Panel D：国企子样本和非国企子样本								
国企子样本	4502	64.416	0.438	1.486	4502	69.296	0.181***	2.905
非国企子样本	4428	63.979			4428	69.115		

注：上标 *** 表示差值在 1% 的水平通过了显著性检验。

在 Panel D 中，国企与非国企 GOVE 的中值差通过了 1% 的显著性水平检验，这表明产权性质对两者之间的关系是有显著影响的，国企的 GOVE 表现明显优于非国企，这与前文的理论推导一致。这表明在生态文明建设的大背景下，国企对政策、制度和法律的响应、执行和遵守优于非国企。

本书在进行 GOVE 表现与权益资本成本按地区差异所作的单变量

分析时,首先将全样本(Panel E)按 GOVE 表现划分为高、低 GOVE 表现组;其次,分别对东部、中西部地区子样本按同样的方法划分为高、低 GOVE 表现组(Panel F 和 Panel G);最后,按地区差异将企业直接划分为东部、中西部地区企业组(Panel H)。各组分析结果见表 4-16,对于均值差异我们采用 T 检验,对于中值差异我们采用秩和检验。

根据表 4-16 检验结果,无论是全样本(Panel E)、东部地区子样本组(Panel F)、中西部地区子样本组(Panel G),高、低 GOVE 表现企业的权益资本成本的均值差都不显著,中值差都在 1% 的水平通过显著性检验。检验结果表明一个企业提升自己的 GOVE 表现会增加其权益资本成本,与原假设背离,其主要原因可能在于面板数据存在个体效应,而单变量检验没有控制这些因素的影响。

表 4-16　公司治理表现与权益资本成本单变量分析(按地区)

分组类型	观测数	均值	均值差	T 值	观测数	中值	中值差	Z 值
Panel E:全样本								
高 GOVE 表现	5757	0.090	-0.003	-0.687	3977	0.134	0.077***	8.061
低 GOVE 表现	3173	0.093			4953	0.056		
Panel F:东部地区子样本组								
高 GOVE 表现	3640	0.093	0.004	0.599	2829	0.129	0.073***	6.515
低 GOVE 表现	2525	0.090			3336	0.056		
Panel G:中西部地区子样本组								
高 GOVE 表现	1766	0.088	-0.003	-0.293	1148	0.142	0.085***	4.751
低 GOVE 表现	999	0.091			1617	0.057		
Panel H:东部子样本和中西部子样本								
东部子样本	6165	64.656	1.474***	4.636	6165	69.296	0.000***	4.294
中西部子样本	2765	63.182			2765	69.296		

注:上标 *** 表示差值在 1% 的水平通过了显著性检验。

在东部、中西部子样本配对中(Panel H),企业 GOVE 的均值和中值差都通过了 1% 水平的显著性检验,表明地区差异的确存在。东部地区企业更加注重环保和可持续发展,对政策、制度和法律的响应、执行和遵守优于中西部地区企业,并取得良好的公司治理成效。

4.3.2 模型选择检验

在回归检验之前,我们采用 F 检验来考察模型 4-1 是否存在个体效应;在此基础之上,我们采用 Hausman 检验来考察究竟采用固定效应模型还是随机效应模型回归更能得出稳健且效用高的回归结果。在对模型 4-1 进行检验之后,我们把结果汇总到表 4-17。根据相关结果,模型 4-1 存在个体效应,不适宜采用混合 OLS 回归。与此同时 Hausman 检验结果表明固定效应模型回归比随机效应模型回归更为严谨可靠。有鉴于此,我们将采用固定效应模型回归并同时控制时间效应和行业效应。

表 4-17　　F 检验及 Hausman 检验

模型	F 检验			Hausman 检验		
	F 值	P 值	H0	Chi2	P 值	H0
4-1	4.05	0	拒绝	4250.15	0	拒绝

由于本书所研究内容样本个体数量多,时间范围短,很多文献没有考虑异方差、序列相关以及截面相关问题,存在不严谨的地方(Hoechle,2007),因此本节采用修正 Wald 检验、Wooldridge 检验以及 Pesaran 检验考察回归模型 4-1 是否存在异方差、自相关抑或截面相关问题,相关结果见表 4-18。

表 4-18　　序列相关、异方差及截面相关检验

模型	修正 Wald 检验			Wooldridge 检验			Pesaran 检验		
	Chi2	P 值	H0	F 值	P 值	H0	CD 值	Pr 值	H0
4-1	11208.04	0	拒绝	278.936	0	拒绝	413.71	0	拒绝

注:根据 Pesaran 检验(Pesaran,2004),在截面相关的零假设下,在双侧 5% 名义显著性水平上进行截面相关性检验,如果 $|CD| \geq 1.96$,则拒绝 H0。

根据表4-18的检验结果，无论是修正Wald检验、Wooldridge检验还是Pesaran检验，模型4-1都拒绝了原假设，表明存在异方差、自相关和截面相关。有鉴于此，本书在进行回归分析时将分别采用Huber-White稳健性回归、组内估计的稳健标准误（Arellano，1987）、聚类稳健方差估计分别修正这三种因素的影响，并给出调整后的标准误[①]。

4.3.3 多元回归分析

（1）全样本回归

根据表4-17，模型4-1存在明显个体效应，不适宜采用OLS回归；同时Hausman检验相关结果否定了该模型采用随机效应回归的合理性，需要采用固定效应回归。另外，表4-18检验结果都拒绝了H0，模型4-1存在异方差、自相关以及截面相关，本书采用Huber-White稳健性回归、稳健标准误（Arellano，1987）、聚类稳健方差估计进行修正。具体结果分别见表4-19第1栏—第4栏。

根据表4-19，ESG表现对权益资本成本（COE）的回归系数的标准误在分别修正异方差、序列相关、截面相关（见第2栏—第4栏）的情况下从0.040上升到0.041，对回归结果的显著性水平没有实质性影响，与双向固定效应模型的回归结果（见第1栏）相比没有显著差异，ESG表现对权益资本成本的影响都在1%的水平通过显著性检验，ESG表现与权益资本成本在1%的显著性水平稳定负相关。这一方面表明在面板数据情况下，异方差、序列相关、截面相关对回归模型存在一定的影响（Hoechle，2007），同时也反映出回归结果的稳健性。

---

① 无论是组间异方差、组内自相关还是截面相关，其来源可能是解释变量也可能是控制变量抑或两者都同时兼具。如果这些差异只源于控制变量，那么采用Huber-White稳健性回归、组内估计的稳健标准误以及聚类稳健方差调整后，主变量的标准误变化就不明显，但这并非表明拒绝H0存在不严谨的地方。

进一步分析表 4-19 中的回归结果，我们发现尽管采用不同的方法修正异方差、序列相关、截面相关，对 ESG 表现的显著性水平影响都不大，但对于最大股东（Top1）、前十大股东（Top10）等控制变量的回归系数的显著性水平还是存在较大影响，说明表 4-18 的检验结果并非误报，相关检验结果是可靠的。

根据表 4-19 第 1 栏—第 4 栏回归结果，调整后 R^2 介于 0.397 和 0.466 之间，这就说明模型对权益资本成本的解释力介于 39.7%—46.6%，拟合效果非常好；F 值显著性水平三颗星，即系数集合显著异于零；Wald 检验 1 显著，Wald 检验 2 部分显著，即年份、行业对回归结果有显著影响，该影响已被控制；控制变量与文献研究结果相似；最大方差膨胀因子 2.70，均值为 1.38，没有发现严重多重共线性存在。以上数据说明模型 4-1 回归结果稳健可靠。

根据表 4-19 第 1 行回归结果，无论是采用双向固定效应模型（见第 1 栏），还是采用修正异方差（见第 2 栏）、序列相关（见第 3 栏）、截面相关（见第 4 栏）的模型，ESG 表现的系数显著为负（显著性水平三颗星），假设 4-1 没有得到验证，假设 4-2 得到验证，即随着 ESG 表现的增加，企业权益资本成本在降低。

表 4-19　　ESG 表现与权益资本成本（全样本）

变量	(1) 固定效应	(2) 修正异方差	(3) 修正序列相关	(4) 修正截面相关
ESG	-1.128*** (0.042)	-1.128*** (0.041)	-1.128*** (0.040)	-1.128*** (0.041)
Size	-3.539*** (0.658)	-3.539*** (0.634)	-3.539*** (0.613)	-3.539*** (0.634)
Growth	-5.103*** (0.709)	-5.103*** (0.697)	-5.103*** (0.686)	-5.103*** (0.697)
Top1	25.281*** (4.389)	25.281*** (3.701)	25.281*** (3.810)	25.281*** (3.701)
Top10	-12.406*** (3.395)	-12.406*** (2.853)	-12.406*** (2.789)	-12.406*** (2.853)

续表

变量	（1）固定效应	（2）修正异方差	（3）修正序列相关	（4）修正截面相关
Indirector	-7.762 (6.280)	-7.762 (5.504)	-7.762 (5.706)	-7.762 (5.504)
Stat	1.212 (1.713)	1.212 (1.293)	1.212 (1.432)	1.212 (1.293)
Big4	4.126** (1.729)	4.126** (1.875)	4.126** (1.683)	4.126** (1.875)
LEV	2.358 (2.763)	2.358 (2.353)	2.358 (2.339)	2.358 (2.353)
BTM	2.345*** (0.198)	2.345*** (0.220)	2.345*** (0.207)	2.345*** (0.220)
Fund	15.300*** (3.688)	15.300*** (3.050)	15.300*** (3.033)	15.300*** (3.050)
Legal	1.855 (1.933)	1.855 (1.666)	1.855 (1.660)	1.855 (1.666)
DTS	-95.672*** (20.175)	-95.672*** (19.534)	-95.672*** (18.005)	-95.672*** (19.534)
Turn	2.545*** (0.217)	2.545*** (0.227)	2.545*** (0.230)	2.545*** (0.227)
cons	128.450*** (15.035)	128.450*** (14.546)		128.450*** (14.546)
时间效应	控制	控制	控制	控制
行业效应	控制	控制	控制	控制
N	8491	8491	8482	8491
R^2	0.468	0.468	0.468	0.468
调整 R^2	0.397	0.466	0.397	0.466
F 值	188.25	832.07	607.06	832.07
Wald 检验 1	809.86	3045.08	2447.86	3045.08
Wald 检验 2	0.96	5.84	2.95	5.84

注：表中括号内是回归系数的双尾 T 检验对应的标准误；***、** 分别表示对应系数的显著性水平为 1%、5%；F 值是对所有变量回归系数的联合测试；Wald 检验 1、Wald 检验 2 分别是对年份、行业虚拟变量系数的联合测试。

是什么原因导致随着 ESG 表现的提升，企业的权益资本成本是下降而不是上升的呢？

这与整个社会生产力水平的提高以及可持续发展理念的普及息息相关。根据环境库兹涅茨曲线（EKC），工业水平的进步会导致资源环境负荷水平上升，一旦该水平超过经济增长极限，衰退就会出现（Grossman & Krueger, 1995）。当人类意识到该问题时，"可持续发展"理念被提出来并逐步得到整个社会的广泛认同。面临这一问题的国家和地区开始重视环境问题，绿色制造和绿色转型逐渐成为时代关注的热点（邬彩霞，2021；周键和刘阳，2021）。相关国家适时出台一系列法律、法规及制度对企业就环境保护、社会责任以及公司治理进行规范和要求，决策者们相信：环境治理以及社会责任的承担带来的经济效益会超过相应的投入，从而对企业产生积极的影响。这也就不难理解，在发展中国家 ESG 表现与财务绩效呈负相关（Smith et al., 2007；Duque – Grisales & Aguilera – Caracuel, 2019），而在发达国家 ESG 表现与财务绩效呈正相关（Cek & Eyupoglu, 2020；Velte, 2017；Dimson et al., 2015；Cheng et al., 2014）。

由于中国人口多、底子薄，为满足人们日益增长的物质财富需求，国家长期坚持"发展才是硬道理"的战略方针，以至于到 20 世纪八九十年代，中国因环境污染造成的经济损失最高达到 GDP 的 8%，资源环境约束在当时成为阻滞中国经济快速增长的硬约束（李扬和张晓晶，2015）。国家适时推出一系列法律法规，包括但不限于《中华人民共和国环保法》[①]《中华人民共和国消费者权益保护法》[②]《中华人民共和国劳动法》[③]《上市公司治理条例》[④] 等，从法律层面规范了企业在环境保护、社会责任以及公司治理方面的最基本义务。

[①] 《中华人民共和国环境保护法》，1989 年制定，2014 年修订。
[②] 《中华人民共和国消费者权益保护法》，1993 年制定，2013 年修订。
[③] 《中华人民共和国劳动法》，1994 年制定，2009 年修订。
[④] 《上市公司治理准则》，2002 年制定，2018 年修订。

很显然，无论是债权人还是中小投资者（"外部人"）都无法准确把握企业在这方面的法律遵从情况，因为与"外部人"之间存在明显的信息不对称。首先，ESG表现（特别是第三方专业机构的评分或者评级）作为上市公司履行环境保护、社会责任以及公司治理责任的指标，能有效缓解企业内外部之间的信息不对称，进而降低企业证券的系统风险，并导致企业权益资本成本的降低。其次，为了践行"可持续发展"理念，中国提出了"双碳"目标，各种公益宣传逐渐深入人心，消费者也愿意为"绿色""环保"买单，企业的相关支出可以得到弥补，甚至获得超额回报（Dimson et al., 2015），这对于降低经营风险、系统风险乃至权益资本成本大有裨益。最后，可持续发展理念的普及导致ESG投资方兴未艾；投资者涌入ESG表现良好的企业会缓解其融资约束的状况，进而降低其权益资本成本。综上所述，本书认为假设4-1没有得到验证，而假设4-2得到验证的原因在于随着企业ESG表现的提升，投资者认为企业证券的系统风险在降低，期望报酬率降低，愿意以更高的价格购入相关证券，进而导致权益资本成本下降。

（2）分样本回归

①按产权性质差异

在中国现有体制下，相较于非国有企业，国有企业与政府有千丝万缕的联系，这种联系有助于企业获得更多优质资源，但同时也要接受更多的政府监管并承担更多的社会责任，因为国企存续的第一要务是社会效益而非经济效益。随着国家越来越重视可持续发展，"生态文明建设"已经成为国家战略的一部分，国有企业应该会被要求承担更多的ESG责任，这种要求可能源于行政层面，也可能源于法律和道德层面。与此对应，非国有企业被要求承担ESG责任可能更多源于法律层面和道德层面。那么这两者之间是否存在差异呢？本书就产权性质的不同，将ESG表现对权益资本成本的影响进行分组对比研究，结果见表4-20。

根据表 4-20，国企子样本 ESG 表现的回归系数为 -1.337，在 1% 的水平通过了显著性检验；非国企子样本 ESG 表现的回归系数为 -0.885，也在 1% 的水平通过了显著性检验，两者相差 0.452。根据连玉君和廖俊平（2017），该差异的费舍尔经验 P 值为 0，在 1% 的水平通过了显著性检验，表明 H0 被拒绝，两组系数存在显著差异，即国企 ESG 表现对权益成本的影响更敏感。这一结论是符合中国国情的，由于与政府存在政治关联，国企被要求创造更多的社会效益而不仅仅是经济效益，国企管理者会更加注重自己的声誉，以至于国有企业的经理友好型董事声誉对投资效率的正向影响更大（赵娜等，2019）。在生态文明建设已经成为国家战略的前提下，国企会更加注重遵从国家产业政策的指引而不仅仅是对股东财富最大化的追求，这是国企与非国企的本质区别。

考虑到结论的稳健性，我们采用似不相关检验（Suest）对该结论进行再检验。发现国企组和非国企组 ESG 表现回归系数之间差异的卡方值为 7.980，经验 P 值为 0.005，两者在 1% 的水平存在显著差异。即所有权性质的差异对于 ESG 表现降低权益资本成本的功效存在显著影响，也从侧面印证原结论的稳健性。

表 4-20　　ESG 表现与权益资本成本（按产权性质）

变量	非国企（Stat=0）	国企（Stat=1）
ESG	-0.885*** (0.066)	-1.337*** (0.057)
Size	-4.662*** (0.955)	-3.377*** (1.035)
Growth	-4.425*** (1.027)	-5.505*** (0.996)
Top1	16.777** (7.217)	29.357*** (5.756)
Top10	-9.238* (4.999)	-10.423** (5.069)

续表

变量	非国企（Stat = 0）	国企（Stat = 1）
Indirector	8.256 (11.281)	-12.030 (7.586)
Big4	9.150*** (3.038)	1.293 (2.138)
LEV	-2.610 (4.029)	5.149 (3.980)
BTM	2.271*** (0.251)	2.681*** (0.351)
Fund	13.918*** (4.750)	18.268*** (6.577)
Legal	2.540 (2.875)	1.498 (2.693)
DTS	-70.237* (37.849)	-100.387*** (24.138)
Turn	2.398*** (0.298)	2.726*** (0.327)
cons	140.539*** (22.146)	132.296*** (23.144)
时间效应	控制	控制
行业效应	控制	控制
N	4087	4411
R^2	0.430	0.509
调整 R^2	0.336	0.445
系数差	0.452***	
费舍尔 P 值	0	
Chi2（Suest）	7.980	
P 值	0.005	

注：系数差是解释变量回归系数差异，P 值为系数差的费舍尔经验 P 值，是根据连玉君和廖俊平（2017）抽样 3000 次得到的；括号内为回归系数的双尾 T 检验对应的标准误；***、**、* 分别表示对应系数的显著性水平为 1%、5%、10%。

②按所在地区差异

现有研究表明，资本结构、资本积累与吸收以及存量资本都存在明显的地区差异（曹跃群和刘冀娜，2008；武勇杰等，2019），这可能源于地方政府行政能力、市场化程度以及金融发展水平不同等差异，进而导致从东部地区到西部地区资本配置效率依次递减（许开国，2009）。这是否意味着东部地区与中西部地区企业的 ESG 表现对权益资本成本的影响也存在显著差异呢？为此本书就地区差异的不同，把 ESG 表现与权益资本成本的关系进行分组对比研究，结果见表 4-21。

根据表 4-21 地区差异检验结果，东部企业组 ESG 表现的回归系数为 -1.099，在 1% 水平上通过了显著性检验，中西部企业组 ESG 表现的回归系数为 -1.198，也在 1% 水平上通过了显著性检验，前者的效用[①]比后者低 0.099，表明中西部企业 ESG 表现对企业权益资本成本的影响比东部企业更加敏感。出现这样的结果的原因可能来自两个方面。

一方面，由于地方政府行政能力、市场化程度以及金融发展水平不同等原因，资本结构、资本积累与吸收以及存量资本都存在明显的地区差异（曹跃群和刘冀娜，2008；武勇杰等，2019），导致从东部地区到西部地区资本配置效率依次递减（许开国，2009）。从这个角度来看，企业 ESG 表现对权益资本成本的影响在东部和中西部地区企业之间有显著差异是正常的。

另一方面，自 2012 年国家实施西部大开发战略以来，我国的中西部地区不仅受到内资追捧，而且也受到外资青睐。而在可持续发展战略以及 ESG 投资蓬勃发展的大背景下，ESG 表现就成为投资者在寻找投资标的过程中降低投资风险的一个重要的参考因素，这就导致中西部企业 ESG 表现的提升更有利于权益资本成本的降低。

---

① 因为 ESG 表现与权益资本成本呈负相关，所以在讨论 ESG 表现对权益资本成本的效用时采用绝对值。

第4章 ESG表现对权益资本成本的总效应研究

然而,自2018年开始,随着相关法规的不断完善,全国企业ESG责任的承担已经被拉到同一水平,地区差异对两者的关系的影响逐步下降,根据连玉君和廖俊平(2017),两者差异的P值为25.8%,H0没有被拒绝;似不相关检验(Suest)表明Chi2(Suest)值为0.337,经验P值为56.2%,地区差异并不显著。

表4-21　　ESG表现与权益资本成本(按地区)

变量	中西部(Province=0)	东部(Province=1)
ESG	-1.198***	-1.099***
	(0.075)	(0.052)
Size	-1.638	-4.451***
	(1.243)	(0.788)
Growth	-6.648***	-4.401***
	(1.226)	(0.876)
Top1	20.164**	26.049***
	(8.043)	(5.315)
Top10	-9.525	-13.965***
	(6.654)	(3.981)
Indirector	-7.049	-8.600
	(10.518)	(7.889)
Stat	1.773	0.780
	(2.811)	(2.183)
Big4	10.328***	1.649
	(3.215)	(2.059)
LEV	3.201	2.026
	(4.961)	(3.353)
BTM	2.323***	2.350***
	(0.366)	(0.237)
Fund	21.369***	12.596***
	(7.357)	(4.317)
Legal	-0.491	2.747
	(3.462)	(2.360)

续表

变量	中西部（Province=0）	东部（Province=1）
DTS	-75.510** (31.040)	-109.101*** (27.051)
Turn	2.1282*** (0.3558)	2.8219*** (0.2751)
cons	85.416*** (27.710)	150.589*** (18.214)
时间效应	控制	控制
行业效应	控制	控制
N	2715	5783
R^2	0.483	0.463
调整 R^2	0.410	0.389
系数差	-0.099	
费舍尔 P 值	0.258	
Chi2（Suest）	0.337	
P 值	0.562	

注：系数差是解释变量回归系数差异，P 值为系数差的费舍尔经验 P 值，是根据连玉君和廖俊平（2017）抽样 3000 次得到的；括号内为回归系数的双尾 T 检验对应的标准误；***、** 分别表示对应系数的显著性水平为 1%、5%。

(3) 进一步分析

ESG 作为一种投资理念以及企业评价标准，是一个包含企业在环境保护、社会责任承担以及公司治理三方面内容的综合指标（中国证券投资基金业协会和国务院发展研究中心金融研究所，2020），是第三方机构对 ESG 理念所涉三项非财务信息的社会鉴证。尽管前文已经实证了 ESG 表现的提升有助于降低企业的权益资本成本，但该指标所包含三个方面的内容与权益资本成本是否存在相似的效应？这是一个值得探讨的议题，本书将就此开展研究。

①ESG 表现子项——环境责任表现与权益资本成本

为了便于与主回归相比较，本书在研究企业 ESG 表现的子项——环境责任（ENVI）表现与权益资本成本关系时，以主回归模型 4-1

第4章 ESG表现对权益资本成本的总效应研究

为基础，将解释变量替换为ENVI表现，同时控制时间效应和行业效应，采用固定效应模型进行验证。检验结果见表4-22。考虑到所采用模型存在异方差、自相关以及截面相关的可能性，本书采用Huber-White稳健性回归、稳健标准误（Arellano，1987）、聚类稳健方差估计进行修正。具体结果分别见表4-22第1栏—第4栏。

根据表4-22，企业环境责任表现（ENVI）对权益资本成本（COE）的回归系数的标准误在分别修正异方差、序列相关、截面相关的情况下介于0.023—0.025，对回归结果的显著性水平没有实质性影响，与双向固定效应模型回归的结果（见第1栏）相比没有差异，即环境责任表现对权益资本成本的影响都在1%的显著性水平显著负相关。这表明在面板数据情况下，异方差、序列相关、截面相关对回归模型存在影响（Hoechle，2007），但修正该影响没有对最终结果产生实质性影响，反映出回归结果的稳健性。

进一步分析表4-22中的回归结果，我们发现尽管采用不同的方法修正异方差、序列相关、截面相关，对环境责任表现的显著性水平影响都不大，但对于法人持股（Legal）等控制变量的显著性水平还是存在较大影响的，修正相关影响后的结果更加稳健可靠。

根据表4-22第1栏—第4栏回归结果，调整后R^2介于0.340—0.416，这就说明模型对权益资本成本的解释力介于34.0%—41.6%，拟合效果非常好；F值显著性水平三颗星，即系数集合显著异于零；Wald检验1显著，即年份对回归结果有显著影响，该影响已被控制；Wald检验部分2显著，即行业对回归结果有显著影响，该影响已被控制；控制变量与文献研究结果相似；最大方差膨胀因子2.54，平均值为1.35，没有发现严重多重共线性存在。以上证据说明回归结果稳健可靠。

根据表4-22第1行回归结果，无论是采用双向固定效应模型（见第1栏），还是采用修正异方差（见第2栏）、序列相关（见第3栏）、截面相关（见第4栏）的模型，环境责任表现的系数显著为负

(显著性水平三颗星)。这说明随着环境责任表现的提高,权益资本成本在降低。深层次的原因在于,随着环境责任表现的提升,企业的法律遵从水平在提高,因环境问题被处罚或赔偿的几率在下降,经营风险在下降,导致系统风险也随之下降。与此同时,由于符合国家产业政策,政策性绿色融资也有益于缓解公司的融资约束状况,进一步降低系统风险。与此同时,随着国家绿色环保理念的普及,消费者更愿意为生态环保型产品买单,经营业绩的提升也有助于系统风险和融资约束的降低。在此情况下,投资者愿意以更高的价格购入相关证券,进而导致权益资本成本下降。这从侧面验证了前文关于假设4-2检验结论的稳健性。

表4-22 环境责任表现与权益资本成本

变量	(1) 固定效应	(2) 修正异方差	(3) 修正序列相关	(4) 修正截面相关
ENVI	-0.271*** (0.028)	-0.271*** (0.023)	-0.271*** (0.025)	-0.271*** (0.023)
Size	-9.324*** (0.647)	-9.324*** (0.701)	-9.324*** (0.664)	-9.324*** (0.701)
Growth	-5.859*** (0.743)	-5.859*** (0.744)	-5.859*** (0.729)	-5.859*** (0.744)
Top1	32.633*** (4.599)	32.633*** (4.215)	32.633*** (4.100)	32.633*** (4.215)
Top10	-14.360*** (3.601)	-14.360*** (3.258)	-14.360*** (3.051)	-14.360*** (3.258)
Indirector	-16.865** (6.564)	-16.865*** (5.974)	-16.865*** (6.011)	-16.865*** (5.974)
Stat	1.942 (1.785)	1.942 (1.244)	1.942 (1.450)	1.942 (1.244)
Big4	2.496 (1.802)	2.496 (1.995)	2.496 (1.724)	2.496 (1.995)
LEV	9.884*** (2.883)	9.884*** (2.676)	9.884*** (2.500)	9.884*** (2.676)

续表

变量	(1) 固定效应	(2) 修正异方差	(3) 修正序列相关	(4) 修正截面相关
BTM	2.297*** (0.208)	2.297*** (0.243)	2.297*** (0.221)	2.297*** (0.243)
Fund	16.303*** (3.912)	16.303*** (3.165)	16.303*** (3.217)	16.303*** (3.165)
Legal	1.763 (2.046)	1.763 (1.812)	1.763 (1.772)	1.763 (1.812)
DTS	-167.792*** (20.854)	-167.792*** (22.613)	-167.792*** (19.901)	-167.792*** (22.613)
Turn	2.668*** (0.229)	2.668*** (0.236)	2.668*** (0.239)	2.668*** (0.236)
cons	232.010*** (15.275)	232.010*** (16.700)		232.010*** (16.700)
时间效应	控制	控制	控制	控制
行业效应	控制	控制	控制	控制
N	8384	8384	8371	8384
R^2	0.418	0.418	0.418	0.418
调整 R^2	0.340	0.416	0.341	0.416
F 值	151.88	802.79	591.72	802.79
Wald 检验 1	660.42	2960.04	2342.29	2960.04
Wald 检验 2	0.72	5.96	2.34	5.96

注：表中括号内是回归系数的双尾 T 检验对应的标准误；***、** 分别表示对应系数的显著性水平为 1%、5%；F 值是对所有变量回归系数的联合测试；Wald 检验 1、Wald 检验 2 分别是对年份、行业虚拟变量系数的联合测试。

②ESG 表现子项——社会责任表现与权益资本成本

同上文，为了便于与主回归相比较，本书研究了企业 ESG 表现子项——社会责任表现（SOCI）与权益资本成本的关系。本书以主回归模型 4-1 为基础，将解释变量替换为社会责任表现，同时控制时间效应和行业效应，采用固定效应模型开展检验。检验结果见表 4-23。

表 4-23　社会责任表现与权益资本成本

变量	(1) 固定效应	(2) 修正异方差	(3) 修正序列相关	(4) 修正截面相关
SOCI	-0.181*** (0.055)	-0.181*** (0.049)	-0.181*** (0.048)	-0.181*** (0.049)
Size	-10.992*** (0.642)	-10.992*** (0.727)	-10.992*** (0.670)	-10.992*** (0.727)
Growth	-6.203*** (0.744)	-6.203*** (0.749)	-6.203*** (0.732)	-6.203*** (0.749)
Top1	34.521*** (4.615)	34.521*** (4.339)	34.521*** (4.150)	34.521*** (4.339)
Top10	-14.986*** (3.576)	-14.986*** (3.267)	-14.986*** (3.050)	-14.986*** (3.267)
Indirector	-19.996*** (6.603)	-19.996*** (6.152)	-19.996*** (6.080)	-19.996*** (6.152)
Stat	2.082 (1.805)	2.082* (1.198)	2.082 (1.461)	2.082* (1.198)
Big4	1.703 (1.817)	1.703 (2.000)	1.703 (1.733)	1.703 (2.000)
LEV	11.664*** (2.889)	11.664*** (2.714)	11.664*** (2.526)	11.664*** (2.714)
BTM	2.200*** (0.209)	2.200*** (0.242)	2.200*** (0.221)	2.200*** (0.242)
Fund	14.485*** (3.896)	14.485*** (3.139)	14.485*** (3.203)	14.485*** (3.139)
Legal	1.234 (2.040)	1.234 (1.817)	1.234 (1.770)	1.234 (1.817)
DTS	-190.925*** (20.882)	-190.925*** (23.441)	-190.925*** (20.267)	-190.925*** (23.441)
Turn	2.522*** (0.229)	2.522*** (0.232)	2.522*** (0.237)	2.522*** (0.232)
cons	271.694*** (15.047)	271.694*** (17.225)		271.694*** (17.225)
时间效应	控制	控制	控制	控制

第4章 ESG表现对权益资本成本的总效应研究

续表

变量	（1） 固定效应	（2） 修正异方差	（3） 修正序列相关	（4） 修正截面相关
行业效应	控制	控制	控制	控制
N	8430	8430	8419	8430
R^2	0.413	0.413	0.413	0.413
调整 R^2	0.334	0.411	0.335	0.411
F值	149.51	789.87	579.66	789.87
Wald 检验1	646.55	3001.84	2312.59	3001.84
Wald 检验2	0.63	6.26	2.01	6.26

注：表中括号内是回归系数的双尾 T 检验对应的标准误；*** 表示对应系数的显著性水平为 1%；F 值是对所有变量回归系数的联合测试；Wald 检验 1、Wald 检验 2 分别是对年份、行业虚拟变量系数的联合测试。

考虑到所采用模型存在异方差、自相关以及截面相关的可能性，本书采用 Huber–White 稳健性回归、稳健标准误（Arellano, 1987）、聚类稳健方差估计进行修正。具体结果分别见表 4-23 第 1 栏—第 4 栏。根据表 4-23，企业社会责任表现（SOCI）对权益资本成本（COE）的回归系数的标准误在分别修正异方差、序列相关、截面相关的情况下介于 0.048—0.055，对回归结果的显著性水平没有实质性影响，与双向固定效应模型回归的结果（见第 1 栏）相比没有差异，即社会责任表现对权益资本成本的影响都在 1% 的显著性水平显著负相关。这表明在面板数据情况下，异方差、序列相关、截面相关对回归模型存在影响（Hoechle, 2007），但修正该影响没有对最终结果产生实质性影响，反映出回归结果的稳健性。

进一步分析表 4-23 中的回归结果，我们发现，尽管采用不同的方法修正异方差、序列相关、截面相关，对社会责任表现的显著性水平影响都不大，但对法人持股（Legal）等控制变量存在较大影响的，修正相关影响后的结果稳健可靠。

根据表 4-23 第 1 栏—第 4 栏回归结果，调整后 R^2 介于 0.334—0.411，说明模型对权益资本成本的解释力介于 33.4%—41.1%，拟合效果非常好；F 值显著性水平三颗星，即系数集合显著异于零；Wald 检验 1 显著、Wald 检验 2 部分显著，即年份、行业对回归结果有显著影响，该影响已被控制；控制变量与文献研究结果相似；最大方差膨胀因子 2.42，平均值为 1.34，没有发现严重多重共线性存在。以上证据说明回归结果稳健可靠。

根据表 4-23 第 1 行回归结果，无论是采用双向固定效应模型（见第 1 栏），还是采用修正异方差（见第 2 栏）、序列相关（见第 3 栏）、截面相关（见第 4 栏）模型，SOCI 表现的系数显著为负（显著性水平三颗星）。这说明随着社会责任表现的增加，企业的权益资本成本在降低。潜在原因可能是随着企业社会责任表现的提升，其经营行为能够得到广大消费者的认同，投资者的风险预期在降低，愿意以更高的价格购入相关证券，进而导致权益资本成本下降。这从侧面验证了前文关于假设 4-2 检验结论的稳健性。

③ESG 表现子项——公司治理表现与权益资本成本

同上文，为了便于与主回归相比较，本书在研究企业的 ESG 表现子项——公司治理（GOVE）表现与权益资本成本关系时，同样以主回归模型 4-1 为基础，将解释变量替换为公司治理表现，同时控制时间效应和行业效应，采用固定效应模型开展检验（见表 4-24）。考虑到所采用模型存在异方差、自相关以及截面相关的可能性，本书分别采用 Huber - White 稳健性回归、稳健标准误（Arellano，1987）、聚类稳健方差估计进行修正。具体结果分别见表 4-24 第 1 栏—第 4 栏。

根据表 4-24，企业公司治理表现（GOVE）对权益资本成本（COE）的回归系数的标准误在分别修正异方差、序列相关、截面相关的情况下介于 0.018—0.024，对回归结果的显著性水平没有实质性影响，与双向固定效应的结果（见第 1 栏）相比没有差异，即公司治理表现对权益资本成本的影响都在 1% 的显著性水平显著负相关。这表明在面板数据情况下，异方差、序列相关、截面相关对回归模型存在影响（Hoechle，2007），但修正该影响没有对最终结果产生实质性影响，反映出回归结果的稳健性。

根据表4-24第1栏—第4栏回归结果，调整后R^2介于0.407—0.475，这就说明模型对权益资本成本的解释力介于40.7%—47.5%，拟合效果非常好；F值显著性水平三颗星，即系数集合显著异于零；Wald检验1显著，即年份对回归结果有显著影响，该影响已被控制；Wald检验2部分显著，即行业对回归结果有显著影响，该影响已被控制；控制变量与文献研究结果相似；最大方差膨胀因子2.54，平均值为1.38，没有发现严重多重共线性存在。

根据表4-24第1行回归结果，无论是采用双向固定效应模型（见第1栏），还是采用修正异方差（见第2栏）、序列相关（见第3栏）、截面相关（见第4栏）模型，GOVE表现的系数显著为负（显著性水平三颗星）。这说明随着公司治理表现的增加，投资者期望收益率会下降，体现为权益资本成本的降低。其原因可能是随着企业公司治理表现的提升，投资者的风险预期在降低，愿意以更高的价格购入相关证券，同时企业也更容易受到信贷资本的青睐，缓解其融资约束，降低其经营风险，从而导致权益资本成本下降。这从侧面验证了前文关于假设4-2检验结论的稳健性。

表4-24　　　　　　　公司治理表现与权益资本成本

变量	（1） 固定效应	（2） 修正异方差	（3） 修正序列相关	（4） 修正截面相关
GOVE	-0.693*** (0.024)	-0.693*** (0.018)	-0.693*** (0.021)	-0.693*** (0.018)
Size	-4.825*** (0.627)	-4.825*** (0.618)	-4.825*** (0.594)	-4.825*** (0.618)
Growth	-5.890*** (0.703)	-5.890*** (0.702)	-5.890*** (0.686)	-5.890*** (0.702)
Top1	23.210*** (4.383)	23.210*** (3.659)	23.210*** (3.782)	23.210*** (3.659)
Top10	-9.472*** (3.378)	-9.472*** (2.675)	-9.472*** (2.736)	-9.472*** (2.675)

续表

变量	(1) 固定效应	(2) 修正异方差	(3) 修正序列相关	(4) 修正截面相关
Indirector	-12.602** (6.235)	-12.602** (5.611)	-12.602** (5.730)	-12.602** (5.611)
Stat	0.631 (1.710)	0.631 (1.252)	0.631 (1.454)	0.631 (1.252)
Big4	2.460 (1.718)	2.460 (1.659)	2.460 (1.611)	2.460 (1.659)
LEV	1.896 (2.744)	1.896 (2.272)	1.896 (2.353)	1.896 (2.272)
BTM	2.040*** (0.196)	2.040*** (0.206)	2.040*** (0.198)	2.040*** (0.206)
Fund	10.545*** (3.670)	10.545*** (3.005)	10.545*** (3.041)	10.545*** (3.005)
Legal	1.160 (1.922)	1.160 (1.667)	1.160 (1.666)	1.160 (1.667)
DTS	-86.191*** (20.080)	-86.191*** (19.292)	-86.191*** (18.050)	-86.191*** (19.292)
Turn	2.415*** (0.215)	2.415*** (0.224)	2.415*** (0.229)	2.415*** (0.224)
cons	172.443*** (14.332)	172.443*** (14.261)		172.443*** (14.261)
时间效应	控制	控制	控制	控制
行业效应	控制	控制	控制	控制
N	8467	8467	8456	8467
R^2	0.478	0.478	0.478	0.478
调整 R^2	0.407	0.475	0.408	0.475
F值	194.84	714.75	553.16	714.75
Wald 检验1	823.98	2796.08	2276.52	2796.08
Wald 检验2	0.78	13.00	2.40	13.00

注：表中括号内是回归系数的双尾T检验对应的标准误；***、**分别表示对应系数的显著性水平为1%、5%；F值是对所有变量回归系数的联合测试；Wald检验1、Wald检验2分别是对年份、行业虚拟变量系数的联合测试。

第4章 ESG表现对权益资本成本的总效应研究

④ESG表现及各子项与权益资本成本

根据前文实证及论述，ESG表现各子项都能显著降低企业的权益资本成本，从不同角度印证了ESG表现提升有助于降低权益资本成本这一结论的稳健性。如果ESG表现降低权益资本成本是源于企业环境责任、社会责任以及公司治理表现的综合结果，那么在相同的条件下，ESG表现降低权益资本成本的效应就应该高于各子项，而且这个差异是显著的。本节将就此展开检验：第一步，采用双向固定效应模型检验ESG表现及其子项（包括ENVI、SOCI、GOVE三项表现）与权益资本成本的关系，验证解释变量回归系数之间的关系；第二步，借鉴连玉君和廖俊平（2017）的方法检验ESG表现的回归系数是否与各子项的回归系数存在显著差异（见表4-25）。

根据表4-25，ESG表现及其子项都能显著降低企业权益资本成本，且ESG表现的效应为1.130，大于ENVI表现的0.273、SOCI表现的0.182以及GOVE表现的0.694。与此同时，似不相关检验（Suest）表明，各子项对权益资本成本的效应分别比ESG表现的效应低0.857、0.948、0.436，都在1%的水平通过了显著性检验。这表明ESG表现对权益资本成本的效用就是各子项共同作用的结果，假设4-2再次得到验证，原结论稳健可靠。同时我们发现，各子项效应占比分别为23.76%、15.84%、60.40%[①]，即公司治理表现的贡献最大，说明自2002年以来国家对上市企业持续20年规范公司治理的要求产生的效果优于自2006年社会责任的要求以及2018年以来ESG责任的要求，也表明投资者对企业公司治理的关注程度更大，对企业环境责任的关注次之，对企业社会责任的关注最低。

---

① 我们将三个子项的效应加起来0.273+0.182+0.694=1.149，再分别用各子项的效应除以总效应得到，目的是消除各自占比之和大于1的情况。该处理不会影响他们之间效应强弱排名。

表 4-25　　ESG 表现及各子项与权益资本成本

变量	(1) ESG 表现	(2) 环境子项	(3) 社会责任子项	(4) 公司治理子项
ESG	-1.130*** (0.042)			
ENVI		-0.273*** (0.028)		
SOCI			-0.182*** (0.055)	
GOVE				-0.694*** (0.024)
Size	-3.482*** (0.655)	-9.224*** (0.645)	-10.881*** (0.640)	-4.762*** (0.624)
Growth	-5.070*** (0.708)	-5.811*** (0.743)	-6.151*** (0.744)	-5.855*** (0.703)
Top1	24.536*** (4.365)	31.747*** (4.575)	33.653*** (4.591)	22.453*** (4.359)
Top10	-12.118*** (3.391)	-14.027*** (3.597)	-14.658*** (3.572)	-9.172** (3.374)
Indirector	-7.689 (6.281)	-16.743** (6.565)	-19.886*** (6.605)	-12.532** (6.236)
Stat	1.174 (1.713)	1.888 (1.786)	2.027 (1.806)	0.589 (1.710)
Big4	4.370** (1.722)	2.817 (1.796)	2.038 (1.811)	2.725 (1.712)
LEV	2.446 (2.761)	9.947*** (2.882)	11.716*** (2.888)	1.967 (2.743)
BTM	2.321*** (0.198)	2.268*** (0.208)	2.170*** (0.208)	2.014*** (0.196)
Fund	15.388*** (3.686)	16.499*** (3.910)	14.702*** (3.895)	10.656*** (3.668)
Legal	1.864 (1.931)	1.823 (2.044)	1.310 (2.039)	1.195 (1.920)

续表

变量	(1) ESG 表现	(2) 环境子项	(3) 社会责任子项	(4) 公司治理子项
DTS	-96.051*** (20.105)	-167.588*** (20.787)	-190.372*** (20.820)	-86.627*** (20.011)
Turn	2.535*** (0.217)	2.657*** (0.229)	2.510*** (0.229)	2.406*** (0.215)
cons	127.247*** (14.963)	229.765*** (15.210)	269.179*** (14.994)	171.119*** (14.269)
时间效应	控制	控制	控制	控制
行业效应	控制	控制	控制	控制
N	8498	8391	8437	8474
R^2	0.467	0.417	0.412	0.477
调整 R^2	0.396	0.340	0.333	0.407
F 值	187.95	151.50	149.09	194.51
Wald 检验 1	810.08	659.58	645.32	824.17
Wald 检验 2	0.87	0.62	0.54	0.67
差值		-0.857***	-0.948***	-0.436***
Chi2 (suest)		333.89	150.66	66.50
P 值		0.00	0.00	0.00

注：表中括号内是回归系数的双尾 T 检验对应的标准误；***、** 分别表示对应系数的显著性水平为 1%、5%；差值为解释变量 ESG 表现分别与 ENVI 表现、SOCI 表现以及 GOVE 表现之间回归系数的差异；Chi2 值、P 值源于似不相关检验（Suest）。

4.4　稳健性检验

4.4.1　Heckman 两阶段法

以上检验是基于彭博 ESG 评价得出的基本结论。该 ESG 评价以各上市公司信息披露为基础，采用大数据技术，运用一定的评分规则和方法得出的关于上市公司ESG表现的评分。在这种情况下，如果公司为了某一目的选择性披露相关信息，就可能因遗漏重要的解释信息而导致结论偏误。为了消除可能存在的源于信息不对称的偏误，本书将采用Heckman两阶段法（Heckman，1979；杨喆等，2023）验证本章的基本结论。

第一阶段，逆米尔斯比（λ）的测算。即采用Probit模型测算ESG信息披露的概率，然后计算逆米尔斯比（λ）。根据国家法规，企业仅在近5年才被要求发布独立ESG报告，这妨碍了我们获得足够数据得出可靠结论的能力。与之相对应，企业很早就被要求独立发布《企业社会责任报告》[①]了。考虑到它与"企业ESG报告"的同源性，我们选择上市公司是否独立发布企业社会责任报告作为因变量的代理变量。此外，将规模、营收增长、股本回报率（ROE）、资产负债率（LEV）和前10名股东持股率（Top10）作为决策变量（吴红军等，2017），以控制时间和行业固定效应模型测算企业ESG信息披露的概率。

第二阶段，我们在模型4-1加入逆米尔斯比（λ）作为新的控制变量。如果第二阶段逆米尔斯比的系数显著，则表明可能存在遗漏重要解释信息而导致的偏差已得到有效控制。否则，不存在可能遗漏重要解释信息导致的重大偏差（吴红军等，2017）。相关结果见表4-26。

根据表4-26，逆米尔斯比（λ）的系数在1%的水平通过显著性检验，这意味着因遗漏重要解释信息而导致的偏误的确存在，该偏误已被修正。从第1栏—第4栏，在双向固定效应模型以及分别控制组间异方差、组内序列相关性、组间截面相关性的情况下，ESG表现的标准误虽有变化，但不足以改变回归结果的显著性水平，所有系数都在1%通过显著性水平检验。

[①]《中国企业社会责任研究报告（2009）》，作者陈佳贵，是我国最早正式地评价企业社会责任的书籍。其后各企业纷纷发布自己的社会责任报告。

第4章 ESG 表现对权益资本成本的总效应研究

表 4-26 Heckman 两阶段法的稳健性检验

变量	(1) 固定效应	(2) 修正异方差	(3) 修正序列相关	(4) 修正截面相关
ESG	-1.246*** (0.038)	-1.246*** (0.037)	-1.246*** (0.038)	-1.246*** (0.037)
λ	2.385*** (0.393)	2.385*** (0.297)	2.385*** (0.324)	2.385*** (0.297)
Growth	-4.792*** (0.702)	-4.792*** (0.675)	-4.792*** (0.671)	-4.792*** (0.675)
Top1	24.707*** (4.344)	24.707*** (3.646)	24.707*** (3.756)	24.707*** (3.646)
Top10	-10.957*** (3.339)	-10.957*** (2.759)	-10.957*** (2.700)	-10.957*** (2.759)
Indirector	-7.083 (6.283)	-7.083 (5.467)	-7.083 (5.693)	-7.083 (5.467)
Stat	0.285 (1.712)	0.285 (1.353)	0.285 (1.437)	0.285 (1.353)
Big4	3.616** (1.721)	3.616* (1.892)	3.616** (1.686)	3.616* (1.892)
LEV	-2.522 (2.603)	-2.522 (2.220)	-2.522 (2.219)	-2.522 (2.220)
BTM	2.556*** (0.190)	2.556*** (0.221)	2.556*** (0.204)	2.556*** (0.221)
DTS	-79.092*** (19.810)	-79.092*** (17.997)	-79.092*** (16.903)	-79.092*** (17.997)
Turn	2.585*** (0.205)	2.585*** (0.215)	2.585*** (0.216)	2.585*** (0.215)
cons	51.932*** (3.880)	51.932*** (3.399)		51.932*** (3.399)
时间效应	控制	控制	控制	控制
行业效应	控制	控制	控制	控制
N	8498	8498	8489	8498

续表

变量	(1) 固定效应	(2) 修正异方差	(3) 修正序列相关	(4) 修正截面相关
R^2	0.467	0.467	0.467	0.467
调整 R^2	0.395	0.465	0.396	0.465
F 值	198.69	827.24	621.05	827.24
Wald 检验 1	861.16	2911.78	2401.89	2911.78
Wald 检验 2	1.14	7.53	3.17	7.53

注：表中括号内是回归系数的双尾 T 检验对应的标准误；***、**、* 分别表示对应系数的显著性水平为 1%、5%、10%；F 值是对所有变量系数的联合测试；Wald 检验 1、Wald 检验 2 分别是年份、行业虚拟变量系数的联合测试；λ 代表逆米尔斯比。

与主回归的结果（见表 4-19）相比，ESG 表现的绝对值有所增加，标准误有所降低，显著性水平略有提高，表明纠偏后的结论优于原结论，也从侧面反映原结论是稳健的。模型回归最大方差膨胀因子 2.20，平均值为 1.26，没有发现严重多重共线性存在。

4.4.2 两阶段最小二乘法

考虑到 ESG 表现与权益资本成本之间可能存在反向因果的可能，即企业在权益资本成本低的情况下倾向于多做 ESG 投资，进而获得更好的 ESG 表现。该情况的存在可能导致回归结果存在内生性问题和偏差。

为缓解可能存在的内生性问题以增强回归结果的可靠性，本书借鉴张曾莲和邓文悦扬（2022）、符加林和黄晓红（2023）的做法，选取上市公司同地区、同行业、同年 ESG 表现的平均值以及本企业滞后一期的 ESG 表现作为工具变量，使用两阶段最小二乘法（2SLS），采用模型 4-1 重新回归，回归中采用双向固定效应模型。相关结果见表 4-27。

根据表 4-27，无论是采用两阶段最小二乘法还是同时修正异方差、序列相关、截面相关，ESG 表现的回归系数都在 1% 的水平通过显著性检验，表明 ESG 表现与权益资本成本显著负相关，ESG 表现的提升有助于企业降低权益资本成本。

进一步分析，我们发现无论是两阶段最小二乘法（同时控制时间效应和行业效应），抑或控制异方差、序列相关或截面相关，ESG 表现回归系数的标准误由 0.054 上升到 0.068，但回归系数的显著性水平保持在三颗星。无论是 Kleibergen - Paap rk Wald F 统计量（弱工具变量）、Kleibergen - Paap rk LM 统计量（识别不足）还是 Hansen J 统计量（过度识别），都在 1% 的水平拒绝 H0。模型的调整 R^2 为 0.424，说明回归模型的解释力达到了 42.4%，拟合效果非常好。回归结果稳健可靠。

稳健性检验结果表明，在控制可能存在的互为因果的情况下，ESG 表现与权益资本成本呈稳定负相关，原结论关于 ESG 表现的提升有助于降低权益资本成本的结论是稳健的。

表 4-27　　　　　　两阶段最小二乘法回归结果

变量	（1）两阶段	（2）修正异方差	（3）修正序列相关	（4）修正截面相关
ESG	-1.864*** (-0.054)	-1.864*** (-0.058)	-1.864*** (-0.062)	-1.864*** (-0.068)
Size	-1.720** (-0.837)	-1.720** (-0.838)	-1.720* (-0.908)	-1.720* (-1.014)
Growth	-4.418*** (-0.823)	-4.418*** (-0.804)	-4.418*** (-0.807)	-4.418*** (-0.838)
Top1	30.720*** (-5.134)	30.720*** (-4.706)	30.720*** (-4.982)	30.720*** (-5.22)
Top10	-14.365*** (-4.063)	-14.365*** (-3.687)	-14.365*** (-3.863)	-14.365*** (-4.06)
Indirector	-11.685* (-6.831)	-11.685* (-6.519)	-11.685* (-6.702)	-11.685 (-7.129)
Stat	-0.547 (-1.866)	-0.547 (-1.7)	-0.547 (-1.85)	-0.547 (-2.003)

续表

变量	(1) 两阶段	(2) 修正异方差	(3) 修正序列相关	(4) 修正截面相关
Big4	4.678** (-1.892)	4.678** (-1.898)	4.678** (-2.075)	4.678* (-2.422)
LEV	0.079 (-3.24)	0.079 (-2.973)	0.079 (-3.09)	0.079 (-3.199)
BTM	2.904*** (-0.254)	2.904*** (-0.279)	2.904*** (-0.293)	2.904*** (-0.338)
Fund	17.616*** (-4.782)	17.616*** (-3.973)	17.616*** (-4.138)	17.616*** (-4.324)
Legal	-2.478 (-2.562)	-2.478 (-2.233)	-2.478 (-2.28)	-2.478 (-2.337)
DTS	-116.922*** (-22.392)	-116.922*** (-19.76)	-116.922*** (-20.724)	-116.922*** (-22.826)
Turn	3.844*** (-0.264)	3.844*** (-0.307)	3.844*** (-0.306)	3.844*** (-0.325)
时间效应	控制	控制	控制	控制
行业效应	控制	控制	控制	控制
N	6016	6016	6016	6016
R^2	0.486	0.486	0.486	0.486
调整 R^2	0.424	0.424	0.424	0.424
弱工具变量	7481.80	5932.28	5513.18	3601.27
识别不足	3971.72	1093.67	811.59	302.79
过度识别	14.15	13.26	12.64	10.72

注：表中括号内是回归系数的双尾 T 检验对应的标准误；***、**、* 分别表示对应系数的显著性水平为 1%、5%、10%；弱工具变量是 Kleibergen - Paap rk Wald F 统计量；识别不足是 Kleibergen - Paap rk LM 统计量；过度识别是 Hansen J 统计量。

4.4.3 替换自变量法

为避免选择特定解释变量可能导致的虚假回归，本书采用华证

第4章 ESG 表现对权益资本成本的总效应研究

ESG 评级作为自变量,并采用模型 4-1 再次检验原结论。回归采用固定效应模型,分别修正异方差、序列相关性、截面相关(见表 4-28)。根据回归结果,ESG 表现对权益资本成本的回归系数通过 5% 的显著性水平检验,符号与主回归相同;回归结果的调整 R^2 介于 0.355—0.425,表明回归模型能够解释 ESG 表现与权益资本成本之间 35.5%—42.5% 的变异,拟合效果良好;F 检验表明回归结果的系数集合显著异于零;Wald 检验 1 显著,即年份对回归结果有显著影响,该影响已被控制。控制变量与文献研究结果相似;最大方差膨胀因子 2.31,平均值为 1.34,没有发现严重多重共线性存在。以上证据说明回归结果稳健可靠。结果与主回归实证结论相同,实证了原结论的稳健性。

表 4-28　　替换自变量的稳健性测试

变量	(1) 固定效应	(2) 修正异方差	(3) 修正序列相关	(4) 修正截面相关
ESG	-0.083** (0.038)	-0.083** (0.037)	-0.083** (0.037)	-0.083** (0.037)
Size	-4.887*** (0.564)	-4.887*** (0.471)	-4.887*** (0.544)	-4.887*** (0.471)
Growth	-4.877*** (0.750)	-4.877*** (0.754)	-4.877*** (0.739)	-4.877*** (0.754)
Top1	25.397*** (4.535)	25.397*** (3.905)	25.397*** (4.181)	25.397*** (3.905)
Top10	-20.098*** (3.577)	-20.098*** (3.383)	-20.098*** (3.466)	-20.098*** (3.383)
Indirector	-18.938*** (6.576)	-18.938*** (5.805)	-18.938*** (6.180)	-18.938*** (5.805)
Stat	0.888 (1.781)	0.888 (1.112)	0.888 (1.400)	0.888 (1.112)
Big4	1.214 (1.804)	1.214 (1.705)	1.214 (1.617)	1.214 (1.705)
CSRR	0.420 (0.647)	0.420 (0.472)	0.420 (0.552)	0.420 (0.472)

续表

变量	（1） 固定效应	（2） 修正异方差	（3） 修正序列相关	（4） 修正截面相关
LEV	7.276** (2.863)	7.276*** (2.496)	7.276*** (2.552)	7.276*** (2.496)
BTM	2.500*** (0.206)	2.500*** (0.253)	2.500*** (0.223)	2.500*** (0.253)
Fund	7.999** (3.876)	7.999** (3.268)	7.999** (3.505)	7.999** (3.268)
Legal	1.033 (2.030)	1.033 (1.729)	1.033 (1.824)	1.033 (1.729)
DTS	-101.832*** (20.402)	-101.832*** (17.907)	-101.832*** (17.753)	-101.832*** (17.907)
cons	128.322*** (13.530)	128.322*** (11.448)		128.322*** (11.448)
时间效应	控制	控制	控制	控制
行业效应	控制	控制	控制	控制
N	8281	8281	8281	8281
R^2	0.427	0.427	0.427	0.427
调整 R^2	0.355	0.425	0.355	0.425
F值	156.54	859.80	804.16	859.80
Wald检验1	667.98	3119.71	3168.25	3119.71
Wald检验2	0.32	1.41	0.81	1.41

注：表中括号内是回归系数的双尾T检验对应的标准误；***、**分别表示对应系数的显著性水平为1%、5%；F值是对所有变量（除年份和行业以外）系数的联合测试；Wald检验1、Wald检验2分别是年份、行业虚拟变量系数的联合测试；所有变量Vif值小于10。

4.4.4 替换因变量法

（1）Fama - French 三因素模型

为了避免选择特定变量可能导致的虚假回归，同时也是为了与前文主回归采用的事后估算模型（CAPM）相对应，本节根据赵胜民等

(2016) 的研究结论, 借鉴 Fama - French (Fama & French, 1996) 三因素模型测算权益资本成本, 采用模型 4-1 再次验证原结论。该研究仅发现 871 家公司的数据符合要求, 涵盖 2011—2021 年 11 年时间 7922 项观察值。回归采用固定效应模型, 分别修正异方差、序列相关性、截面相关 (见表 4-29)。

根据表 4-29, ESG 表现对权益资本成本的回归系数都通过 1% 显著性水平检验, 符号与主回归相同; 回归结果的调整 R^2 介于 0.662—0.699, 表明回归模型能够解释 ESG 表现与权益资本成本之间 66.2%—66.9% 的变异, 拟合效果良好; F 检验表明回归结果的系数集合显著异于零; Wald 检验 1 显著, 即年份对回归结果有显著影响, 该影响已被控制; Wald 检验 2 部分显著, 即行业对回归结果有影响, 该影响已被控制; 控制变量与文献研究结果相似; 最大方差膨胀因子 2.60, 平均值为 1.35, 没有发现严重多重共线性存在。以上证据说明回归结果稳健可靠。结果与原实证结论基本相同, 实证了原结论的稳健性。

表 4-29 替换因变量的稳健性测试 (FAMA)

变量	(1) 固定效应	(2) 修正异方差	(3) 修正序列相关	(4) 修正截面相关
ESG	-0.788 *** (0.051)	-0.788 *** (0.046)	-0.788 *** (0.052)	-0.788 *** (0.046)
Size	0.500 (0.814)	0.500 (0.788)	0.500 (0.818)	0.500 (0.788)
Growth	-2.076 ** (0.897)	-2.076 ** (0.887)	-2.076 ** (0.898)	-2.076 ** (0.887)
Top1	27.905 *** (5.333)	27.905 *** (5.254)	27.905 *** (5.520)	27.905 *** (5.254)
Top10	-37.018 *** (4.296)	-37.018 *** (4.198)	-37.018 *** (4.286)	-37.018 *** (4.198)
Indirector	-6.341 (7.765)	-6.341 (7.501)	-6.341 (7.330)	-6.341 (7.501)
Stat	2.222 (2.176)	2.222 (1.736)	2.222 (1.985)	2.222 (1.736)

续表

变量	(1) 固定效应	(2) 修正异方差	(3) 修正序列相关	(4) 修正截面相关
Big4	5.567** (2.103)	5.567** (2.130)	5.567** (2.200)	5.567** (2.130)
LEV	2.035 (3.529)	2.035 (3.453)	2.035 (3.418)	2.035 (3.453)
BTM	3.453*** (0.269)	3.453*** (0.383)	3.453*** (0.329)	3.453*** (0.383)
Fund	10.894** (4.743)	10.894** (4.115)	10.894** (4.267)	10.894** (4.115)
Legal	2.293 (2.364)	2.293 (2.180)	2.293 (2.195)	2.293 (2.180)
DTS	-92.920*** (24.642)	-92.920*** (20.980)	-92.920*** (22.259)	-92.920*** (20.980)
Turn	2.033*** (0.228)	2.033*** (0.275)	2.033*** (0.266)	2.033*** (0.275)
cons	30.650* (18.479)	30.650* (17.883)		30.650* (17.883)
时间效应	控制	控制	控制	控制
行业效应	控制	控制	控制	控制
N	7922	7922	7914	7922
R^2	0.701	0.701	0.701	0.701
调整 R^2	0.662	0.699	0.662	0.699
F 值	483.19	829.69	817.15	829.69
Wald 检验 1	1746.27	2857.39	2971.57	2857.39
Wald 检验 2	0.98	2.72	1.62	2.72

注：表中括号内是回归系数的双尾 T 检验对应的标准误；***、**、*分别表示对应系数的显著性水平为 1%、5%、10%；F 值是对所有变量系数的联合测试；Wald 检验 1、Wald 检验 2 分别是年份、行业虚拟变量系数的联合测试。

(2) OJ 模型

为了避免选择特定变量可能导致的虚假回归，同时也是为了有别于前文主回归采用的事后估算模型（CAPM），本节按照肖作平

(2016) 的研究，借鉴 OJ 模型（Ohlson & Juettner – Nauroth，2005）测算权益资本成本，采用模型 4-1 再次验证原结论。该研究仅发现 959 家公司的数据符合要求，涵盖 2011—2021 年 11 年时间 6741 项观察值。回归采用双向固定效应模型，分别修正异方差、序列相关、截面相关（见表 4-30）。

根据表 4-30，无论是双向固定效应模型还是修正异方差、序列相关、截面相关，ESG 表现对权益资本成本的回归系数都通过了 10% 以上显著性水平检验，符号与主回归相同；回归结果的调整 R^2 介于 0.042—0.179，表明回归模型能够解释 ESG 表现与权益资本成本之间 4.2%—17.9% 的变异；F 检验表明回归结果的系数集合显著异于零；Wald 检验 1 显著，即年份对回归结果有显著影响，该影响已被控制；控制变量与文献研究结果相似；最大方差膨胀因子 2.19，平均值为 1.40，没有发现严重多重共线性存在。以上证据说明回归结果稳健可靠。结果与原实证结论基本相同，实证了原结论的稳健性。

表 4-30　　替换因变量的稳健性测试（OJ）

变量	（1）固定效应	（2）修正异方差	（3）修正序列相关	（4）修正截面相关
ESG	-0.017** (0.008)	-0.017* (0.009)	-0.017** (0.008)	-0.017* (0.009)
Size	0.081 (0.111)	0.081 (0.138)	0.081 (0.119)	0.081 (0.138)
Growth	0.120 (0.132)	0.120 (0.141)	0.120 (0.143)	0.120 (0.141)
Top1	0.404 (0.764)	0.404 (0.896)	0.404 (0.847)	0.404 (0.896)
Top10	-0.805 (0.586)	-0.805 (0.632)	-0.805 (0.580)	-0.805 (0.632)
Indirector	0.915 (1.134)	0.915 (1.234)	0.915 (1.184)	0.915 (1.234)

续表

变量	(1) 固定效应	(2) 修正异方差	(3) 修正序列相关	(4) 修正截面相关
Stat	-0.220 (0.325)	-0.220 (0.376)	-0.220 (0.329)	-0.220 (0.376)
Big4	-0.418 (0.294)	-0.418 (0.317)	-0.418 (0.329)	-0.418 (0.317)
ROE	1.019* (0.615)	1.019 (0.740)	1.019 (0.701)	1.019 (0.740)
Beta	-0.540*** (0.152)	-0.540*** (0.156)	-0.540*** (0.150)	-0.540*** (0.156)
Fund	-2.924*** (0.583)	-2.924*** (0.603)	-2.924*** (0.544)	-2.924*** (0.603)
Legal	-0.340 (0.322)	-0.340 (0.332)	-0.340 (0.317)	-0.340 (0.332)
CSRR	-0.164 (0.118)	-0.164 (0.134)	-0.164 (0.122)	-0.164 (0.134)
Turn	-0.200*** (0.037)	-0.200*** (0.039)	-0.200*** (0.037)	-0.200*** (0.039)
cons	12.788*** (2.604)	12.788*** (3.249)		12.788*** (3.249)
时间效应	控制	控制	控制	控制
行业效应	控制	控制	控制	控制
N	6741	6741	6710	6741
R^2	0.184	0.184	0.184	0.184
调整 R^2	0.042	0.179	0.047	0.179
F 值	34.03	29.87	32.63	29.87
Wald 检验1	80.71	73.57	76.79	73.57
Wald 检验2	0.65	1.03	0.88	1.03

注：表中括号内是回归系数的双尾 T 检验对应的标准误；***、**、* 分别表示对应系数的显著性水平为 1%、5%、10%；F 值是对所有变量系数的联合测试；Wald 检验1、Wald 检验2 分别是年份、行业虚拟变量系数的联合测试。

4.4.5 同时替换因变量、自变量法

为了避免选择特定变量可能导致的虚假回归，同时也是为了与前文主回归采用的事后估算模型（CAPM）相对应，本书借鉴毛新述等（2012）、杨棉之等（2015）的做法，采用 PEG 模型测算权益资本成本（替换因变量）；借鉴卢洪友等（2017）、贾西猛等（2022）的做法，采用和讯网公布的企业社会责任指数作为自变量，运用模型 4-1 再次验证原结论。该研究仅发现 1314 家公司的数据符合要求，涵盖 2011—2021 年 11 年时间 9740 项观察值。回归采用固定效应模型，分别修正异方差、序列相关、截面相关（见表 4-31）。

根据表 4-31，ESG 表现对权益资本成本的回归系数通过 5% 及以上显著性水平检验，符号与主回归相同；回归结果的调整 R^2 介于 0.287—0.383，表明回归模型能够解释 ESG 表现与权益资本成本之间 28.7%—38.3% 的变异，拟合效果较好；F 检验表明回归结果的系数集合显著异于零；Wald 检验 1 显著，即年份对回归结果有显著影响，该影响已被控制；Wald 检验 2 显著，即行业对回归结果影响显著，该影响已被控制；控制变量与文献研究结果相似；最大方差膨胀因子 2.96，平均值为 1.51，没有发现严重多重共线性存在。以上证据说明回归结果稳健可靠。结果与原实证结论基本相同，实证了原结论的稳健性。

表 4-31　同时替换因变量、自变量的稳健性检验

变量	（1）固定效应	（2）修正异方差	（3）修正序列相关	（4）修正截面相关
HEX	-0.046*** (0.016)	-0.046** (0.018)	-0.046*** (0.016)	-0.046** (0.018)
Size	-0.623*** (0.073)	-0.623*** (0.102)	-0.623*** (0.085)	-0.623*** (0.102)

续表

变量	(1) 固定效应	(2) 修正异方差	(3) 修正序列相关	(4) 修正截面相关
Growth	-0.170** (0.070)	-0.170** (0.078)	-0.170** (0.075)	-0.170** (0.078)
Top1	0.322 (0.405)	0.322 (0.576)	0.322 (0.475)	0.322 (0.576)
Top10	4.186*** (0.329)	4.186*** (0.447)	4.186*** (0.379)	4.186*** (0.447)
Indirector	1.754*** (0.621)	1.754** (0.736)	1.754** (0.650)	1.754** (0.736)
Stat	-0.139 (0.183)	-0.139 (0.177)	-0.139 (0.159)	-0.139 (0.177)
Big4	-0.198 (0.181)	-0.198 (0.226)	-0.198 (0.195)	-0.198 (0.226)
LEV	0.616** (0.256)	0.616* (0.360)	0.616** (0.302)	0.616* (0.360)
BTM	-0.318*** (0.023)	-0.318*** (0.033)	-0.318*** (0.030)	-0.318*** (0.033)
Fund	0.209 (0.345)	0.209 (0.416)	0.209 (0.363)	0.209 (0.416)
Legal	-0.622*** (0.183)	-0.622** (0.253)	-0.622** (0.230)	-0.622** (0.253)
DTS	-12.880*** (2.065)	-12.880*** (2.992)	-12.880*** (2.478)	-12.880*** (2.992)
Turn	-0.008 (0.020)	-0.008 (0.026)	-0.008 (0.023)	-0.008 (0.026)
cons	17.613*** (1.660)	17.613*** (2.340)		17.613*** (2.340)
时间效应	控制	控制	控制	控制
行业效应	控制	控制	控制	控制
N	9740	9740	9701	9740

续表

变量	（1）固定效应	（2）修正异方差	（3）修正序列相关	（4）修正截面相关
R^2	0.386	0.386	0.386	0.386
调整 R^2	0.287	0.383	0.290	0.383
F值	142.33	70.01	103.28	70.01
Wald 检验 1	129.60	97.31	107.72	97.31
Wald 检验 2	4.66	4.59	5.05	4.59

注：表中括号内是回归系数的双尾 T 检验对应的标准误；***、**、*分别表示对应系数的显著性水平为1%、5%、10%；F值是对所有变量系数的联合测试；Wald 检验 1、Wald 检验 2 分别是年份、行业虚拟变量系数的联合测试。

4.5 本章小结

本章采用彭博 ESG 评价作为自变量，以 CAPM 模型计算的权益资本成本为因变量，就中国股市上市公司 ESG 表现与权益资本成本之间的关系开展研究。实证结果显示，ESG 表现能显著降低上市公司权益资本成本。当分别修正组间异方差、组内自相关、组间截面相关时，这一结论是稳健的。本书表明，"双碳"目标的提出和践行、可持续发展理念的推广和实践不仅不会给企业带来额外负担，还会给企业带来益处，特别是在中国经济从外延式发展向内涵式发展转变的时候。这是本章研究得出的重要启示。

异质性检验表明：（1）产权性质差异对 ESG 表现与权益资本成本之间的关系有显著影响，国企仍然是推动和承担国家产业政策的支撑力量；（2）地域差异对 ESG 表现与权益资本成本之间的关系存在一定的影响，但随着生态文明建设成为国家战略的方针，国家内部逐步协调一致，不同地区的企业都积极投身 ESG 实践，相互之间的差异逐步变得不显著。

进一步分析表明，ESG 表现各子项都对权益资本成本的降低有贡献，它们与 ESG 表现的总体效应是有显著区别的，它们的共同作用造就了 ESG 表现降低权益资本成本的效果，符合理论预期。

稳健性检验表明，企业在披露 ESG 信息的时存在选择性披露的情况，但该情况不足以对回归结果产生实质性影响。针对可能存在的互为因果的内生性问题，稳健性检验表明本章结论是稳健的。另外，无论是替换解释变量、被解释变量还是同时替换解释变量和被解释变量，实证结果依然稳健。以上研究表明本章主体结论的稳健性。

当然，ESG 表现是通过什么作用路径以及作用机制影响权益资本成本的？这是一个有意义的议题，本书将在后续章节开展研究。

中国上市公司ESG表现
对权益资本成本的
影响研究
Chapter 5

第5章　ESG表现对权益资本成本影响的中介效应研究

融资约束是由于市场的不完善，资金需求方在融资时因信息不对称而受到限制，出现了内外部融资的差异性，造成内外部融资不能够互相替代的状况（Fazzari et al.，1988）。长期以来，政界和学界都试图改变企业"融资难"的问题，却收效甚微。民营企业以及中小企业长期被融资约束困扰（樊纲等，2010；魏志华等，2014；孙灵燕和李荣林，2011）。在完美市场条件下，企业投资决策不会受融资决策的影响，企业的价值主要取决于投资行为而非融资行为（Modigliani et al.，1958）。但现实市场并不完美，融资方式的不同所对应的融资成本也会有差异，而且该差异是企业作融资决策时无法忽视的。不仅如此，这种差异还受企业融资约束状况的影响，不同程度的融资约束会导致企业资本成本显著不同。企业在作投融资决策时只有对这些问题仔细考虑和研判，才可能获得较好的财务成果。

当企业存在融资约束时，资金短缺一定会给企业发展造成影响，不利于企业提高市场竞争力以及获得较高的成本加成（刘啟仁和黄建忠，2015；祝树金和张鹏辉，2015）。在此情况下，企业所作出的财务决策不可避免具有次优性，这就会提升其经营风险，该风险有可能通过资本市场定价机制对系统风险产生显著影响，进而对权益资本成本产生影响。因为资本市场的核心功能是借助价格机制在不同投资主体间进行稀缺资源的有效配置。借助定价机制，资本市场中资金供给方的必要收益率构成了企业的外部融资成本，即权益资本成本，也被称为外部资金的影子价格，该价格与内部资金机会成本的差距反映了企业所面临的融资约束程度。因此，定价功能良好的资本市场能够以资产价格的形式反映企业融资约束以及相应的系统风险。

根据社会交换理论，一个承担社会责任的企业容易得到资方肯定并获得资本支持，缓解其融资约束状况并促进实体投资（顾雷雷等，2020）。ESG 表现作为集环境责任、社会责任以及公司治理于一体的综合评价指标，能否通过降低企业和债权人、投资者之间的信息不对称，缓解其融资约束的程度，降低企业证券的系统风险并促使权益资

第5章 ESG表现对权益资本成本影响的中介效应研究

本成本下降呢?因此,本书将从ESG表现能否缓解融资约束、系统风险出发,探寻ESG表现降低上市公司权益资本成本的路径。

5.1 理论分析与研究假设

5.1.1 融资约束中介的ESG表现对权益资本成本的影响研究

按照MM理论,如果市场是完美的,公司的价值主要取决于投资行为而与融资行为无关(Modigliani & Miller,1958),融资约束就不会存在。但现实市场并非完美市场,企业一旦出现内外融资成本差异,我们认为其处于融资约束状态。处于融资约束状态下的企业不得不考虑各种融资方式的可行性与成本的差异性,最终导致修改甚至放弃其原来的投资计划即所做的财务决策具有次优性。很显然,不同的融资方式及规模会对企业的资本成本产生影响(田彩英,2013),并反映在股东权益成本的变化上。股东一旦发现自身财富的不确定性增加,其期望报酬率就会上升,并体现为权益资本成本的上升。

与此同时,文献研究发现,融资约束主要源于信息不对称造成的代理问题或逆向选择问题(Myers & Majluf,1984)。因此,企业降低信息不对称有助于减少代理问题或逆向选择问题,导致外部融资成本的降低。洛伊兹和韦雷奇亚(Leuz & Verrecchia,2000)认为,通过提高信息披露水平降低信息不对称的程度,将有利于企业证券流动性的增强以及外部融资成本的降低。从企业信息披露的内容来看,财务信息之外的信息也是中小股民了解企业的重要形式,能够降低信息不对称,减少投资的不确定性,降低资本成本(Fama & Laffer,1971)。很显然,在可持续发展理念大行其道的今天,ESG信息自然是企业重要的非财务信息,其充分披露能够降低信息不对称的程度(Kim & Verrecchia,2001)。一般说来,无论是银行、供应商等债权人还是投资者，都能在一定程度上根据企业披露的 ESG 信息对未来作出预判和决策；如果无法得到足够的信息作出判断，从逆向选择的角度他们要么放弃投资要么索取更高的溢价，这会导致企业陷入融资约束的境地。与此同时，良好的 ESG 表现能够帮助企业形成正面的社会形象，在普罗大众中形成良好的企业声誉，使投资者和债权人都更有信心，从而放弃对高溢价的索取，为企业的财务绩效和市场价值带来积极影响（Fombrun & Shanley，1990）。

在我国现有制度背景下，企业的融资能力还受到再融资的影响，而政府部门在审批企业再融资申请时还会考察企业社会责任表现，并为此出台了相关规定①。根据该规定，如果重污染行业企业要申请再融资，那么这些企业需要接受环保核查并达标。从这个角度来讲，企业的 ESG 表现能够通过获取再融资资格缓解其融资约束。基于上述内容，良好的 ESG 信息披露及实践能够降低信息不对称，提升企业的美誉度，最终缓解企业融资约束的状况。

综上所述，企业融资约束与权益资本成本呈正相关，同时 ESG 表现与融资约束呈负相关。因此，理论上存在基于融资约束中介的 ESG 表现和权益资本成本。因此，本书提出如下假设：

假设 5 – 1：ESG 表现通过缓解企业的融资约束降低其权益资本成本，即 ESG 表现与权益资本成本之间存在以融资约束为路径的中介效应。

5.1.2 系统风险中介的 ESG 表现对权益资本成本的影响研究

根据 CAPM 模型，系统风险是决定上市公司权益资本成本的特征变量。如果 ESG 能影响系统风险，那么它就将间接影响权益资本成

---

① 生态环境部，《关于对申请上市的企业和申请再融资的上市企业进行环境保护核查的通知》，（环发〔2003〕101 号），生态环境部 2003 – 06 – 16。https：//www.mee.gov.cn/gkml/zj/wj/200910/t20091022_172200.htm。

本。从实践来看，改革开放四十五年，我国的生产力水平迅速提高，国家要求企业不应只关注自身的经济利益，还应关注利益相关者的诉求，承担相应的环境责任、社会责任乃至公司治理责任，并以各种制度的形式加以规范。我国先后颁布并实施了环境保护[①]、消费者保护[②]以及员工保护[③]和公司治理[④]等法律法规及制度，在道德遵从的基础之上，更是从法律层面规定了企业应履行的最低环境责任、社会责任以及公司治理责任。从这个层面来讲，遵守这些法律制度对于降低企业的经营风险就十分重要。企业违反法律制度的规定，轻则因为行政罚款造成损失；重则会被吊销营业许可，失去合法存续的基本条件。当企业的 ESG 表现让投资者感到不安时，他们要么选择卖出股票，要么索取更高的风险溢价。相反地，一个 ESG 表现优越的上市公司会降低投资者的风险期望，并导致权益资本成本下降，这从更深层面来讲是由于法律遵从导致企业的经营风险下降，进而表现为股权系统风险的降低（Feldman et al.，1997）。因此我们假设如下：

假设 5-2：ESG 表现通过缓解企业的系统风险降低其权益资本成本，即 ESG 表现与权益资本成本之间存在以系统风险为路径的中介效应。

5.1.3 联合中介效应的 ESG 表现对权益资本成本的影响研究

由于融资约束，企业的财务决策具有次优性，这就会增加企业的经营风险，在资本市场上体现为公司证券系统风险的增加，最终体现在权益资本的价格上（翟淑萍等，2012），即权益资本成本上升。而

[①] 《中华人民共和国环境保护法》，1989 年制定，2014 年修订。
[②] 《中华人民共和国消费者权益保护法》，1993 年制定，2013 年修订。
[③] 《中华人民共和国劳动法》，1994 年制定，2009 年修订。
[④] 《上市公司治理准则》，2002 年制定，2018 年修订。

根据前文理论推演，ESG 表现的提升可以缓解企业的融资约束，进而降低企业证券的系统风险，这表明 ESG 表现与权益资本成本之间可能存在以融资约束——系统风险为路径的链式中介效应。与此同时，前文理论推演还表明，ESG 表现与权益资本成本之间还分别存在基于融资约束、系统风险为路径的中介效应，因此全面讨论和评估这两个中介变量所对应的三条路径的联合中介效应就很有价值，本节将就此开展研究。

根据第 4 章回归分析，ESG 表现可以显著缓解企业权益资本成本，与权益资本成本呈负相关。如图 5-1 所示，c 代表总效应，这是本节开展研究的基础。根据本章 5.1.1 小节的理论推演，ESG 表现与权益资本成本之间存在基于融资约束为路径的中介效应。如图 5-2 所示，SA 代表融资约束，中介效应为 $a_1 \cdot b_1$，直接效应为 c_1；根据本章 5.1.2 小节的理论推演，ESG 表现与权益资本成本之间还存在基于系统风险为路径的中介效应。如图 5-3 所示，Beta 代表系统风险，中介效应为 $a_2 \cdot b_2$，直接效应为 c_2。

如图 5-4 所示，当我们把 SA 和 Beta 同时纳入 ESG 表现与权益资本成本之间路径研究考察范围，就构成了 ESG 表现与权益资本成本之间基于 SA、Beta 的联合中介效应模型。在这种情况下，从 ESG 表现（ESG）到权益资本成本（COE）之间存在如下作用路径：①ESG-COE；②ESG-SA-COE；③ESG-Beta-COE；④ESG-SA-Beta-COE。其中，①为直接效应（包含其他未纳入考查范围的中介效应），②、③、④是间接效应，②、③是一般中介效应，④是链式中介效应；①、②、③、④共同构成联合中介效应。从理论上讲，链式中介路径也可能是 ESG-Beta-SA-COE，即存在通过系统风险影响融资约束的传导机制。一般认为，企业的基本面最终决定其证券的系统风险而不是相反（吴武清等，2012），因此，本书将沿用这一思路开展余下的研究。

基于第 4 章研究结论，同时根据前文理论推演，本书提出如下

第5章 ESG表现对权益资本成本影响的中介效应研究

假设：

假设5-3：ESG表现与权益资本成本之间存在以融资约束、系统风险为路径的联合中介效应，该效应包含融资约束、系统风险、融资约束—系统风险三条间接路径以及直接路径。

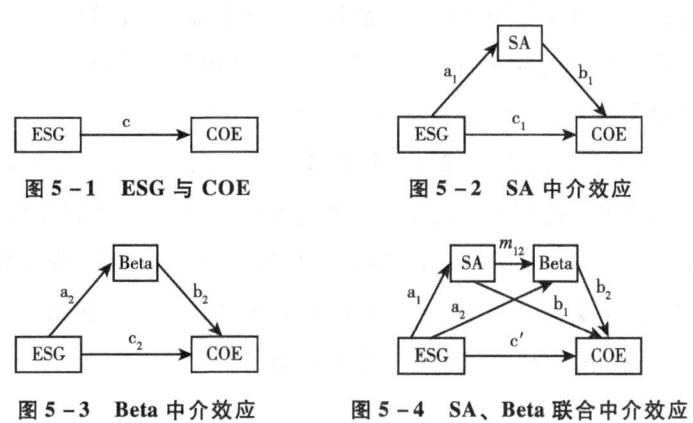

图5-1　ESG与COE

图5-2　SA中介效应

图5-3　Beta中介效应

图5-4　SA、Beta联合中介效应

5.2　实证方案设计

5.2.1　研究变量定义

（1）因变量

本章的被解释变量COE是根据CAPM模型计算出来的期望收益率，具体计算方法见第2章模型2-1及其说明。

（2）自变量

本章所采用的自变量是彭博ESG评分，具体内容参见第4章4.2.1小节。

（3）中介变量

本章融资约束的代理变量为SA指数。借鉴哈德洛克和皮尔斯（Hadlock & Pierce，2010）、余明桂等（2019）做法，采用企业规模和企业年龄两个随事件变化不大且具有很强外生性的变量构建 SA 指数。具体计算见公式（2-12）：

$$SA_{it} = -0.737 \times Size_{it} + 0.043 \times Size_{it}^2 - 0.040 \times Age_{it} \qquad 式（2-12）$$

其中，$Size_{it}$单位一般为百万元。此处 SA 指数计算中，先把单位为元的经过通胀调整的企业总资产数据处理成单位为百万元的数据再计算，即$Size_{it}$ = ln[企业总资产真实值（单位：元）/100 万]，Age_{it} = 企业上市年限。哈德洛克和皮尔斯（Hadlock & Pierce，2010）在计算 SA 指数时对$Size_{it}$和Age_{it}在 95% 分位数以上进行了截断处理，考虑到我国数据的情况，先用上述原始的$Size_{it}$和Age_{it}计算原始 SA 指数，然后对此原始 SA 指数在 99% 分位数处进行截断处理（鞠晓生等，2013；余明桂等，2019）。根据余明桂等（2019）的观点，SA 值越大，表示企业面临的融资约束程度越高。

(4) 控制变量

本章采用控制变量与前文相同，具体内容参见第 4 章表 4-2。

5.2.2 实证模型构建

(1) 基于融资约束中介的 ESG 表现与权益资本成本

为了检验假设 5-1，即考察 ESG 表现（ESG）与权益资本成本（COE）之间基于融资约束（SA）为路径的中介效应（见图 5-2），参考巴伦和肯尼（Baron & Kenny，1986）、温忠麟等（2004）提出的递归法，考察 ESG 表现是否能够通过缓解企业融资约束的状况降低权益资本成本。递归法的第一步——ESG 表现对权益资本成本的影响是开展本节研究的基础（温忠麟等，2004），而该影响在第 4 章已经得到验证（参见第 4 章相关结论），此处直接引用模型 4-1 作为递归法的第一步。对于递归法的第二步，即检验 ESG 表现对中介变量融资约束的影响，本节建立模型 5-1 作为递归法的第二步。对于递归法的第三步，即检验 ESG 表现与中介变量融资约束对权益资本成本的影响，本节建立模型 5-2，并将模型组汇总如下：

$$COE_{it} = \varphi_0 + \mu_i + \varphi_1 ESG_{it} + \varphi C + \sum IND_{it} + \sum Year_{it} + \varepsilon_{it}$$

式（4-1）

$$SA_{it} = \beta_0 + \mu_i + \beta_1 ESG_{it} + \beta C + \sum IND_{it} + \sum Year_{it} + \varepsilon_{it}$$

式（5-1）

$$COE_{it} = \gamma_0 + \mu_i + \gamma_1 ESG_{it} + \gamma_2 SA_{it} + \gamma C + \sum IND_{it} + \sum Year_{it} + \varepsilon_{it}$$

式（5-2）

模型 4-1 中，COE_{it} 为因变量权益资本成本；ESG_{it} 为自变量 ESG 表现；C 为控制变量矩阵；φ_0 为模型的截距项；μ_i 为个体效应；φ_1 为自变量回归系数；φ 为控制变量系数向量；$\sum IND_{it}$ 代表行业效应；$\sum Year_{it}$ 代表时间效应，即财政政策、利率、汇率、通胀等的冲击；ε_{it} 代表随机扰动项。关键系数 φ_1。

模型 5-1 中，SA_{it} 代表中介变量融资约束；β_0 代表模型截距项；β_1 为自变量回归系数；β 为控制变量系数向量；μ_i、ESG_{it}、C、$\sum IND_{it}$、$\sum Year_{it}$、ε_{it} 的定义同模型 4-1。关键系数 β_1。

模型 5-2 中，γ_0 为模型截距项；γ 为控制变量系数向量；γ_1 为自变量回归系数；γ_2 为中介变量回归系数；COE_{it}、μ_i、ESG_{it}、SA_{it}、C、$\sum IND_{it}$、$\sum Year_{it}$、ε_{it} 的定义同模型 5-1。关键系数为 γ_1、γ_2。

本模型组关键系数为 φ_1、β_1、γ_1、γ_2，其中，φ_1、β_1 通过显著性检验是前提条件，在此基础之上开展讨论：如果 γ_2 显著，那么表明 ESG 表现与权益资本成本之间存在以融资约束为路径的中介效应。在此情况下，若 γ_1 不显著，那么表明此中介效应为完全中介效应；若 γ_1 显著，那么表明此中介效应为部分中介效应。根据经典文献，相关系数的定义以及相关路径效应的计算见表 5-1。

表 5-1　　　　　　　　中介效应路径及效应测算

	路径	回归系数	传递系数/效应	效应占比
直接传递	ESG—COE	γ_1	c'	
间接传递	ESG—M	β_1	a	
	M—COE	φ_2	b	
直接效应	ESG—COE		c'	$\dfrac{c'}{a \cdot b + c'}$
间接效应	ESG—M—COE		$a \cdot b$	$\dfrac{a \cdot b}{a \cdot b + c'}$
总效应	ESG—COE		$a \cdot b + c'$	

注：M 代表中介变量；a、b 为传递系数，$a \cdot b$ 为中介效应，c' 为直接效应，$a \cdot b + c'$ 为总效应，与经典文献的提法一致。

(2) 基于系统风险中介的 ESG 表现与权益资本成本

为了检验假设 5-2，即测试 ESG 表现与权益资本成本（COE）之间基于系统风险（Beta）为路径的中介效应（见图 5-3），本节借鉴前文的做法，援引模型 4-1 作为第一步，将模型 5-1、模型 5-2 中的融资约束（SA_{it}）替换为系统风险（$Beta_{it}$）以建立模型 5-3、5-4，并将模型组汇总如下：

$$COE_{it} = \varphi_0 + \mu_i + \varphi_1 ESG_{it} + \varphi C + \sum IND_{it} + \sum Year_{it} + \varepsilon_{it}$$
式（4-1）

$$Beta_{it} = \beta_0 + \mu_i + \beta_1 ESG_{it} + \beta C + \sum IND_{it} + \sum Year_{it} + \varepsilon_{it}$$
式（5-3）

$$COE_{it} = \gamma_0 + \mu_i + \gamma_1 ESG_{it} + \gamma_2 Beta_{it} + \gamma C + \sum IND_{it} + \sum Year_{it} + \varepsilon_{it}$$
式（5-4）

其中，模型中 $Beta_{it}$ 代表系统风险，其余各符号的定义、中介效应的判定以及各路径/效应的计算均同前文。

(3) 基于融资约束、系统风险联合中介的 ESG 表现与权益资本成本

基于前文研究，ESG 表现（ESG）与权益资本成本（COE）之间可能存在的基于融资约束（SA）、系统风险（Beta）为路径的联合

中介效应。根据图 5-4，该联合中介效应包含 ESG 对 SA 的影响，ESG、SA 对 Beta 的影响以及 ESG、SA、Beta 对 COE 的影响三个步骤。为了检验该联合中介效应，本书借鉴温忠麟等（2004）提出的多层递归法进行检验。多层回归的第一步，即 ESG 表现对融资约束的影响已经在前文建模（参见模型 5-1），本书在验证过程中直接援引模型 5-1 作为联合中介效应的第一步，将多层递归模型的第二步，即 ESG 表现与融资约束（SA）对系统风险（Beta）的影响建立模型 5-5；就多层递归模型的第三步，即 ESG 表现、融资约束（SA）与系统风险（Beta）对权益资本成本的影响建立模型 5-6。

$$SA_{it} = \beta_0 + \mu_i + \beta_1 ESG_{it} + \beta C + \sum IND_{it} + \sum Year_{it} + \varepsilon_{it}$$
式（5-1）

$$Beta_{it} = \delta_0 + \mu_i + \delta_1 ESG_{it} + \delta_2 SA_{it} + \delta C + \sum IND_{it} + \sum Year_{it} + \varepsilon_{it}$$
式（5-5）

$$COE_{it} = \varphi_0 + \mu_i + \varphi_1 ESG_{it} + \varphi_2 SA_{it} + \varphi_3 Beta_{it} + \varphi C + \sum IND_{it} + \sum Year_{it} + \varepsilon_{it}$$
式（5-6）

其中，δ_0、φ_0 分别为模型截距项；δ、φ 分别是控制变量系数向量；其余符号的定义同前文。本模型关键系数为 β_1、δ_1、δ_2、φ_1、φ_2 以及 φ_3，它们与路径之间的关系以及相关效应的计算见表 5-2。

表 5-2　　　　　　　联合中介效应路径及效应测算

	路径	回归系数	传递系数/效应
直接传递	ESG—COE	φ_1	c'
间接传递	ESG—M_1	β_1	a_1
	ESG—M_2	δ_1	a_2
	M_1—M_2	δ_2	m_{12}
	M_1—COE	φ_2	b_1
	M_2—COE	φ_3	b_2
直接效应	ESG—COE		c'

续表

	路径	回归系数	传递系数/效应
间接效应	ESG—M_1—COE		$a_1 \cdot b_1$
	ESG—M_2—COE		$a_2 \cdot b_2$
	ESG—M_1—M_2—COE		$a_1 \cdot m_{12} \cdot b_2$
总效应	ESG—COE		$c' + a_1 \cdot b_1 + a_2 \cdot b_2 + a_1 \cdot m_{12} \cdot b_2$

注：M_1、M_2分别代表融资约束（SA）、系统风险（Beta）；传递系数中的符号与图5-4中各路径以及相应的效应符号对应，与经典文献的提法一致。

5.2.3 样本选择和数据来源

样本数据来源、筛选标准、处理方法同前文。详见第4章。

5.2.4 数据的描述性统计

（1）融资约束的描述性统计

我们对融资约束进行描述性统计（见表5-3）。

表5-3　　　　融资约束的统计性特征

年份	数量	均值	标准差	极小值	25分位	中值	75分位	极大值
2011	563	-3.608	0.225	-4.270	-3.775	-3.621	-3.491	-3.022
2012	657	-3.641	0.228	-4.311	-3.799	-3.651	-3.519	-3.022
2013	712	-3.679	0.232	-4.395	-3.835	-3.678	-3.555	-3.022
2014	725	-3.714	0.235	-4.395	-3.872	-3.718	-3.593	-3.022
2015	868	-3.744	0.232	-4.395	-3.889	-3.756	-3.615	-3.022
2016	802	-3.774	0.242	-4.395	-3.926	-3.797	-3.639	-3.022
2017	830	-3.802	0.251	-4.395	-3.958	-3.830	-3.672	-3.022
2018	864	-3.827	0.259	-4.395	-3.996	-3.857	-3.679	-3.022
2019	945	-3.856	0.265	-4.395	-4.027	-3.884	-3.710	-3.022
2020	978	-3.875	0.274	-4.395	-4.054	-3.908	-3.718	-3.022
2021	991	-3.893	0.285	-4.395	-4.079	-3.928	-3.739	-3.022
总计	8935	-3.779	0.266	-4.395	-3.956	-3.795	-3.624	-3.022

第5章 ESG表现对权益资本成本影响的中介效应研究

从整体上看，融资约束的平均数 -3.779、中位数 -3.795，标准差 0.266；从年份看，2011年的平均数为 -3.608（最高）、中位数为 -3.621（最高），2021年的平均数为 -3.893（最低）、中位数为 -3.928（最低）。如图 5-5 所示，两者变化趋于一致，平均数从 2011 年最高点的 -3.608 下降到 2021 年最低点的 -3.893（中位数的最高点是 2011 年的 -3.621，最低点是 2021 年的 -3.928）。融资约束的总体趋势呈小幅下降（见图 5-5 中的虚线部分）。

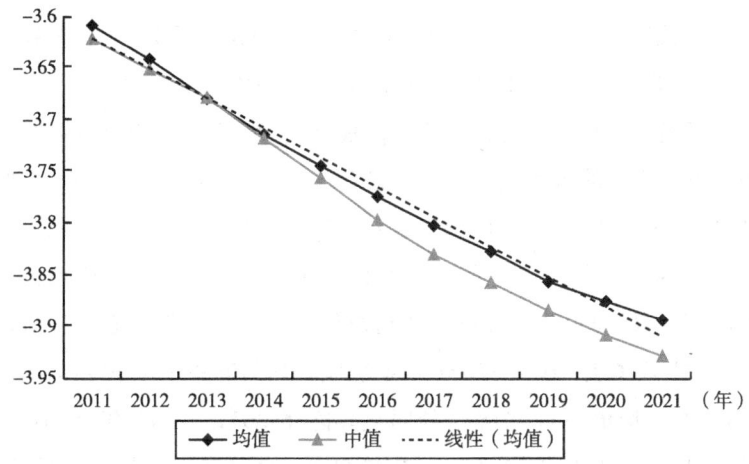

图 5-5 融资约束的均值、中值及均值变化趋势

（2）系统风险的描述性统计

我们对系统风险进行描述性统计，见表 5-4。

表 5-4　　　　　系统风险（Beta）的统计性特征

年份	数量	均值	标准差	极小值	25分位	中值	75分位	极大值
2011	563	1.141	0.257	0.426	0.954	1.147	1.330	1.771
2012	657	1.188	0.283	0.403	0.999	1.194	1.386	1.926
2013	712	1.101	0.246	0.327	0.940	1.108	1.273	1.858
2014	725	1.019	0.234	0.352	0.868	0.995	1.171	1.936
2015	868	1.150	0.179	0.322	1.065	1.185	1.277	1.474
2016	802	1.135	0.234	0.287	0.995	1.152	1.292	1.881

续表

年份	数量	均值	标准差	极小值	25分位	中值	75分位	极大值
2017	830	1.241	0.447	0.269	0.934	1.251	1.556	2.291
2018	864	1.082	0.251	0.269	0.908	1.097	1.262	1.891
2019	945	1.084	0.266	0.269	0.910	1.082	1.252	2.244
2020	978	1.022	0.290	0.269	0.829	0.993	1.197	1.985
2021	991	0.859	0.452	0.269	0.504	0.779	1.140	2.291
总计	8935	1.085	0.319	0.269	0.886	1.099	1.287	2.291

根据表5-4，从总体上看，样本公司系统风险的平均数和中位数分别是1.085和1.099，标准差为0.319；从年份看，最高年份（2017年）的平均数是1.241，最低年份（2021年）的平均数是0.859，两者的差距为0.382，最高年份是最低年份的144.47%；中位数最大值为1.251（2017年），最小值为0.779（2021年），数值差距0.472，最高年份是最低年份的160.59%。此外，样本公司系统风险平均数和中位数在统计年份总体稳定，以1为中心上下波动。

图5-6是2011—2021年系统风险均值和中值变化趋势图。从整体上看，均值下降趋势十分明显。除了2011—2012年、2014—2015年、2016—2017年均值为上升趋势外，其余各年份均为下降趋势。

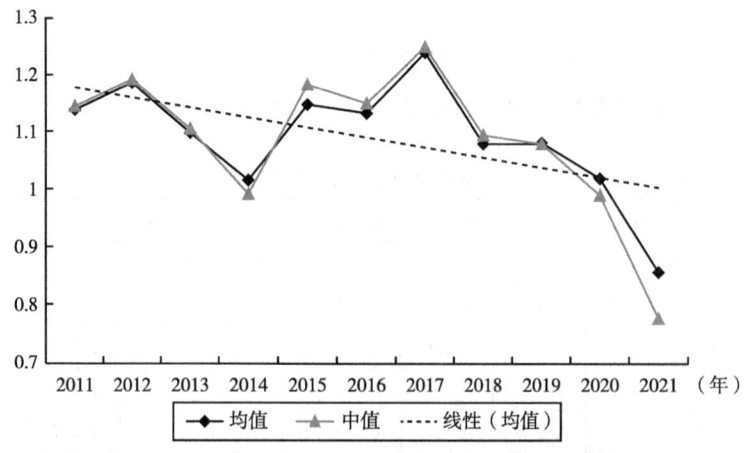

图5-6 系统风险的均值、中值及均值变化趋势

其中，2020—2021 年下降幅度最大，为 15.95%，其次是 2017—2018 年，下降幅度为 12.81%。中位数的走势与均值的走势基本相同。总体说来，系统风险的趋势是下降的。

5.3 实证结果与分析

5.3.1 单变量分析

（1）融资约束与 ESG 表现单变量检验

于蔚等（2012）研究发现，与政府关系良好可以缓解企业融资约束的状况。在我国特有的制度背景下，国企就是政府某些职能的延伸，在同等条件下其受到的融资约束状况与非国企有很大的不同。为了消除产权性质差异可能给单变量分析造成的干扰，本书在进行融资约束的单变量分析时，按如下规则分组，首先，按 ESG 表现划分为高 ESG 表现组与低 ESG 表现组（Panel A）；其次，分别对国企子样本和非国企子样本按同样的方法划分高 ESG 表现组与低 ESG 表现组（Panel B 和 Panel C）；最后，直接将企业按公司性质划分为国企组和非国企组（Panel D）。结果见表 5-5。均值差异、中值差异分别采用 T 检验、秩和检验。

表 5-5 融资约束与 ESG 表现单变量分析（按产权性质）

分组类型	观测数	均值	均值差	T 值	观测数	中值	中值差	Z 值
Panel A：全样本								
高 ESG 表现	4000	-3.795	-0.037***	-6.615	4626	-3.838	-0.094***	-15.355
低 ESG 表现	5262	-3.758			4636	-3.744		
Panel B：国企子样本组								
高 ESG 表现	2021	-3.758	0.018**	2.125	2279	-3.835	-0.070***	-5.195
低 ESG 表现	2557	-3.777			2299	-3.764		

续表

分组类型	观测数	均值	均值差	T值	观测数	中值	中值差	Z值
Panel C：非国企子样本组								
高ESG表现	1966	-3.835	-0.096***	-13.430	2339	-3.837	-0.123***	-15.987
低ESG表现	2718	-3.739			2345	-3.714		
Panel D：国企子样本和非国企子样本								
国企子样本	4578	29.003	0.993***	5.283	4578	28.096	1.127***	5.829
非国企子样本	4684	28.011			4684	26.969		

注：上标***、**分别表示差值在1%、5%的水平通过了显著性检验。

根据表5-5汇总的结果，在全样本组，高ESG表现企业融资约束的均值和中值都在1%的水平显著低于低ESG表现组；在国企子样本组，高ESG表现企业融资约束的中值在1%的水平上显著低于低ESG表现组；在非国企子样本，高ESG表现企业融资约束的均值和中值都在1%的水平上显著低于低ESG表现组。这初步验证了理论预期，即ESG表现的提升有助于缓解企业的融资约束状况；而在国企子样本组（Panel B）中，高ESG表现组的均值在5%的显著性水平高于低ESG表现组，与理论预期相反。不同组别或同一组别相互矛盾的结果可能源于面板数据的个体效应，在后续研究中需要仔细分析研判。

在国企和非国企子样本配对（Panel D）中，国企与非国企ESG表现的均值差异、中值差异都通过了1%的显著性水平检验，国企的ESG表现明显优于非国企，与前文的理论推演一致。这表明在生态文明建设的大背景下，国企对政策、制度和法律的响应、执行和遵守优于非国企。

本书在进行融资约束与ESG表现的单变量分析时，首先，将全样本（Panel F）按ESG表现划分为高、低ESG表现组；其次，分别对东部、中西部地区子样本按同样的方法划分为高、低ESG表现组（Panel G和Panel H）；最后，按地区差异将企业直接划分为东部、中西部地区企业组（Panel I）。各组分析结果见表5-6。

表 5-6　　融资约束与 ESG 表现单变量分析（按区域）

分组类型	观测数	均值	均值差	T 值	观测数	中值	中值差	Z 值
Panel E：全样本								
高 ESG 表现	4000	-3.795	-0.037***	-6.615	4626	-3.838	-0.094***	-15.355
低 ESG 表现	5262	-3.758			4636	-3.744		
Panel F：东部地区子样本组								
高 ESG 表现	2705	-3.767	-0.018**	-2.579	3205	-3.828	-0.094***	-10.926
低 ESG 表现	3719	-3.749			3219	-3.734		
Panel G：中西部地区子样本组								
高 ESG 表现	1321	-3.861	-0.089***	-10.276	1419	-3.876	-0.120***	-11.101
低 ESG 表现	1517	-3.772			1419	-3.756		
Panel H：东部子样本和中西部子样本								
东部子样本	6424	28.802	0.982***	4.818	6424	27.583	0.387***	4.008
中西部子样本	2838	27.820			2838	27.195		

注：上标 ***、** 分别表示差值在 1%、5% 的水平通过了显著性检验。

通过对均值差异采用 T 检验、对中值差异采用秩和检验，我们发现在全样本（Panel E），高、低 ESG 表现企业的融资约束的均值、中值差都通过了 1% 显著性水平检验；在东部地区子样本组（Panel F），高、低 ESG 表现企业的融资约束的均值、中值差异分别通过了 5%、1% 的显著性水平检验；在中西部地区企业子样本组（Panel G），高、低 ESG 表现企业的权益资本成本的均值、中值差都通过了 1% 的显著性水平检验，表明一个企业提升自己的 ESG 表现可以缓解其融资约束状况，从侧面验证了本章的理论预期。在东部、中西部子样本配对中（Panel H），企业 ESG 表现的均值和中值差分都通过了 1% 的显著性水平检验，表明地区差异的确存在。东部地区企业更加注重环保和可持续发展，对政策、制度和法律的响应、执行和遵守优于中西部地区企业，并取得良好的成效。

（2）权益资本成本与融资约束单变量检验

同前文，考虑到国企是中国特有的经济形式，与政府关系良好可以缓解企业融资约束（于蔚等，2012）。因此，本书在进行权益资本成本与融资约束的单变量分析时，按如下规则分组，首先，按融资约束划分为高 SA 状况组与低 SA 状况组（Panel A）；其次，分别对国企子样本和非国企子样本按同样的方法划分高 SA 状况组与低 SA 状况组（Panel B 和 Panel C）；最后，直接将企业按公司性质划分为国企组和非国企组（Panel D）。

我们在单变量分析时对均值差异采用 T 检验、对中值差异采用秩和检验。分析结果见表 5-7。无论是在全样本（Panel A）还是国企子样本组（Panel B），高 SA 状况企业权益资本成本的均值和中值都在 1% 的水平显著低于低 SA 状况组，在非国企子样本组，高 SA 状况企业权益资本成本的中值在 5% 的水平显著低于低 SA 状况组，与理论预期相反。主要原因可能在于面板数据存在较强的个体效应，而单变量检验没有控制这些因素的影响。

表 5-7　权益资本成本与融资约束单变量分析（按产权性质）

分组类型	观测数	均值	均值差	T 值	观测数	中值	中值差	Z 值
Panel A：全样本								
高 SA 状况	4239	0.083	-0.015***	-3.178	4477	0.060	-0.048***	-5.574
低 SA 状况	4715	0.099			4477	0.107		
Panel B：国企子样本组								
高 SA 状况	2041	0.075	-0.019***	-2.838	2257	0.055	-0.049***	-4.707
低 SA 状况	2474	0.095			2258	0.104		
Panel C：非国企子样本组								
高 SA 状况	2195	0.092	-0.010	-1.439	2219	0.082	-0.031**	-2.636
低 SA 状况	2244	0.102			2220	0.113		
Panel D：国企子样本和非国企子样本								
国企子样本	4515	-3.772	0.015**	2.683	4515	-3.800	-0.010	-0.528
非国企子样本	4439	-3.787			4439	-3.791		

注：上标 ***、** 分别表示差值在 1%、5% 的水平通过了显著性检验。

在国企子样本和非国企子样本组（Panel D），国企、非国企融资约束的均值差在 5% 的水平通过显著性检验，与理论预期相反。主要原因可能在于面板数据存在较强的个体效应,而单变量检验没有考虑这些因素的影响。

本书在进行权益资本成本与融资约束的单变量分析时,首先,将全样本(Panel E)按 SA 划分为高、低 SA 状况组;其次,分别对东部、中西部地区子样本按同样的方法划分为高、低 SA 状况组(Panel F 和 Panel G);最后,按地区差异将企业直接划分为东部、中西部地区企业组(Panel H)。各组分析结果见表 5-8,对于均值差异我们采用 T 检验,对于中值差异我们采用秩和检验。

表 5-8 权益资本成本与融资约束单变量分析(按区域)

分组类型	观测数	均值	均值差	T 值	观测数	中值	中值差	Z 值
Panel E:全样本								
高 SA 状况	4239	0.083	-0.015***	-3.178	4477	0.060	-0.048***	-5.574
低 SA 状况	4715	0.099			4477	0.107		
Panel F:东部地区子样本组								
高 SA 状况	2899	0.083	-0.018***	-3.145	3089	0.059	-0.046***	-4.955
低 SA 状况	3279	0.101			3089	0.104		
Panel G:中西部地区子样本组								
高 SA 状况	1373	0.084	-0.010	-1.184	1388	0.061	-0.053**	-2.744
低 SA 状况	1403	0.094			1388	0.114		
Panel H:东部子样本和中西部子样本								
东部子样本	6178	-3.762	0.057***	9.341	6178	-3.787	0.036***	7.461
中西部子样本	2776	-3.818			2776	-3.823		

注:上标***、**分别表示差值在1%、5%的水平通过了显著性检验。

根据表 5-8 检验结果,在全样本(Panel E)以及东部地区子样本组(Panel F),高、低 SA 状况企业的权益资本成本的均值、中值差都通过了 1% 的显著性水平检验;在中西部地区企业子样本组(Panel G),高、低 SA 状况企业的权益资本成本的均值差异不显著,中值差通过了 5% 的显著性水平检验,与理论预期相反。主要原因可能在于面板数据存在较强的个体效应,而单变量检验没有考虑这些因素的影响。

在东部、中西部子样本配对中（Panel II），东部、中西部地区企业融资约束的均值和中值差分别通过了1%的显著性水平检验，表明融资约束的地区差异的确存在。由于金融资源配置水平促进了经济高质量发展收敛，具体表现为边际效率递减的非线性特征（郭华等，2021），资本流向资本使用效率更高的中西部地区，导致东部地区企业的融资约束相较于中西部地区更高。

（3）系统风险与 ESG 表现单变量检验

同前文，本章在进行系统风险与 ESG 表现的单变量分析时，按如下规则分组，首先，按 ESG 表现划分为高 ESG 表现组与低 ESG 表现组（Panel A）；其次，分别对国企子样本和非国企子样本按同样的方法划分高 ESG 表现组与低 ESG 表现组（Panel B 和 Panel C）；最后，直接将企业按公司性质划分为国企组和非国企组（Panel D）。单变量分析结果见表 5-9。在单变量分析时，我们对均值差异采用 T 检验，对中值差异采用秩和检验。

表 5-9　系统风险与 ESG 表现单变量分析（按产权性质）

分组类型	观测数	均值	均值差	T 值	观测数	中值	中值差	Z 值
Panel A：全样本								
高 ESG 表现	3962	1.025	-0.113***	-16.737	4575	1.044	-0.105***	-16.751
低 ESG 表现	5188	1.138			4575	1.149		
Panel B：国企子样本组								
高 ESG 表现	2013	0.983	-0.139***	-15.016	2264	1.016	-0.123***	-14.107
低 ESG 表现	2540	1.122			2289	1.139		
Panel C：非国企子样本组								
高 ESG 表现	1941	1.070	-0.081***	-8.298	2295	1.073	-0.082***	-7.549
低 ESG 表现	2656	1.151			2302	1.155		
Panel D：国企子样本和非国企子样本								
国企子样本	4553	28.979	0.939***	4.975	4553	28.096	1.066***	5.493
非国企子样本	4597	28.040			4597	27.030		

注：上标 *** 表示差值在 1% 的水平通过了显著性检验。

第5章 ESG 表现对权益资本成本影响的中介效应研究

根据表 5-9 汇总的结果，无论是在全样本（Panel A）、国企子样本组（Panel B）还是非国企子样本组（Panel C），高 ESG 表现企业系统风险的均值和中值都在 1% 的水平低于低 ESG 表现组，初步验证了理论预期，即 ESG 表现的提升有助于降低企业的系统风险。

在国企样本和非国企子样本配对（Panel D）中，国企与非国企 ESG 表现的均值差异、中值差异都通过了 1% 的显著性水平检验，国企的 ESG 表现明显优于非国企，这与前文的理论推演一致。表明在生态文明建设的大背景下，国企对政策、制度和法律的响应、执行和遵守优于非国企。

本书在进行系统风险与 ESG 表现按地区差异的单变量分析时，首先将全样本（Panel F）按 ESG 表现划分为高、低 ESG 表现组；其次，分别对东部、中西部地区子样本按同样的方法划分为高、低 ESG 表现组（Panel G 和 Panel H）；最后，按地区差异将企业直接划分为东部、中西部地区企业组（Panel I）。各组分析结果见表 5-10，对于均值差异我们采用 T 检验，对于中值差异我们采用秩和检验。

根据表 5-10 检验结果，无论是在全样本（Panel E）、东部地区子样本组（Panel F）还是中西部地区子样本组（Panel G），高 ESG 表现企业系统风险的均值和中值都在 1% 的水平低于低 ESG 表现组，初步验证了理论预期，即 ESG 表现的提升有助于降低企业的系统风险。

表 5-10　系统风险与 ESG 表现单变量分析（按区域）

分组类型	观测数	均值	均值差	T 值	观测数	中值	中值差	Z 值
Panel E：全样本								
高 ESG 表现	3962	1.025	-0.113***	-16.737	4575	1.044	-0.105***	-16.751
低 ESG 表现	5188	1.138			4575	1.149		
Panel F：东部地区子样本组								
高 ESG 表现	2672	1.011	-0.130***	-15.862	3159	1.032	-0.121***	-15.171
低 ESG 表现	3661	1.141			3174	1.153		
Panel G：中西部地区子样本组								
高 ESG 表现	1312	1.055	-0.076***	-6.467	1408	1.063	-0.077***	-6.944
低 ESG 表现	1505	1.131			1409	1.141		

续表

分组类型	观测数	均值	均值差	T值	观测数	中值	中值差	Z值
Panel H：东部子样本和中西部子样本								
东部子样本	6333	28.810	0.985***	4.819	6333	27.613	0.422***	4.057
中西部子样本	2817	27.825			2817	27.190		

注：上标***表示差值在1%的水平通过了显著性检验。

在东部、中西部子样本配对中（Panel H），企业 ESG 表现的均值和中值差分都通过了 1% 的显著性水平检验，表明地区差异的确存在。东部地区企业更加注重环保和可持续发展，对政策、制度和法律的响应、执行和遵守优于中西部地区企业，并取得良好的成效。

5.3.2 模型选择检验

在回归检验之前，我们采用 F 检验来考察模型 4-1、模型 5-1—模型 5-6 是否存在个体效应、采用 Hausman 检验考察究竟是随机效应模型还是固定效应模型更能得出稳健且效用高的结论，我们把检验结果汇总到表 5-11。根据相关结果，所有模型都存在个体效应，不适宜采用混合 OLS 回归。与此同时，Hausman 检验结果表明固定效应模型回归比随机效应模型回归更为严谨可靠。有鉴于此，我们将采用固定效应模型回归并同时控制时间效应和行业效应开展研究。

表 5-11　　　　　F 检验及 Hausman 检验

模型	F值	P值	H0	Chi2	P值	H0
4-1	4.06	0	拒绝	4237.29	0	拒绝
5-1	98.90	0	拒绝	779.73	0	拒绝
5-2	7.09	0	拒绝	3175.52	0	拒绝
5-3	3.51	0	拒绝	252.34	0	拒绝
5-4	4.64	0	拒绝	5100.83	0	拒绝

续表

模型	F值	P值	H0	Chi2	P值	H0
5-5	3.73	0	拒绝	200.46	0	拒绝
5-6	7.51	0	拒绝	3307.10	0	拒绝
结论		拒绝			拒绝	

注：本书在考察 ESG 表现与权益资本成本之间基于融资约束、系统风险的中介效应、联合中介效应时，还借用了模型 4-1。本书将此因素纳入考察范围不会改变最终的模型选择。

由于本书所研究的内容样本个体数量多、时间范围短，很多文献没有考虑异方差、自相关以及截面相关等问题，存在不严谨的地方（Hoechle, 2007）。

本节采用修正 Wald 检验、Wooldridge 检验以及 Pesaran 检验考察回归模型 4-1、模型 5-1—模型 5-6 的异方差、自相关以及截面相关情况，相关结果见表 5-12。根据修正 Wald 检验结果，原假设被完全拒绝，模型 4-1、模型 5-1—模型 5-6 均存在异方差；根据 Wooldridge 检验，所有模型都拒绝原假设，表明存在组内自相关；根据 Pesaran 检验（Pesaran, 2004）[①]，所有模型均拒绝原假设，表明存在截面相关。鉴于此，本书在进行相关回归分析时将分别采用 Huber-White 稳健性回归、组内估计的稳健标准误（Arellano, 1987）、聚类稳健方差估计分别修正这三种因素的影响，并给出调整后的标准误。

表 5-12　　　　异方差自相关以及截面相关检验

模型	修正 Wald 检验			Wooldridge 检验			Pesaran 检验		
	Chi2	P值	H0	F值	P值	H0	CD值	Pr值	H0
4-1	11223.72	0	拒绝	271.21	0	拒绝	412.85	0	拒绝
5-1	78990.28	0	拒绝	1707.44	0	拒绝	502.38	0	拒绝
5-2	12286.23	0	拒绝	71.62	0	拒绝	212.06	0	拒绝

---

① 在双侧 5% 名义显著水平上进行截面相关性检验，如果 $|CD| \geq 1.96$，那么原假设被拒绝。

续表

模型	修正 Wald 检验			Wooldridge 检验			Pesaran 检验		
	Chi2	P值	H0	F值	P值	H0	CD值	Pr值	H0
5-3	6282.88	0	拒绝	288.85	0	拒绝	51.94	0	拒绝
5-4	8571.45	0	拒绝	365.73	0	拒绝	397.64	0	拒绝
5-5	7404.76	0	拒绝	262.11	0	拒绝	25.70	0	拒绝
5-6	20498.82	0	拒绝	146.014	0	拒绝	211.10	0	拒绝

注：本书在考察ESG表现与权益资本成本之间基于融资约束、系统风险的中介效应时，还借用了模型4-1；根据Pesaran检验（Pesaran，2004），在截面相关的零假设下，在双侧5%名义显著水平上进行截面相关性检验，如果$|CD| \geq 1.96$，那么拒绝H0。

5.3.3 多元回归分析

（1）融资约束中介的ESG表现对权益资本成本的影响检验

为了验证假设5-1，即检验ESG表现与权益资本成本之间是否存在以融资约束为中介的作用路径，本书采用巴伦和肯尼（Baron & Kenny，1986）以及温忠麟等（2004）提出的递归法进行中介效应检验，测试ESG表现与权益资本成本之间是否存在融资约束这一作用路径。检验过程分三步：第一步，采用模型4-1对ESG表现与权益资本成本进行回归分析，若回归系数显著，则开展第二步；否则终止检验。根据第4章相关结论，ESG表现可以显著降低企业权益资本成本，这一步已经得到验证。第二步，采用模型5-1检验ESG表现对中介变量融资约束的影响，如果结果不显著，那么终止检验。只有当结果显著时，才继续下一步。第三步，采用模型5-2检验ESG表现、融资约束（中介变量）对权益资本成本的影响，只有融资约束的回归系数显著，才表明ESG表现与权益资本成本之间存在中介效应；否则没有中介效应存在。在融资约束回归系数显著的前提下，如果ESG表现的回归系数不显著，那么此中介效应为完全中介效应；如果ESG表现的回归系数显著，那么此中介效应为不完全中介效应。根据现有研究成果，递归模型被认为在各种中介效应检验方法中检验

力是最低的 (Fritz & MacKinnon, 2007; Hayes, 2009), 该法难以检测弱中介效应, 因此中介效应显著性的结论是不应该被质疑的 (温忠麟和叶宝娟, 2014)。相关结果见表 5-13。

表 5-13 基于融资约束中介的 ESG 表现与权益资本成本

(递归法)

变量	第一步 COE	第二步 SA	第三步 COE
ESG	-1.128*** (0.042)	-0.414*** (0.015)	-0.955*** (0.044)
SA			0.417*** (0.032)
Size	-3.533*** (0.658)	-0.955*** (0.233)	-3.135*** (0.652)
Growth	-5.099*** (0.709)	-0.267 (0.250)	-4.988*** (0.701)
Top1	25.303*** (4.390)	5.027*** (1.551)	23.205*** (4.345)
Top10	-12.352*** (3.396)	11.828*** (1.200)	-17.287*** (3.380)
Indirector	-7.581 (6.284)	-5.885** (2.220)	-5.125 (6.219)
Stat	1.216 (1.713)	-1.081* (0.605)	1.667 (1.694)
Big4	4.121** (1.729)	0.103 (0.611)	4.079** (1.710)
LEV	2.236 (2.764)	2.092** (0.977)	1.363 (2.735)
BTM	2.345*** (0.198)	0.179** (0.070)	2.270*** (0.196)

续表

变量	第一步 COE	第二步 SA	第三步 COE
Fund	15.285*** (3.688)	0.295 (1.303)	15.162*** (3.648)
Legal	1.848 (1.933)	-0.280 (0.683)	1.965 (1.912)
DTS	-95.809*** (20.178)	-115.701*** (7.129)	-47.530** (20.308)
Turn	2.538*** (0.217)	-0.137* (0.077)	2.595*** (0.215)
cons	128.263*** (15.040)	-351.756*** (5.313)	275.040*** (18.736)
时间效应	控制	控制	控制
行业效应	控制	控制	控制
N	8481	8481	8481
R^2	0.468	0.651	0.480
调整 R^2	0.397	0.604	0.410

注：表中括号内是回归系数的双尾 T 检验对应的标准误；***、**、* 分别表示对应系数的显著性水平为 1%、5%、10%。

表 5-13 回归结果表明，ESG 表现能够显著缓解企业的融资约束状况，回归系数为 -0.414，显著性水平三颗星（见表 5-13 第 2 栏），即 a = -0.414，在 1% 的水平通过显著性检验；融资约束对权益资本成本有显著影响，回归系数为 0.417，显著性水平三颗星（见表 5-13 第 3 栏），即 b = 0.417，在 1% 的水平通过显著性检验；ESG 表现的回归系数 -0.955，显著性水平三颗星（见表 5-13 第 3 栏），即 c' = -0.955，在 1% 的水平通过显著性检验。按模型设定，间接效应 a·b = -0.173，直接效应 c' = -0.955，总效应 a·b + c' = -1.128，与第一步 ESG 表现的效应（见表 5-13 第 1 栏回归系数）在四舍五入范围内是一致。相关结果汇总于表 5-14。

第5章 ESG 表现对权益资本成本影响的中介效应研究

表 5-14 基于融资约束中介的 ESG 表现与权益资本成本
（效应测算）

	路径	系数/效应	系数	效应	效应占比
直接路径	ESG—COE	c'	-0.955		
间接路径	ESG—SA	a	-0.414		
	SA—COE	b	0.417		
直接效应	ESG—COE	c'		-0.955	84.66%
间接效应	ESG—SA—COE	$a \cdot b$		-0.173	15.34%
总效应	ESG—COE	$c' + a \cdot b$		-1.128	100.00%

根据递归法的判定规则，由于第三步检验中 ESG 和 SA 的系数同时显著，此为部分中介效应。根据表 5-14，间接效应占比 15.34%，直接效应占比 84.66%。以上实证结果表明，ESG 表现与权益资本成本之间存在以融资约束为路径的中介效应，假设 5-1 得到验证。为了寻找更多的经验证据以证实 ESG 表现与权益资本成本之间存在以融资约束为路径的中介效应，本书还将在稳健性检验中分别采用 Sobel 检验和 Bootstrap 检验以获取更多的相关证据。

（2）系统风险中介的 ESG 表现对权益资本成本的影响检验

为了验证假设 5-2，探讨 ESG 表现与权益资本成本之间是否存在通过降低系统风险降低企业权益资本成本的作用路径，本书在参考巴伦和肯尼（Baron & Kenny, 1986）的做法的同时，借鉴温忠麟等（2004）提出的递归法进行测试，检验是否存在基于系统风险中介的 ESG 表现与权益资本成本。采用递归法进行中介效应检验的步骤同前文：第一步，采用模型 4-1 检验 ESG 表现对权益资本成本的影响，根据第 4 章相关结论，ESG 表现可以显著降低企业权益资本成本，这一步已经得到验证；第二步，采用模型 5-3 检验 ESG 表现对系统风险的影响；第三步，采用模型 5-4 检验 ESG 表现、系统风险对于权益资本成本的影响。根据以上各步骤回归系数显著性水平对中介效应进行组合判定。相关回归结果见表 5-15。

根据表 5-15，ESG 表现能够显著降低企业证券的系统风险，回归

系数为 -0.448（见第二步），显著性水平三颗星，即 a = -0.448，在 1% 的水平通过显著性检验；系统风险显著影响权益资本成本，回归系数为 0.038（见第三步），显著性水平三颗星，即 b = 0.038，在 1% 的水平通过显著性检验；ESG 表现的回归系数为 -1.111（见第三步），显著性水平三颗星，即 c′ = -1.111，在 1% 的水平通过显著性检验。间接效应 a·b = -0.017，直接效应 c′ = -1.111，总效应 a·b + c′ = -1.128，与第一步中 ESG 的回归系数一致。相关结果见表 5-16。

表 5-15 基于系统风险中介的 ESG 表现和权益资本成本
（递归法）

变量	第一步 COE	第二步 Beta	第三步 COE
ESG	-1.128*** (0.042)	-0.448*** (0.059)	-1.111*** (0.043)
Beta			0.038*** (0.008)
Size	-3.533*** (0.658)	6.512*** (0.917)	-3.782*** (0.660)
Growth	-5.099*** (0.709)	-1.244 (0.987)	-5.052*** (0.708)
Top1	25.303*** (4.390)	5.086 (6.115)	25.109*** (4.384)
Top10	-12.352*** (3.396)	-9.651** (4.730)	-11.984*** (3.392)
Indirector	-7.581 (6.284)	-7.751 (8.754)	-7.285 (6.276)
Stat	1.216 (1.713)	-5.434** (2.386)	1.423 (1.711)
Big4	4.121** (1.729)	7.484*** (2.408)	3.836** (1.728)
LEV	2.236 (2.764)	-12.450*** (3.851)	2.711 (2.763)
B2M	2.345*** (0.198)	0.859*** (0.276)	2.312*** (0.198)

续表

变量	第一步 COE	第二步 Beta	第三步 COE
Fund	15.285*** (3.688)	-3.260 (5.138)	15.409*** (3.683)
Legal	1.848 (1.933)	4.974* (2.692)	1.659 (1.931)
DTS	-95.809*** (20.178)	-40.122 (28.108)	-94.280*** (20.154)
Turn	2.538*** (0.217)	5.077*** (0.302)	2.344*** (0.221)
cons	128.263*** (15.040)	-33.629 (20.950)	129.545*** (15.022)
时间效应	控制	控制	控制
行业效应	控制	控制	控制
N	8481	8481	8481
R^2	0.468	0.176	0.470
调整 R^2	0.397	0.066	0.398

注：表中括号内是回归系数的双尾 T 检验对应的标准误；***、**、*分别表示对应系数的显著性水平为 1%、5%、10%。

表 5-16　基于系统风险中介的 ESG 表现与权益资本成本

（效应测算）

	路径/效应	系数/效应	系数	效应	效应占比
直接路径	ESG—COE	c′	-1.111		
间接路径	ESG—Beta	a	-0.448		
	Beta—COE	b	0.038		
直接效应	ESG—COE	c′		-1.111	98.49%
间接效应	ESG—Beta—COE	a·b		-0.017	1.51%
总效应	ESG—COE	c′+a·b		-1.128	100.00%

根据递归法的判定标准，由于第三步检验中 ESG 和 Beta 的系数同时显著，此为部分中介效应。根据表 5-16，直接效应占比 98.49%，间接效应占比 1.51%。这就验证了假设 5-2，ESG 表现与权益资本

成本之间存在以系统风险为路径的中介效应。文献研究表明，递归法（即逐步回归法）的检验力被认为是最低的（Fritz & MacKinnon, 2007; Hayes, 2009），因此采用递归法的检验结果也是最有效的。为了找寻更多有说服力的证据，以证实 ESG 表现与权益资本成本之间存在以系统风险为路径的中介效应，本书还将在稳健性检验中分别采用 Sobel 检验和 Bootstrap 检验以获取更多的相关证据。

（3）融资约束与系统风险联合中介的 ESG 表现对权益资本成本影响检验

为了检验 ESG 表现与权益资本成本之间基于融资约束和系统风险为路径的联合中介效应，本节采用多层递归法（温忠麟等，2004），并根据表 5-2 所示方法进行测算，因为该方法的偏差最小（方杰和温忠麟，2018）。具体结果见表 5-17。

表 5-17　融资约束与系统风险联合中介效应检验（递归法）

变量	第一步 SA	第二步 Beta	第三步 COE
ESG	-0.414*** (0.015)	-0.263*** (0.062)	-0.948*** (0.044)
SA		0.448*** (0.045)	0.405*** (0.033)
Beta			0.026*** (0.008)
Size	-0.955*** (0.233)	6.940*** (0.912)	-3.318*** (0.654)
Growth	-0.267 (0.250)	-1.125 (0.981)	-4.958*** (0.701)
Top1	5.027*** (1.551)	2.835 (6.080)	23.130*** (4.342)
Top10	11.828*** (1.200)	-14.947*** (4.730)	-16.892*** (3.381)
Indirector	-5.885** (2.220)	-5.116 (8.702)	-4.990 (6.215)

续表

变量	第一步 SA	第二步 Beta	第三步 COE
Stat	-1.081* (0.605)	-4.950** (2.371)	1.798 (1.694)
Big4	0.103 (0.611)	7.438*** (2.393)	3.882** (1.710)
LEV	2.092** (0.977)	-13.387*** (3.827)	1.717 (2.736)
BTM	0.179** (0.070)	0.779*** (0.274)	2.250*** (0.196)
Fund	0.295 (1.303)	-3.392 (5.105)	15.251*** (3.646)
Legal	-0.280 (0.683)	5.099* (2.675)	1.830 (1.911)
DTS	-115.701*** (7.129)	11.676 (28.416)	-47.839** (20.295)
Turn	-0.137* (0.077)	5.138*** (0.300)	2.459*** (0.219)
cons	-351.756*** (5.313)	123.850*** (26.217)	271.766*** (18.752)
时间效应	控制	控制	控制
行业效应	控制	控制	控制
N	8481	8481	8481
R^2	0.651	0.187	0.480
调整 R^2	0.604	0.077	0.411

注：表中括号内是回归系数的双尾 T 检验对应的标准误；***、**、* 分别表示对应系数的显著性水平为 1%、5%、10%。

从表 5-17 第 1、2、3 栏回归结果来看，各相关变量（ESG、SA、Beta）回归系数均达到 1% 的显著性水平，表明各路径数据传递的有效性，也证实 ESG 表现与权益资本成本之间存在以系统风险和融资约束为路径的联合中介效应。按照表 5-2 设定的效应及占比的计算方法作出相应的汇总测算，见表 5-18。

根据表 5-18，各路径效应汇总为 -1.128，与第 4 章相关结果是一致的,这表明第 4 章研究结论的稳健性。联合中介效应各路径中,通过融资约束路径效用占比 14.89%(单独检验为 15.34%,详见本章 5.3.3);通过系统风险路径效用占比 0.67%(单独检验为 1.51%,详见本章 5.3.3);通过融资约束—系统风险路径效用占比 0.44%;直接效应占比 84.04%。在单独检验时,直接路径和间接路径都分别承担不属于本路径的其他间接路径的效应,因此当我们增加路径时,各路径分别承担不属于本路径的其他间接路径的效应就会减少,这反映在本书中,即为各路径效应占比稍有下降。

表 5-18 融资约束与系统风险联合中介效应测算(递归法)

	路径	系数/效应	系数	效应	效应占比
直接路径	ESG—COE	c'	-0.948		
间接路径	ESG—M_1	a_1	-0.414		
	ESG—M_2	a_2	-0.263		
	M_1—M_2	m_{12}	0.448		
	M_1—COE	b_1	0.405		
	M_2—COE	b_2	0.026		
直接效应	ESG—COE			-0.948	84.04%
间接效应	ESG—M_1—COE	$a_1 \cdot b_1$		-0.168	14.89%
	ESG—M_2—COE	$a_2 \cdot b_2$		-0.007	0.62%
	ESG—M_1—M_2—COE	$a_1 \cdot m_{12} \cdot b_2$		-0.005	0.44%
总效应		$c' + a_1 \cdot b_1 + a_2 \cdot b_2 + a_1 \cdot m_{12} \cdot b_2$		-1.128	100.00%

注:M_1 代表融资约束(SA),M_2 代表系统风险(Beta)。a 代表 ESG 表现与中介变量的回归系数,b 代表中介变量与权益资本成本的回归系数;m_{12} 代表中介变量 m_1 对 m_2 的回归系数;$a_1 \cdot b_1$、$a_2 \cdot b_2$ 分别代表中介变量(M_1、M_2)的间接效应,$a_1 \cdot m_{12} \cdot b_2$ 代表中介变量(M_1—M_2)的链式中介效应。效应占比为各自的效应除以总效应的商。

总的说来,联合中介效应检验表明 ESG 表现可以通过多条不同的路径降低权益资本成本,联合中介效应显著,假设 5-3 得到验证。同时从侧面验证了前文关于假设 4-2、假设 5-1、假设 5-2 验证结论的稳健性。

第5章 ESG表现对权益资本成本影响的中介效应研究

5.4 稳健性检验

为了考察相关检验结果的稳健性,我们还做了进一步的实证检验:①考虑到公司存在选择性披露的可能性,本节就ESG表现与权益资本成本之间基于融资约束、系统风险的中介效应、联合中介效应采用Heckman两阶段法进行稳健性检验;②采用Sobel检验就ESG表现与权益资本成本之间基于融资约束、系统风险的中介效应进行稳健性检验;③采用Bootstrap检验就ESG表现与权益资本成本之间基于融资约束、系统风险的中介效应、联合中介效应进行稳健性检验。

5.4.1 Heckman两阶段法

(1) 融资约束中介的Heckman两阶段法检验

根据前文论述,本书采用的自变量——彭博ESG评分可能存在因上市公司出于各种目的选择性披露相关信息造成的自选择偏误问题。为此,本节借鉴前文(参见第4章4.4.1)所采用的Heckman两阶段法,对以融资约束为路径的中介效应开展稳健性检验。关于逆米尔斯比的计算以及递归法的步骤,这里不再赘述。研究采用双向固定效应模型进行检验,具体结果见表5-19。

表5-19 基于融资约束中介的Heckman两阶段法检验
(递归法)

变量	第一步 COE	第二步 SA	第三步 COE
ESG	-1.130*** (0.042)	-0.413*** (0.015)	-0.959*** (0.044)
SA			0.4147*** (0.0324)

续表

变量	第一步 COE	第二步 SA	第三步 COE
λ	-3.482*** (0.655)	-0.975*** (0.231)	-3.078*** (0.649)
Size	-5.070*** (0.708)	-0.288 (0.250)	-4.951*** (0.701)
Growth	24.536*** (4.365)	5.484*** (1.542)	22.262*** (4.322)
Top1	-12.118*** (3.391)	11.659*** (1.198)	-16.954*** (3.376)
Top10	-7.689 (6.281)	-5.952** (2.219)	-5.220 (6.216)
Indirector	1.174 (1.713)	-1.063* (0.605)	1.615 (1.695)
Stat	4.370** (1.722)	-0.035 (0.608)	4.385** (1.704)
Big4	2.446 (2.761)	2.099** (0.975)	1.575 (2.733)
LEV	2.321*** (0.198)	0.194*** (0.070)	2.240*** (0.196)
B2M	15.388*** (3.686)	0.183 (1.302)	15.312*** (3.647)
Fund	1.864 (1.931)	-0.382 (0.682)	2.022 (1.910)
Legal	-96.051*** (20.105)	-114.477*** (7.102)	-48.574** (20.232)
DTS	2.535*** (0.217)	-0.138* (0.077)	2.592*** (0.214)
Turn	-60.200*** (1.086)	15.567*** (0.384)	-66.656*** (1.186)
cons	127.247*** (14.963)	-351.411*** (5.286)	272.988*** (18.665)

第 5 章 ESG 表现对权益资本成本影响的中介效应研究

续表

变量	第一步 COE	第二步 SA	第三步 COE
时间效应	控制	控制	控制
行业效应	控制	控制	控制
N	8498	8498	8498
R^2	0.467	0.650	0.479
调整 R^2	0.396	0.603	0.409

注:表中括号内是回归系数的双尾 T 检验对应的标准误;***、**、*分别表示对应系数的显著性水平为 1%、5%、10%。

根据表 5-19,逆米尔斯比(λ)的系数在 1%的水平通过显著性检验,这意味着因遗漏重要解释信息而导致的偏误已经得到修正。从第 1 栏至第 3 栏,自变量和中介变量的系数都在 1%的水平通过显著性检验,表明 ESG 表现和权益资本成本之间存在以融资约束为路径的中介效应。

我们把相关数据整理到表 5-20 以测算中介效应的强弱。根据表 5-20,直接效应和间接效应都有所增加,效应占比相差不大,再次验证了原结论,表明前文关于假设 5-1 研究结论的稳健性。

表 5-20 基于融资约束中介的 Heckman 两阶段法检验

(效应测算)

	路径	系数符号	回归系数	效应	效应占比
直接路径	ESG—COE	c'	-0.959		
间接路径	ESG—SA	a	-0.413		
	SA—COE	b	0.415		
直接效应	ESG—COE	c'		-0.959	84.87%
间接效应	ESG—SA—COE	$a \cdot b$		-0.171	15.13%
总效应	ESG—COE	$c' + a \cdot b$		-1.130	100.00%

注:a 是 ESG 与融资约束(SA)的回归系数,b 代表融资约束(SA)与权益资本成本(COE)的回归系数;$a \cdot b$ 代表 ESG 表现通过融资约束(SA)的间接效应;c'代表 ESG 表现的直接效应;括号内是回归系数的双尾 T 检验对应的标准误。

(2) 系统风险中介的 Heckman 两阶段法检验

同前义,本书采用的自变量——彭博 ESG 评分可能存在因上市公司出于各种目的选择性披露相关信息造成的自选择偏误问题。为此,本节借鉴前文(参见第 4 章 4.4.1)所采用的 Heckman 两阶段法,对以系统风险为路径的中介效应开展稳健性检验。相关步骤见前文,结果见表 5-21。

表 5-21 基于系统风险中介的 Heckman 两阶段法检验
（递归法）

变量	第一步 COE	第二步 Beta	第三步 COE
ESG	-1.128*** (0.042)	-0.451*** (0.059)	-1.111*** (0.043)
Beta			0.0381*** (0.0083)
λ	-3.539*** (0.658)	6.494*** (0.917)	-3.787*** (0.659)
Size	-5.103*** (0.709)	-1.249 (0.987)	-5.055*** (0.708)
Growth	25.281*** (4.389)	4.954 (6.113)	25.092*** (4.383)
Top1	-12.406*** (3.395)	-9.673** (4.729)	-12.038*** (3.391)
Top10	-7.762 (6.280)	-7.849 (8.748)	-7.463 (6.272)
Indirector	1.212 (1.713)	-5.440** (2.386)	1.419 (1.711)
Stat	4.126** (1.729)	7.506*** (2.408)	3.840** (1.727)
Big4	2.358 (2.763)	-12.405*** (3.849)	2.831 (2.761)

续表

变量	第一步 COE	第二步 Beta	第三步 COE
LEV	2.345*** (0.198)	0.858*** (0.276)	2.312*** (0.198)
BTM	15.300*** (3.688)	-3.260 (5.137)	15.424*** (3.683)
Fund	1.855 (1.933)	5.036* (2.692)	1.663 (1.930)
Legal	-95.672*** (20.175)	-39.774 (28.103)	-94.157*** (20.151)
DTS	2.545*** (0.217)	5.092*** (0.302)	2.351*** (0.221)
Turn	-60.280*** (1.088)	18.910*** (1.515)	-61.001*** (1.097)
cons	128.450*** (15.035)	-33.123 (20.942)	129.712*** (15.017)
时间效应	控制	控制	控制
行业效应	控制	控制	控制
N	8491	8491	8491
R^2	0.468	0.176	0.470
调整 R^2	0.397	0.066	0.398

注：表中括号内是回归系数的双尾 T 检验对应的标准误；***、**、* 分别表示对应系数的显著性水平为 1%、5%、10%。

根据表 5-19，逆米尔斯比（λ）的系数在 1% 的水平通过显著性检验，这意味着因遗漏重要解释信息而导致的偏误已经得到修正。从第 1 栏至第 3 栏，自变量和中介变量的系数都在 1% 的水平通过显著性检验，表明 ESG 表现和权益资本成本之间存在以系统风险为路径的中介效应。我们把相关数据整理到表 5-22 以测算中介效应的强弱。

表 5-22　基于系统风险中介 Heckman 两阶段法检验
（效应测算）

	路径	系数符号	回归系数	效应	效应占比
直接路径	ESG—COE	c'	-1.111		
间接路径	ESG—Beta	a	-0.451		
	Beta—COE	b	0.038		
直接效应	ESG—COE	c'		-1.111	98.49%
间接效应	ESG—Beta—COE	a·b		-0.017	1.51%
总效应	ESG—COE	c'+a·b		-1.128	100.00%

注：a 是 ESG 与系统风险（Beta）的回归系数，b 代表系统风险（Beta）与权益资本成本（COE）的回归系数；a·b 代表 ESG 表现通过系统风险（Beta）的间接效应；c'代表 ESG 表现的直接效应；括号内是回归系数的双尾 T 检验对应的标准误。

根据表 5-22，直接效应和间接效应都有所增加，效应占比的轻微变化不会对原结论的稳健性产生影响，再次验证了原结论，表明前文关于假设 5-2 研究结论的稳健性。

（3）联合中介效应的 Heckman 两阶段法检验

同前文，本书采用的自变量——彭博 ESG 评分可能存在因上市公司出于各种目的选择性披露相关信息造成的自选择偏误问题。为此，本节借鉴前文（参见第 4 章 4.4.1）所采用的 Heckman 两阶段法，对以融资约束、系统风险为路径的联合中介效应开展稳健性检验。研究采用双向固定效应模型进行检验，具体结果见表 5-23。

表 5-23　联合中介效应 Heckman 两阶段法检验（递归法）

变量	第一步 SA	第二步 Beta	第三步 COE
ESG	-0.400*** (0.013)	-0.170*** (0.054)	-0.987*** (0.017)
SA		0.501*** (0.045)	0.602*** (0.014)
Beta			0.101*** (0.004)

续表

变量	第一步 SA	第二步 Beta	第三步 COE
λ	1.089*** (0.152)	1.524** (0.588)	2.172*** (0.183)
Growth	-1.013*** (0.246)	-0.453 (0.947)	-1.698*** (0.295)
LEV	1.051 (0.897)	-1.872 (3.458)	-5.692*** (1.077)
BTM	0.249*** (0.066)	1.471*** (0.256)	0.321*** (0.080)
Turn	-0.013 (0.072)	5.891*** (0.277)	-0.050 (0.089)
DTS	-97.099*** (6.889)	-65.523** (26.889)	-20.378** (8.381)
Top1	3.562** (1.512)	10.864* (5.827)	14.067*** (1.816)
Top10	13.135*** (1.162)	-27.904*** (4.516)	-5.364*** (1.411)
Indirector	-4.733** (2.166)	-9.738 (8.347)	-5.423** (2.601)
Stat	-1.178** (0.590)	-3.458 (2.273)	-0.633 (0.708)
Big4	0.082 (0.595)	8.147*** (2.294)	1.037 (0.715)
cons	-373.913*** (1.340)	294.195*** (17.433)	282.612*** (5.534)
时间效应	控制	控制	控制
行业效应	控制	控制	控制
N	8491	8491	8491
R^2	0.667	0.251	0.909
调整 R^2	0.622	0.150	0.897

注：表中括号内是回归系数的双尾 T 检验对应的标准误；***、**、* 分别表示对应系数的显著性水平为 1%、5%、10%。

根据表5-23，逆米尔斯比（λ）的系数在5%及以上水平通过显著性检验，这意味着因遗漏重要解释信息而导致的偏误已经得到修正。自变量和中介变量的系数都在1%的水平通过显著性检验，表明ESG表现和权益资本成本之间存在以融资约束与系统风险为路径的联合中介效应。我们把相关数据整理到表5-24以测算联合中介效应的强弱。

表5-24　　联合中介效应Heckman两阶段法检验
（效应测算）

	路径	系数符号	系数	效应	效应占比
直接路径	ESG—COE	c'	-0.987		
间接路径	ESG—M_1	a_1	-0.400		
	ESG—M_2	a_2	-0.170		
	M_1—M_2	m_{12}	0.501		
	M_1—COE	b_1	0.602		
	M_2—COE	b_2	0.101		
直接效应	ESG—COE			-0.987	78.02%
间接效应	ESG—M_1—COE	$a_1 \cdot b_1$		-0.241	19.05%
	ESG—M_2—COE	$a_2 \cdot b_2$		-0.017	1.34%
	ESG—M_1—M_2—COE	$a_1 \cdot m_{12} \cdot b_2$		-0.020	1.58%
总效应		$c' + a_1 \cdot b_1 + a_2 \cdot b_2 + a_1 \cdot m_{12} \cdot b_2$		-1.265	100.00%

注：M_1代表融资约束（SA），M_2代表系统风险（Beta）。a代表ESG表现与中介变量的回归系数，b代表中介变量与权益资本成本的回归系数；m_{12}代表中介变量m_1对m_2的回归系数；$a_1 \cdot b_1$、$a_2 \cdot b_2$分别代表中介变量（M_1、M_2）的间接效应，$a_1 \cdot m_{12} \cdot b_2$代表中介变量（$M_1$—$M_2$）的链式中介效应。效应占比为各自的效应除以总效应的商。

根据表5-24，直接效应和间接效应都有所增加，标准误有所降低，效应占比的轻微变化不会对原结论的稳健性产生影响，这说明修正后的结论优于原结论，再次验证了原结论，表明前文关于假设5-3研究结论的稳健性。

5.4.2 Sobel 检验法

(1) 融资约束中介的 Sobel 检验

尽管在中介效应的检验方法中,递归法的检验力被认为是效用最低的(Fritz & MacKinnon, 2007; Hayes, 2009),但递归法的检验结果也是最有效的。为了从不同的角度验证前文结论的稳健性,本书还采用 Sobel 检验,对融资约束中介的 ESG 表现与权益资本成本再次检验,见表 5-25。

根据表 5-25,间接效应系数 a 和 b 以及间接效应 a·b 的显著性水平都为三颗星,其中间接效应占比 5.72%;直接效应系数 c′的显著性水平为三颗星,占比 94.28%;总效应显著性水平三颗星。验证了前文关于假设 5-1 检验结论的稳健性。

表 5-25 基于融资约束中介的 Sobel 检验

	a	b	a·b	c′	a·b+c′	占比
SA	-0.417*** (0.035)	0.099*** (0.005)		-0.681*** (0.016)		
间接效应			-0.041*** (0.004)			5.72%
直接效应				-0.681*** (0.016)		94.28%
总效应					-0.722*** (0.016)	

注:a 是 ESG 与融资约束(SA)的回归系数,b 代表融资约束(SA)与权益资本成本(COE)的回归系数;a·b 代表 ESG 表现通过融资约束(SA)的间接效应;c′代表 ESG 表现的直接效应;括号内是回归系数的双尾 T 检验对应的标准误。

(2) 系统风险中介的 Sobel 检验

同前文,为了从不同的角度验证前文结论的稳健性,本书还采用 Sobel 检验,就基于系统风险中介的 ESG 表现与权益资本成本再次检验,具体结果见表 5-26。

表 5-26　　　　　基于系统风险中介的 Sobel 检验

	a	b	a·b	c′	a·b+c′	占比
Beta	-0.1030** (0.0438)	0.1062*** (0.0038)		-0.7115*** (0.0155)		
间接效应			-0.0109** (0.0047)			1.51%
直接效应				-0.7115*** (0.0155)		98.49%
总效应					-0.7224*** (0.0161)	

注：a 是 ESG 与系统风险（Beta）的回归系数，b 代表系统风险（Beta）与权益资本成本（COE）的回归系数；a·b 代表 ESG 表现通过系统风险（Beta）的间接效应；c′代表 ESG 表现的直接效应；括号内是回归系数的双尾 T 检验对应的标准误。

根据表 5-26，间接效应系数 a 和 b 都通过了 5% 及以上的显著性水平检验；间接效应通过了 5% 的显著性水平检验，占比 1.51%；直接效应通过了 1% 的显著性水平检验，占比 98.49%；总效应通过了 1% 的显著性水平检验。验证了前文关于假设 5-2 检验结论的稳健性。

5.4.3　Bootstrap 检验法

（1）融资约束中介的 Bootstrap 检验

为了从不同角度验证相关结论的稳健性，本书采用 Bootstrap 检验，再次对基于融资约束中介的 ESG 表现与权益资本成本进行验证（见表 5-27）。结果显示，回归系数 a、b、c′都通过了 1% 的显著性水平检验；间接效应通过了 1% 的显著性水平检验，占比 13.65%，直接效应通过了 1% 的显著性水平检验，占比 86.35%；总效应通过了 1% 的著性水平检验。再次实证前文关于假设 5-1 的检验结果的稳健性。

第5章 ESG表现对权益资本成本影响的中介效应研究

表5-27 基于融资约束中介的Bootstrap检验

	a	b	a·b	c′	a·b+c′	占比
路径系数	-0.404*** (0.019)	0.355*** (0.029)		-0.905*** (0.041)		
间接效应			-0.143*** (0.014)			13.65%
直接效应				-0.905*** (0.041)		86.35%
总效应					-1.048*** (0.040)	

注：a代表ESG表现对SA的回归系数，b代表SA对COE的回归系数，a·b代表ESG表现基于融资约束的间接效应；c′代表ESG表现的直接效应；括号内是回归系数的双尾T检验对应的标准误；Bootstrap抽样3000次得到该结果。

（2）系统风险中介的Bootstrap检验

同前文，为了从不同角度验证相关结论的稳健性，本书还采用Bootstrap检验，对基于系统风险中介的ESG表现与权益资本成本再次进行验证，具体结果见表5-28。

根据表5-28，回归系数a、b、c′都通过了1%的显著性水平检验；间接效应通过了5%的著性水平检验，占比0.86%，直接效应通过了1%的显著性水平检验，占比99.14%；总效应通过了1%的显著性水平检验。再次实证前文关于假设5-2的检验结果的稳健性。

表5-28 基于系统风险中介的Bootstrap检验

	a	b	a·b	c′	a·b+c′	占比
路径系数	-0.411*** (0.064)	0.022** (0.008)		-1.038*** (0.039)		
间接效应			-0.009** (0.004)			0.86%
直接效应				-1.038*** (0.039)		99.14%
总效应					-1.047*** (0.039)	

注：a代表ESG表现对Beta的回归系数，b代表Beta对COE的回归系数，a·b代表ESG表现的间接效应；c′代表ESG表现的直接效应；括号内是回归系数的双尾T检验对应的标准误；Bootstrap抽样3000次得到该结果。

(3) 联合中介效应的 Bootstrap 检验

为了从不同角度验证相关结论的稳健性，本书采用 Bootstrap 检验，对基于融资约束、系统风险联合中介的 ESG 表现与权益资本成本进行验证，具体结果见表 5-29。

表 5-29　融资约束与系统风险联合中介的 Bootstrap 检验

	路径	系数/效应	系数	效应	效应占比
直接路径	ESG—COE	c'	-0.950*** (0.041)		
间接路径	ESG—M_1	a_1	-0.413*** (0.020)		
	ESG—M_2	a_2	-0.262*** (0.069)		
	M_1—M_2	m_{12}	0.449*** (0.054)		
	M_1—COE	b_1	0.405*** (0.029)		
	M_2—COE	b_2	0.026*** (0.009)		
直接效应	ESG—COE			-0.950	84.15%
间接效应	ESG—M_1—COE	$a_1 \cdot b_1$		-0.167	14.79%
	ESG—M_2—COE	$a_2 \cdot b_2$		-0.007	0.62%
	ESG—M_1—M_2—COE	$a_1 \cdot m_{12} \cdot b_2$		-0.005	0.44%
总效应		$c' + a_1 \cdot b_1 + a_2 \cdot b_2 + a_1 \cdot m_{12} \cdot b_2$		-1.129	100.00%

注：a 分别代表 ESG 表现对 SA、Beta 的回归系数（分为 a_1、a_2），b 分别代表 SA、Beta 对 COE 的回归系数（分为 b_1、b_2），m_{12} 代表 SA 表现对 Beta 的回归系数；$a_1 \cdot b_1$、$a_2 \cdot b_2$ 分别代表 ESG 表现通过 SA、Beta 对 COE 的间接效应，$a_1 \cdot m_{12} \cdot b_2$ 代表 ESG 表现通过 SA—Beta 对 COE 的间接效应，c' 代表 ESG 表现对 COE 的直接效应；括号内是回归系数的双尾 T 检验对应的标准误；*** 表示对应系数的显著性水平为 1%；Bootstrap 抽样 3000 次得到该结果。

根据表 5-29，回归系数 a_1、b_1、a_2、b_2、c'、m_{12} 都通过了 1% 的显著性水平检验；基于融资约束路径的间接效应通过了 1% 的显著性水平检验，占比 14.79%；基于系统风险路径的间接效应通过了 1% 的显著性水平检验，占比 0.62%；基于融资约束—系统风险链式中介路径的间接效应通过了 1% 的显著性水平检验，占比 0.44%；直接效应通过了 1% 的显著性水平检验，占比 84.15%；总效应通过了 1% 的显著性水平检验。这再次实证前文关于假设 5-3 的检验结果的稳健性。

5.5 本章小结

本章以第 4 章研究结论为基础，系统检验了 2011—2021 年中国上市公司 ESG 表现与权益资本成本之间的作用路径。结合中国企业的所有制特点以及经济发展的区位优势，以 SA 指数（Hadlock & Pierce，2010）为企业融资约束的代理变量，以 Beta 为系统风险的代理变量，本书采用双向固定效应模型，研究了 ESG 表现与权益成本之间以融资约束、系统风险为路径的中介效应。

首先，单变量检验表明：ESG 表现可以缓解企业的融资约束状况，无论是在产权性质差异还是地区差异的情况下都成立；ESG 表现可以降低企业证券的系统风险，无论是在产权性质差异还是地区差异的情况下都成立。

其次，实证检验表明：ESG 表现与权益资本成本之间存在以融资约束为路径的中介效应，其中间接效应占有较高的比例。该结论在 Heckman 两阶段法检验、Sobel 检验、Bootstrap 检验的情况下都成立，具有统计学意义。这表明 ESG 表现的提升可以消除部分阻止公司为预期投资（净现值为正的投资）提供资本的市场摩擦，改善企业获得资金的状况。

ESG 表现与权益资本成本之间存在以系统风险为路径的中介效应，其中，间接效应占有一定的比例。该结论在 Heckman 两阶段法检验、Sobel 检验、Bootstrap 检验的情况下都成立，具有统计学意义。这表明 ESG 表现作为一种信息传递机制，能够缓解企业与投资者之间的信息不对称，降低资本市场的信息摩擦和权益资本成本。

通过考察中介变量的相互作用，我们验证了 ESG 表现与权益资本成本之间存在以融资约束、系统风险为路径的联合中介效应。在联合中介效应中，各路径的效应占比相较于单独检验都有所降低，比如融资约束的中介效应占比由 15.34% 下降到 14.89%，系统风险的占比由 1.51% 下降到 0.67%。这表明在单独检验的情况下，无论直接路径还是间接路径都承担了属于其他路径的部分效应。

以上效应可能源于以下几个方面：(1) 良好的 ESG 表现能够帮助企业树立正面形象、提高企业社会信任度；(2) ESG 表现作为第三方鉴证的非财务信息，其充分披露能降低信息不对称、增强投资者的信心；(3) 符合国家可持续发展战略的投融资能够获得国家政策的扶持（包括银行等金融机构的绿色信贷支持）。本结论为企业缓解融资约束提供了理论支撑，为企业降低融资约束所应采取的措施提供了决策支持，有助于推动企业树立主动承担 ESG 责任的意识，缓解融资约束，促进自身及社会的良性发展。

最后，在检验 ESG 表现与权益资本成本关系的过程中，无论是采用递归法、Sobel 检验抑或是 Bootstrap 检验，都验证了 ESG 表现与权益资本成本之间存在以融资约束、系统风险为路径的单独或联合中介效应。不同方法检验所得的回归系数大小稍有差异，但结论都非常稳定。这对于探索 ESG 表现与权益资本成本之间的作用路径具有一定的指导意义，对于企业通过控制不同的要素达到降低权益资本成本的努力有很强的现实意义。

综上所述，ESG 表现作为一种非财务信息，能够降低中国资本市场的信息摩擦和资本摩擦，但该路径是否还受到其他外在因素的影响，比如是否受到媒体报道、产权性质等因素的影响呢？本书将在接下来的章节开展研究。

中国上市公司ESG表现
对权益资本成本的
影响研究
Chapter 6

第6章　ESG表现对权益资本成本影响的调节效应研究

理论界对媒体报道的研究可以追溯到很久以前，有关的研究成果也相当丰富。随着科学技术的进步，人们获取信息的方式和途径正在发生根本的变化。除传统媒体之外，网络媒体也极大地丰富人们的生活。由于网络媒体拥有显著区别于传统媒体的特征，研究网络媒体对企业的影响就具有相当的理论价值和现实意义。

从形式上，传统媒体报道的形式主要有报纸、杂志、电视和广播等。如今，随着网络技术突飞猛进，移动互联网的传播日新月异，极大地拓展了人们信息获取和信息交换的渠道。特别是自媒体的出现和发展，人们不仅是媒体信息的被动接收者，还是各类信息的主动发布者，这种颠覆性的变革使得网络媒体具有两个非常鲜明的特征：（1）媒体监督功能得到前所未有的强化，任何负面新闻引发的来势汹汹的舆情都是政府、企业乃至个人不可小觑的，政府部门、企业、官员、明星等的任何行为都可能被放在阳光下接受检验。实践证明，这对于政府部门、企业提高服务质量以及官员、明星收敛自己的行为大有裨益；（2）网络媒体跟风报道可能掩盖事实的真相，特别是个别自媒体捕风捉影，在信息传播过程中不断加入个人感情色彩的描述，最终可能导致事件的关注点发生根本的变化。

媒体报道能够监管企业的行为。近几年，媒体披露上市公司无视商业道德，违反证券法，损害股东、债权人、顾客利益的案例不胜枚举，其中部分案例更是源于大量网络媒体负面报道，促使有关部门不得不采取行动进行处理。不可否认，媒体的负面报道对于规范上市公司行为、保护投资者利益等方面具有不容忽视的作用——理论界称之为媒体治理。

在资本市场，媒体作为信息中介，通过信息收集、整理，为市场提供有价值的决策信息，特别是通过挖掘企业会计舞弊等负面信息实施对企业的监督（Miller，2006）。因此，媒体报道能够降低中小股东利益被上市公司侵害的几率（Dyck & Zingales，2002、2004；Dyck et al.，2008）。因为媒体负面报道会促使上市公司纠正其违规行为（李培功和沈艺峰，2010），所以作为一种法律外非正式制度监管，媒体报道有益于资本市场规范有效运行。

媒体报道的首要功能是信息传递，其次才是媒体监督。在可持续发展理念广泛普及的今天，媒体报道（特别是负面报道）是否有利于消除企业与债权人、投资者之间关于 ESG 表现的信息不对称的影响，降低企业权益资本成本，还是会因为过度的负面报道阻碍债权人、投资者对企业 ESG 表现的正确认知，对企业控制权益资本成本的努力产生不利影响？

在中国现有体制下，相较于非国有企业，国有企业与政府有千丝万缕的联系。这种联系有助于企业获得更多优质资源，但同时也要接受更多的政府监管，承担更多的社会责任，因为国企存续的第一要务是社会效益而非经济效益。随着国家越来越重视可持续发展，生态文明建设已经成为国家战略的一部分，国有企业应该会被要求承担更多的 ESG 责任，这种要求可能源于行政层面，也可能源于法律和道德层面。与此对应，非国有企业被要求承担 ESG 责任可能更多源于法律层面和道德层面。那么，ESG 表现对权益资本成本的影响会因为产权性质的差异有不同吗？

还有，根据《公司法》第一百六十四条的规定，公司应当在每一会计年度终了时编制财务会计报告，并依法经会计师事务所审计①。其目的在于从社会鉴证的角度缓解企业内外部人之间的信息不对称，从而能够在一定程度上减少代理冲突（Jensen & Meckling, 1976；Forst & Hettler, 2019）。一般认为，规模大、成立时间长的跨国会计师事务所拥有更好的技术水平，能够以更高的行业标准提供服务，审计质量会更高。因此，上市公司对会计师事务所的选择本身就是一种信息的展示，选择国际会计师事务所通常被认为上市公司向市场传递一种信息：企业的财务报告更加真实可靠。但由于逆向选择的

---

① http://www.npc.gov.cn/zgrdw/npc/xinwen/2018-11/05/content_2065671.htm。

存在,这就存在一种可能,即一些财务绩效差的公司更愿意选择国际会计师事务所以掩盖自己财务绩效虚假的事实。因此,基于审计主体差异对 ESG 表现对权益资本成本的影响研究就很有理论意义和学术价值。

因此,本章将基于媒体治理、产权性质差异、审计主体差异,探讨 ESG 表现对权益资本成本的作用机制。

6.1 理论分析与研究假设

6.1.1 媒体治理调节的 ESG 表现与权益资本成本研究

媒体素来有"第四权力"之称,指的是媒体报道对社会的治理跟行政、立法、司法有相似的效果。就我国的具体实践而言,以移动互联网为载体的新媒体迅速发展,极大地拓展了人们信息获取和信息交换的渠道。特别是自媒体的出现和发展,人们不仅是媒体信息的接收者,还是各类信息的发布者。媒体报道越来越广泛地影响人们的生活:一方面,媒体报道具有信息传递功能,这主要源于媒体通过收集、整理大量的信息并向特定和不特定人群发送,起到信息中介的作用,降低信息不对称;另一方面,媒体通过负面报道,引发舆情关注,促使企业、个人等关注和改正自己的错误行为,提高服务质量,甚至引起有关权力部门的关注乃至介入,加速问题的解决。

将媒体负面报道用于企业管理实践,就具有媒体治理的效应(Dyck & Zingales, 2002;叶勇等, 2017),其作用受到广泛的重视(Monks & Minow, 2011;Miller, 2006;Joe et al., 2009)。媒体治理通过影响行政官员、公司股东以及管理人员的行为发挥媒体监督效应(Dyck & Zingales, 2002)。媒体治理还会影响内部人员从企业价值中为自己预留份额的大小(Dyck & Zingales, 2004)。权小峰和吴世农

(2012)认为，媒体治理有利于减少盈余操纵行为，提高盈余构成信息的质量。进一步讲，媒体治理有助于识别和降低会计舞弊行为（Miller，2006），增强财务成果的真实性。媒体治理还能减少管理者个人机会主义行为，保障股东利益最大化（Dyck & Zingales，2002）。总之，媒体治理可以加强投资者对公司的监管，导致投资风险下降以及投资者风险溢价的下降，从而实现权益资本成本的降低。

媒体治理通常通过负面报道来实现（李培功和沈艺峰，2010；戴亦一等，2011；Dyck & Zingales，2004；Miller，2006），因为负面报道可以影响管理者及股东的声誉甚至引发政府有关部门的介入，进而迫使企业纠正自己的错误行为（Dyck & Zingales，2002）。但负面报道存在明显的不利影响：从经营角度，持续不断的负面报道会对公司的声誉产生影响，进而导致销售额下降、盈利能力降低；从融资角度，无论银行等金融机构还是供应商都会因为持续不断的负面报道对公司失去信心，最终体现为信贷、信用支持的下降，加剧企业融资约束的程度（仲秋雁和石晓峰，2016；郑建明和夏楸，2014），比如银行在同等条件下缩短其债务期限结构（石晓峰和仲秋雁，2017），供应商降低企业信用等级或要求提前收回货款等。这都会对企业控制权益资本成本产生不利影响。

总体而言，媒体治理同时兼具媒体监督及声誉损害两种作用。两种影响相互作用导致一些学者认为媒体治理对权益资本成本的影响是不显著的（夏楸和郑建明，2015）。这种没有考虑两股力量的强度随时间此消彼长就得出相关结论的做法显然是不严谨的。当负面报道开始出现的时候，如果股东及管理者是爱惜自己名誉的，他们就会及时采取措施纠正错误（Dyck & Zingales，2002），实施切实有效的公关举措消除政府部门、金融机构乃至中小投资者的顾虑，控制负面报道对企业声誉的影响，此时的媒体治理主要体现为媒体监督。聪明的投资者也不会因为少量的负面报道就惊慌失措，其中一部分甚至持有抄底的心态竞相购入相应的证券，引发权益资本成本下降。当负面报道越来越多,企业的措施无法扭转负面报道蔓延的趋势,抑或负面报道引起政府有关部门的介入,敏锐的投资者、债权人会认为企业的管理层不愿或无法纠正自己的错误,系统风险急速上升,他们要么放弃投资、要么提前收回贷款或货款,进而加剧融资约束,推高企业权益资本成本(仲秋雁和石晓峰,2016;郑建明和夏楸,2014)。此时媒体治理的作用主要体现为声誉损害。综上所述,媒体治理作为一种外部治理力量,会对企业内部的具体行为产生影响,体现为特征指标的相互影响与变化。

与此同时,前面章节已经从理论和实证两个方面表明 ESG 表现作为企业在环境保护、社会责任以及公司治理三个方面成效的综合指标,其在资本市场的有效传播可以降低企业内外的信息不对称,进而有效降低资本成本(Dimson et al.,2015;Cheng et al.,2014)、债务融资成本(蒋琰,2009;陈宋生等,2015)或权益资本成本(沈洪涛等,2010;吴红军,2014)。

当媒体治理强度较低时,其主要发挥媒体监督作用,这就能够强化 ESG 表现缓解信息不对称的功效,降低权益资本成本;当媒体治理强度很高时,无论从投资者还是债权人的角度,都可能产生这种认知——公司治理已经失效,在这种情况下,媒体治理主要发挥声誉损害作用,会削弱 ESG 表现降低权益资本的功效。因此我们提出:

假设 6-1:低强度媒体治理会增强 ESG 表现降低权益资本成本的效用;

假设 6-2:高强度媒体治理会削弱 ESG 表现降低权益资本成本的效用。

6.1.2 产权性质差异调节的 ESG 表现与权益资本成本研究

在我国现有体制下,相较于民营企业,国企与政府有千丝万缕的联系。在改革开放前的计划经济体制下,我国政府与国有企业之间是层级制的上下级隶属关系，也是典型的"父子关系"。因为国企是政府的附属物，国企在国民经济中的地位或企业的生产规模由上级政府部门的级别来确定。改革开放以来，国企改革的目标确定为建立适应市场经济要求的产权清晰、权责明确、政企分开、管理科学的现代企业制度[①]。政府不再是"行政上级"而应是"出资人"；政府对国有企业由计划控制转变为市场主导；政府通过产业政策等各种经济管理手段引导、促进国有企业发展。这种联系有助于企业获得更多优质资源，但同时也要接受更多的政府监管并承担更多的社会责任。从国民经济发展的角度看，国企存续的第一要务是社会效益而非经济效益（刘凌，2009）。

随着国家越来越重视可持续发展，生态文明建设已经成为国家战略的一部分。特别是在2020年，我国政府向世界庄重宣布中国"碳达峰、碳中和"（以下简称"双碳"目标）时间表，这也成为我国政府践行可持续发展理念的时间表，这就必然要求政府采取措施、提出要求，以践行"双碳"目标。

企业作为国民经济的"细胞"，必须承担国家可持续发展理念的要求，但这对于国企和非国企是存在较大区别的：（1）可持续发展是国家的战略方向，无论国企还是非国企都必须遵守。有观点认为，"由于国企与国家存在千丝万缕的联系，国家会放松对其的要求"，这样的观点显然是站不住脚的；（2）国企不仅是国民经济的支柱，还是国家政策坚持的支持者、执行者，因为违反国家相关政策及法律法规，国企不仅需要承担法律责任，还要承担对出资人（国家）的责任。与此相对应，非国企仅需要承担法律责任。

综上所述，在可持续发展已经成为国家战略的情况下，国有企业应该会被要求承担更多的ESG责任，这种要求可能来源于行政层面，也可能来源于法律和道德层面。这会使得国企ESG表现的提升更能

---

① 参见1993年11月中共十四届三中全会通过的《中共中央关于建立社会主义市场经济体制若干问题的决定》。

获得投资者或债权人信服,促使产权性质对企业 ESG 表现与权益资本成本之间的作用关系产生影响。结合第 4 章研究结论,本书提出:

假设 6-3:产权性质的差异对 ESG 表现与权益资本成本的关系存在影响,这种影响使得国企 ESG 表现的提升更有利于权益资本成本的下降。

6.1.3 审计主体差异调节的 ESG 表现与权益资本成本研究

信息不对称一直是中国资本市场内外部人博弈的焦点之一。由于目前中国上市公司股权结构大多呈现高度集中且"一股独大"的特点(La Porta et al.,1999;祝继高等,2021),并主要体现为控股股东直接控制董事会,通过直接选派代表或者亲自担任公司董事长或首席执行官的方式,掌握公司资源的支配权(段云等,2011;姜付秀等,2015),这就严重弱化了公司治理机制的运转,外部人(中小股东及债权人)的利益得不到充分保障。控股股东操控企业对外的信息发布,如实施机会主义性会计政策变更(谢德仁等,2017),通过盈余管理粉饰利润(谢德仁和廖珂,2018)等,甚至通过操控企业的软信息(如改变年报的可读性),这就进一步增加中小投资者及债权人信息获取的难度,从而损害外部人的利益。事实上,控股股东的机会主义行为不仅损害非控股股东的利益,而且严重影响企业价值(李姝等,2018)。

与此相对应,社会审计作为一种重要的监督治理机制,既是对公司内部治理机制的重要补充,也是降低内外部人信息不对称的重要手段,能够在一定程度上缓解代理冲突(Jensen & Meckling,1976;Forst & Hettler,2019)。一般认为,当控股股东有意掏空或侵占公司资源时,往往会通过选聘低质量的会计师事务所或者愿意与之"合谋"的注册会计师(杜兴强等,2010)为自己服务,从而降低社会审计的监督治理作用。高质量的审计服务不仅具有较高的职业道德,而且独立性更高,能发挥重要的财务信息鉴证作用,是提高公司治理

第6章 ESG表现对权益资本成本影响的调节效应研究

效率的重要补充。从这个角度来看,公司选择一个高质量、独立性强的会计师事务所也是向市场传递一个强而有力的信号:公司披露的信息真实可靠,经得住社会的检验。这对于那些对企业经营决策参与度不高、缺乏有效决策信息的外部人来讲,是非常有帮助的,因为他们贸然参与企业决策可能会导致决策失误(朱冰等,2018)。

但事实并非如此,由于逆向选择的存在,内部治理机制失效,甚至有丑闻的公司更愿意选择"四大"为自己服务,以便向市场传递强而有力的信息。比如2021年爆雷的恒大地产集团:据公开消息,恒大地产集团自2012年在香港上市之后,其年报一直由"四大"之一的普华永道(PWC)审计,但直至2021年爆雷,普华永道没有提出任何带有警示信息的鉴证报告。刘峰和周福源(2007)认为,国际"四大"与非国际"四大"的审计质量并不存在着显著差异,国际"四大"甚至比非国际"四大"更不稳健。有鉴于此,本书认为,企业是否选择"四大"作为外部鉴证服务机构的目的之一就是一种信息的释放,以期获得外部投资者的认同。一旦投资者认识到企业管理者选择"四大"可能是出于这样的动机,他们逆向选择的结果将对企业ESG表现产生消极、负面、否定的影响,认为企业的ESG表现不真实,企业的风险在上升,进而导致企业权益资本成本上升。因此,本书提出如下假设:

假设6-4:由于逆向选择的存在,企业选择"四大"作为自己外部鉴证服务机构将不利于ESG表现发挥其降低权益资本成本的效用。

6.2 实证方案设计

6.2.1 研究变量定义

(1)因变量

本章的被解释变量COE是根据CAPM模型计算出来的期望收益

率,具体计算方法见第 2 章模型 2-1 及其说明。

(2) 自变量

本章所采用的自变量是根据彭博 ESG 评分,具体内容参见第 4 章 4.2.1。

(3) 调节变量

媒体治理(Med):本章采用 CNRDS[①] 网络新闻统计中正面、中性、负面以及总新闻数(李百兴等,2018;夏晓兰,2020);借鉴朱梅(2019)的做法,采用"ln(年网络媒体负面报道的次数+1)"来衡量。

(4) 控制变量

本章采用控制变量与前文相同,具体内容参见第 4 章表 4-2。

6.2.2 实证模型构建

(1) 基于媒体治理调节的 ESG 表现与权益资本成本

为了检验假设 6-1、假设 6-2,本书测试媒体治理与 ESG 表现对权益资本成本的交互作用,参考李慧云和刘镝(2016)以及温忠麟等(2005)提出的调节效应模型,目的是确定媒体治理对企业 ESG 表现降低权益资本成本的作用是否具有调节效应。

$$COE_{it} = \gamma_0 + \mu_i + \gamma_1 ESG_{it} + \gamma_2 Med_{it} + \gamma_3 ESG_{it} \cdot Med_{it} + \gamma C + \sum IND_{it} + \sum Year_{it} + \varepsilon_{it} \quad 式(6-1)$$

其中,COE_{it} 为权益资本成本,是因变量;ESG_{it} 为 ESG 表现,是自变量;Med_{it} 为媒体治理,是调节变量;C 是控制变量矩阵;γ_0 是模型截距项;μ_i 是个体效应;γ_1 是自变量回归系数;γ_2 是调节变量回归系数;γ_3 是 ESG 自变量与调节变量交互项回归系数;γ 是控制变量系数向量;$\sum IND_{it}$ 为行业效应;$\sum Year_{it}$ 为时间效应,如国家宏观经

[①] CNRDS,中国研究数据服务平台。

第6章 ESG 表现对权益资本成本影响的调节效应研究

济政策、利率、汇率、通胀冲击等;ε_{it}为随机扰动项。关键系数为 γ_3:如果 γ_3 显著为正,则表明媒体治理会削弱 ESG 表现降低权益资本成本的功效;如果 γ_3 显著为负,则表明媒体治理会显著增强 ESG 表现降低权益资本成本的功效。

为了考察媒体治理强度的变化对 ESG 表现与权益资本成本之间关系的影响,本书将模型 6-1 等式两边对 ESG 求偏导,得出:

$$\frac{\partial COE}{\partial ESG} = \gamma_1 + \gamma_3 Med = \begin{cases} \gamma_1, (\gamma_1 显著、\gamma_3 不显著) \\ \gamma_1 + \gamma_3 Med, (\gamma_1 显著、\gamma_3 显著) \end{cases} \quad 式(6-2)$$

如果 γ_3 不显著,那么不存在调节效应,假设 6-1、假设 6-2 没有被验证。

如果 γ_3 显著,那么表明媒体治理会对 ESG 表现降低权益资本成本的功效有调节作用:与主回归同号为增强,与主回归异号为削弱。在确定调节效应的方向后,本书把 Med 的中值($\overline{Med}$)、高值($\overline{Med}$ + sd)、低值($\overline{Med}$ - sd)分别带入模型 6-2,讨论调节效应的强弱及变化。

(2) 基于所有权差异调节的 ESG 表现与权益资本成本

为了检验假设 6-3,测试产权性质与 ESG 表现对权益资本成本的交互作用,本书参考李慧云和刘镝(2016)以及温忠麟等(2005)提出的调节效应模型,目的是检验产权性质对企业 ESG 表现降低权益资本成本的效应是否具有调节作用。

$$COE_{it} = \beta_0 + \mu_i + \beta_1 ESG_{it} + \beta_2 Stat_{it} + \beta_3 ESG_{it} \cdot Stat_{it} + \beta C$$
$$+ \sum IND_{it} + \sum Year_{it} + \varepsilon_{it} \quad 式(6-3)$$

其中,$Stat_{it}$ 为产权性质,是调节变量;β_0 是模型截距项;β_1 是自变量回归系数;β_2 是调节变量回归系数;β_3 是自变量和调节变量交互项的回归系数;β 是控制变量系数向量;其余符号的定义同前文。关键系数为 β_3:如果 β_3 显著为正,则表明国企使得 ESG 表现降低权益资本成本的功效被削弱;如果 β_3 显著为负,则表明国企会显著增强 ESG 表现降低权益资本成本的功效。

为了考察产权性质对 ESG 表现与权益资本成本之间关系的影响，本书将模型 6-3 等式两边对 ESG 求偏导，得出：

$$\frac{\partial \text{COE}}{\partial \text{ESG}} = \beta_1 + \beta_3 \text{Stat} = \begin{cases} \beta_1, & (\beta_1 \text{显著、} \beta_3 \text{不显著}) \\ \beta_1 + \beta_3, & (\beta_1 \text{显著、} \beta_3 \text{显著}) \end{cases} \quad \text{式 (6-4)}$$

如果 β_3 不显著，那么说明产权性质对于 ESG 表现降低权益资本成本的功效无影响，假设 6-3 没有得到验证。

如果 β_3 显著为正，那么说明产权性质会削弱 ESG 表现降低权益资本成本的功效；反之则表明产权性质会增强 ESG 表现降低权益资本成本的功效。

（3）基于审计主体差异调节的 ESG 表现与权益资本成本

为了检验假设 6-4，测试"四大"与 ESG 表现对权益资本成本的交互作用，本书参考李慧云和刘镝（2016）以及温忠麟等（2005）提出的调节效应模型，目的是检验"四大"对企业 ESG 表现降低权益资本成本的效应是否具有调节作用。

$$\text{COE}_{it} = \alpha_0 + \mu_i + \alpha_1 \text{ESG}_{it} + \alpha_2 \text{Big4}_{it} + \alpha_3 \text{ESG}_{it} \cdot \text{Big4}_{it} + \alpha C$$
$$+ \sum \text{IND}_{it} + \sum \text{Year}_{it} + \varepsilon_{it} \quad \text{式 (6-5)}$$

其中，Big4_{it} 为会计报告是否由"四大"审计，是调节变量；α_0 是模型截距项；α_1 是自变量回归系数；α_2 是调节变量回归系数；α_3 是自变量和调节变量交互项的回归系数；α 是控制变量系数向量；其余符号的定义同前文。关键系数为 α_3：

如果 α_3 显著为正，那么表明"四大"使得 ESG 表现降低权益资本成本的效应被削弱；

如果 α_3 显著为负，那么表明"四大"会显著增强 ESG 表现降低权益资本成本的效应。

为了考察"四大"对 ESG 表现与权益资本成本之间关系的影响，本书将模型 6-5 等式两边对 ESG 求偏导，得出：

$$\frac{\partial \text{COE}}{\partial \text{ESG}} = \alpha_1 + \alpha_3 \text{Big4} = \begin{cases} \alpha_1, & (\alpha_1 \text{显著、} \alpha_3 \text{不显著}) \\ \alpha_1 + \alpha_3, & (\alpha_1 \text{显著、} \alpha_3 \text{显著}) \end{cases} \quad \text{式 (6-6)}$$

第6章 ESG表现对权益资本成本影响的调节效应研究

如果α_3不显著,那么说明"四大"对于ESG表现降低权益资本成本的功效无影响,假设6-4没有得到验证。

如果α_3显著为正,那么说明"四大"会削弱ESG表现降低权益资本成本的功效;反之则表明"四大"会增强ESG表现降低权益资本成本的功效。

6.2.3 样本选择和数据来源

数据来源不仅有彭博终端、万得(Wind)终端、国泰安(CSMAR)数据库,还有中国研究数据服务平台(CNRDSP)。样本筛选标准、处理方法同前文(见第4章4.2.3)。

6.2.4 数据的描述性统计

(1)媒体治理的描述性统计

我们将媒体治理的统计性特征值汇总于表6-1。根据表6-1,从整体上看,样本公司媒体治理的均值、中值分别为4.334、4.304,标准差为1.123;从年份看,2015年的均值和中值为最高,分别为4.833、4.696,2021年的均值和中值为最低,分别为3.834、3.689。

表6-1 媒体治理的统计性特征值

年份	数量	均值	标准差	极小值	25分位	中值	75分位	极大值
2011	563	4.398	1.063	1.609	3.689	4.317	5.017	6.958
2012	657	4.581	1.059	1.609	3.892	4.489	5.278	6.958
2013	712	4.669	1.086	1.609	3.951	4.605	5.364	6.958
2014	725	4.693	0.966	1.609	4.007	4.625	5.278	6.958
2015	868	4.833	0.788	1.609	4.331	4.696	5.226	6.958
2016	802	4.581	1.062	1.609	3.829	4.477	5.209	6.958
2017	830	4.061	1.195	1.609	3.219	3.970	4.779	6.958
2018	864	4.007	1.165	1.609	3.219	3.912	4.723	6.958
2019	945	4.094	1.113	1.609	3.296	4.007	4.771	6.958

续表

年份	数量	均值	标准差	极小值	25分位	中值	75分位	极大值
2020	978	4.233	1.099	1.609	3.466	4.127	4.898	6.958
2021	991	3.834	1.140	1.609	3.045	3.689	4.500	6.958
总计	8935	4.334	1.123	1.609	3.584	4.304	5.024	6.958

媒体治理的均值和中值的变化走势见图6-1,从图可以看出,两者的变化走势趋同,均值从2011年的4.398上升到2015年的4.833（最高）,中值从2011年的4.317上升到2015年的4.696（最高）,之后均值和中值缓步下降,2018年达到次低点4.007（均值）、3.912（中值）,到2021年达到最低点3.834（均值）和3.689（中值）。总体而言,媒体治理呈明显下降趋势（见图6-1中的虚线部分）。

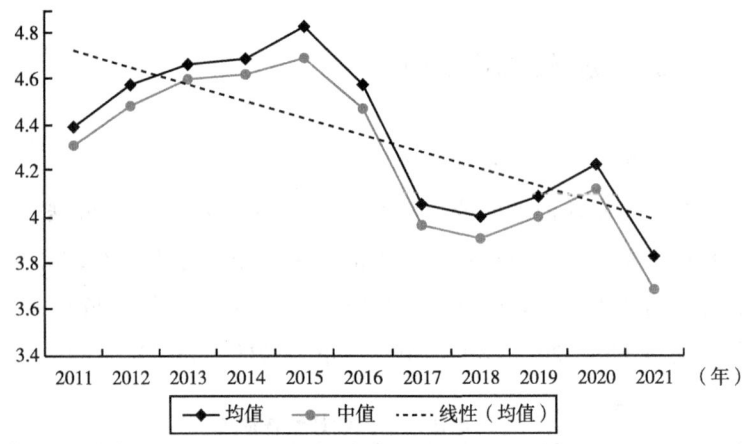

图6-1 媒体治理的均值、中值及均值的变化趋势

(2) 公司性质的描述性统计

我们将公司性质的统计性特征值汇总于表6-2。

表6-2　　　　　　公司性质的统计性特征值

年份	数量	均值	标准差	极小值	25分位	中值	75分位	极大值
2011	563	0.609	0.488	0	0	1	1	1
2012	657	0.568	0.496	0	0	1	1	1
2013	712	0.551	0.498	0	0	1	1	1

续表

年份	数量	均值	标准差	极小值	25分位	中值	75分位	极大值
2014	725	0.543	0.498	0	0	1	1	1
2015	868	0.487	0.500	0	0	0	1	1
2016	802	0.511	0.500	0	0	1	1	1
2017	830	0.498	0.500	0	0	0	1	1
2018	864	0.488	0.500	0	0	0	1	1
2019	945	0.467	0.499	0	0	0	1	1
2020	978	0.460	0.499	0	0	0	1	1
2021	991	0.446	0.497	0	0	0	1	1
总计	8935	0.504	0.500	0	0	1	1	1

根据表6-2，本书所涉及样本中，国企数量超过一半，占比50.4%；最高为2011年，国企占比达到60.9%，最低为2021年，国企占比为44.6%。我们将公司性质的均值、中值及均值变化趋势做成图6-2，发现国企的相对数量呈小幅下降趋势（见图6-2中的虚线部分）。

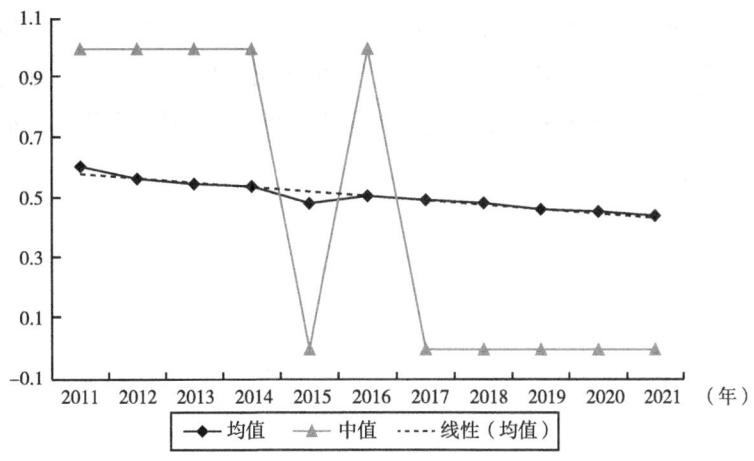

图6-2 公司性质的均值、中值及均值的变化趋势

(3)"四大"审计的描述性统计

我们将"四大"审计的统计性特征值汇总于表6-3。

表6-3　　"四大"审计的统计性特征值

年份	数量	均值	标准差	极小值	25分位	中值	75分位	极大值
2011	563	0.133	0.340	0	0	0	0	1
2012	657	0.129	0.336	0	0	0	0	1
2013	712	0.124	0.329	0	0	0	0	1
2014	725	0.127	0.333	0	0	0	0	1
2015	868	0.122	0.328	0	0	0	0	1
2016	802	0.137	0.344	0	0	0	0	1
2017	830	0.139	0.346	0	0	0	0	1
2018	864	0.139	0.346	0	0	0	0	1
2019	945	0.149	0.356	0	0	0	0	1
2020	978	0.157	0.364	0	0	0	0	1
2021	991	0.162	0.369	0	0	0	0	1
总计	8935	0.140	0.347	0	0	0	0	1

根据表6-3，本书所涉及样本中，财务报告由"四大"审计的比例很低，平均只有14.0%的企业的财务报告由"四大"审计。从各年份分布来看，2015年最低，为12.2%，2020年最高，为16.2%。总体而言，随着中国企业国际化程度逐步提升，申请"四大"审计的企业占比呈小幅上升趋势（见图6-3中的虚线部分）。

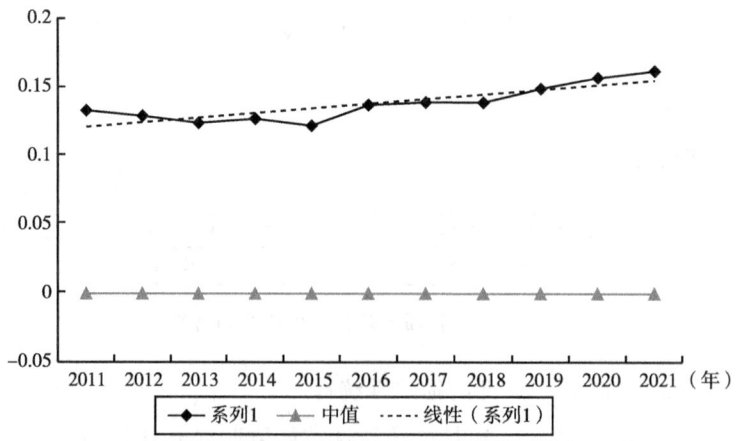

图6-3　"四大"的均值、中值及均值的变化趋势

第6章 ESG表现对权益资本成本影响的调节效应研究

6.3 实证结果与分析

6.3.1 单变量分析

(1) 基于产权性质差异的单变量分析

在我国现有体制下，国企与政府有千丝万缕的联系，为此，本书在进行媒体治理与权益资本成本的单变量分析时，首先，按媒体治理（Med）强度将全样本划分为高、低 Med 强度组（Panel A）；其次，分别对国企和非国企按同样的方法划分为高、低 Med 强度组（Panel B 和 Panel C）；最后，直接将 Med 强度按公司性质划分为国企和非国企子样本（Panel D）。

表 6-4 是配对样本后媒体治理与权益资本成本的单变量分析结果，对于均值差异我们采用 T 检验，对于中值差异我们采用秩和检验。根据表 6-4 相关结果，在全样本情况下（Panel A），高媒体治理强度组企业的权益资本成本的均值和中值都在 1% 的水平上显著高于低 Med 强度组；在国企子样本组（Panel B），高 Med 强度组企业的权益资本成本的均值在 5% 的水平上显著高于低 Med 组，而两者的中值差异不显著；在非国企子样本组（Panel C），高 Med 强度组企业的权益资本成本的均值和中值在 1% 的水平上显著高于低 Med 强度组。这初步验证了理论推演，即媒体治理与权益资本成本可能存在正相关关系。

表 6-4 媒体治理与权益资本成本单变量分析（按产权性质）

分组类型	观测数	均值	均值差	T 值	观测数	中值	中值差	Z 值
Panel A：全样本								
高 Med 强度	4334	0.105	0.026 ***	5.542	4428	0.093	0.018 ***	4.319
低 Med 强度	4609	0.079			4515	0.075		

续表

分组类型	观测数	均值	均值差	T值	观测数	中值	中值差	Z值
Panel B：国企子样本组								
高Med强度	2213	0.094	0.017**	2.521	2229	0.063	-0.007	-1.451
低Med强度	2291	0.077			2275	0.070		
Panel C：非国企子样本组								
高Med强度	2157	0.115	0.036***	5.366	2211	0.125	0.044***	5.099
低Med强度	2282	0.080			2228	0.081		
Panel D：国企子样本和非国企子样本								
国企子样本	4504	4.352	0.037	1.564	4504	4.331	0.054	1.292
非国企子样本	4439	4.315			4439	4.277		

注：上标***、**分别表示差值在1%、5%的水平通过了显著性检验。

在国企子样本和非国企子样本配对中（Panel D），国企与非国企子样本媒体治理强度的均值和中值差异都不显著。这表明随着自媒体的蓬勃发展，企业的各种不良行为都会被放在阳光下，媒体治理并不存在产权性质差异。

（2）基于区域差异的单变量分析

我国是一个地域辽阔的国家，地区差异客观存在。这是否意味着地区差异对媒体治理与权益资本成本的关系存在影响呢？

为避免该因素给单变量分析带来的干扰，本书在进行媒体治理强度与权益资本成本的单变量分析时，首先，按媒体治理强度划分为高、低Med强度组（Panel E）；其次，分别对东部和中西部地区公司子样本按同样的方法划分高、低Med强度组（Panel F和Panel G）；最后，直接按地区差异将企业划分为东部、中西部子样本（Panel H）。各组分析结果见表6-5，对于均值差异我们采用T检验，对于中值差异我们采用秩和检验。

根据表6-5相关结果，在全样本（Panel E）情况下，高Med强度组企业的权益资本成本的均值和中值都在1%的水平上显著高于低

Med 强度组。在东部地区子样本组（Panel F），高 Med 强度组企业的权益资本成本的均值和中值都在 1% 的水平上显著高于低 Med 强度组。在中西部地区子样本组（Panel G），高媒体治理强度企业的权益资本成本的均值和中值分别在 5% 和 10% 的水平上显著高于低媒体治理强度组，与本章理论推演相呼应。

表 6-5　媒体治理与权益资本成本单变量分析（按地区）

分组类型	观测数	均值	均值差	T 值	观测数	中值	中值差	Z 值
Panel E：全样本								
高 Med 强度	4334	0.105	0.026***	5.542	4428	0.093	0.018***	4.319
低 Med 强度	4609	0.079			4515	0.075		
Panel F：东部地区子样本组								
高 Med 强度	2976	0.108	0.030***	5.174	3069	0.093	0.020***	4.042
低 Med 强度	3191	0.078			3098	0.073		
Panel G：中西部地区子样本组								
高 Med 强度	1359	0.099	0.018**	2.132	1384	0.095	0.013*	1.781
低 Med 强度	1417	0.080			1392	0.082		
Panel H：东部子样本和中西部子样本								
东部子样本	6167	4.346	0.040	1.570	6167	4.304	0.027	1.322
中西部子样本	2776	4.306			2776	4.277		

注：上标 ***、**、* 分别表示差值在 1%、5%、10% 的水平通过了显著性检验。

在东部和中西部子样本配对中（Panel H），两者的均值和中值差异并不显著。这表明随着自媒体的蓬勃发展，企业的各种不良行为都会被放在阳光下，媒体治理并不存在地区差异。

（3）基于"四大"审计的单变量分析

独立性是保证外部鉴证质量的关键环节，一般认为，外资事务所比内资事务所独立性更高，同时作为跨国业务，外资事务所为了自己的声誉也会更加关注审计质量以期获得长期利益。从这个两个角度来看，选择"四大"审计意味着企业相关财务报告的信息更加真实可靠。当然,有学者认为,"四大"为了获得跨国业务就会降低审计质量,甚至从会计盈余的稳健性角度来看,有强烈的证据表明国际"四大"甚至比非国际"四大"更不稳健(刘峰和周福源,2007)。而吴水澎和李奇凤(2006)研究认为,"四大"与国内"十大"[①]、国内"十大"与国内非"十大"在抑制公司报告可操控性应计上存在显著差异;"四大"的审计质量高于国内"十大",国内"十大"的审计质量高于国内非"十大"。这是否意味着"四大"对ESG表现与权益资本成本的关系存在影响呢?

为避免该因素给单变量分析带来的干扰,本书在进行ESG表现与权益资本成本的单变量分析时,首先,按ESG表现划分为高、低ESG表现组(Panel I);其次,分别对"四大"公司子样本和非"四大"公司子样本按同样的方法划分高、低ESG表现组(Panel J和Panel K);最后,直接将企业划分为"四大"子样本和非"四大"子样本(Panel L)。各组分析结果详见表6-6,对于均值差异我们采用T检验,对于中值差异我们采用秩和检验。

根据表6-6,在全样本(Panel I),高ESG表现组企业的权益资本成本的均值差异不显著,中值差在1%的水平上显著高于低ESG表现组。在"四大"审计子样本组(Panel J),高ESG表现组企业的权益资本成本的均值差异不显著,中值差在1%的水平上显著高于低ESG表现组。在非"四大"子样本组(Panel K),高ESG表现企业的权益资本成本的均值差异不显著,中值差在1%的水平上显著高于低ESG表现组。分析结果与本章理论推演相悖,但根据前文实证,ESG表现与权益资本成本是显著负相关的,出现这种单变量分析结果的原因可能源于单变量分析无法控制个体效应。

---

① 按网络公开信息,它们分别是中天、华明、华永、华振、天健、立信、信永中和、大华、天职国际和致同十所会计师事务所。

表 6-6 　　ESG 表现与权益资本成本单变量分析
（按是否"四大"）

分组类型	观测数	均值	均值差	T 值	观测数	中值	中值差	Z 值
Panel I：全样本								
高 ESG 表现	3891	0.092	0.001	0.276	4453	0.107	0.050***	3.997
低 ESG 表现	5063	0.091			4501	0.057		
Panel J："四大"审计子样本组								
高 ESG 表现	551	0.095	0.009	0.740	624	0.099	0.045***	2.873
低 ESG 表现	697	0.086			624	0.054		
Panel K：非"四大"审计子样本组								
高 ESG 表现	3657	0.090	-0.002	-0.472	3848	0.115	0.058***	4.359
低 ESG 表现	4049	0.093			3858	0.057		
Panel L："四大"子样本和非"四大"子样本								
"四大"子样本	1248	35.557	8.141***	31.151	1248	33.794	6.765***	24.491
非"四大"子样本	7706	27.415			7706	27.030		

注：上标 *** 表示差值在 1% 的水平通过了显著性检验。

在"四大"子样本和非"四大"子样本配对中（Panel L），"四大"子样本 ESG 表现的均值和中值都在 1% 的显著性水平高于非"四大"子样本。这表明"四大"审计的确可以提升企业 ESG 表现，但是由于逆向选择的存在，这种提升也许无法降低权益资本成本，本章将在下文深入讨论。

6.3.2　模型选择检验

在回归检验之前，我们采用 F 检验考察模型 6-1 是否存在个体效应，采用 Hausman 检验考察究竟固定效应还是随机效应回归更可靠且效用高。检验结果见表 6-7。根据相关结果，所有模型存在个体效应，无法通过 F 检验，不适合采用混合 OLS 回归。同时，由于 Hausman 检验均拒绝 H0，即固定效应更为严谨可靠。鉴于此，本节将采用固定效应模型开展研究,同时考虑到权益资本成本随年份的剧烈变化(见图4-1)以及行业间权益融资的差异,本书将同时控制时间效应和行业效应。

表6-7　　　　　　　　F 检验及 Hausman 检验

模型	F 检验			Hausman 检验		
	F 值	P 值	H0	chi2	p 值	H0
6-1	4.14	0	拒绝	5220.60	0	拒绝
6-3	4.06	0	拒绝	4237.29	0	拒绝
6-5	4.06	0	拒绝	4237.29	0	拒绝

由于本书所研究内容个体数量多,时间跨度非常短,很多文献没有考虑异方差、序列相关以及截面相关的问题,存在不严谨的地方(Hoechle,2007),因此我们采用修正 Wald 检验、Wooldridge 检验以及 Pesaran 检验检验所有模型是否存在异方差、自相关以及截面相关(见表6-8)。

表6-8　　　　　异方差、序列相关及截面相关检验

模型	修正 Wald 检验			Wooldridge 检验			Pesaran 检验		
	Chi2	P 值	H0	F 值	P 值	H0	CD 值	Pr 值	H0
6-1	7702.12	0	拒绝	258.40	0	拒绝	345.17	0	拒绝
6-3	11223.72	0	拒绝	271.21	0	拒绝	412.85	0	拒绝
6-5	11223.72	0	拒绝	271.21	0	拒绝	412.85	0	拒绝

注:根据 Pesaran 检验(Pesaran,2004),在截面相关的零假设下,在双侧5%名义显著水平上进行截面相关性检验,如果 $|CD| \geq 1.96$,那么拒绝 H0。

根据表6-8,在异方差、自相关、截面相关检验中所有模型都拒绝 H0,说明存在异方差、自相关以及截面相关。鉴于此,本书在进行回归分析时将分别采用 Huber - White 稳健性回归、组内估计的稳健标准误(Arellano,1987)、聚类稳健方差估计分别修正这三种因素的影响,并给出调整后的标准误。

6.3.3 多元回归分析

（1）媒体治理调节的 ESG 表现对权益资本成本的影响检验

根据表 6-7 检验的结果，模型 6-1 存在显著个体效应（F 值 4.14），不适宜采用 OLS 回归；在 Hausman 检验中，卡方值 5220.60，显著拒绝 H0。因此，本书在验证模型 6-1 时将采用固定效应模型，同时控制时间效应和行业效应。根据表 6-8 检验的结果，修正 Wald 检验、Wooldridge 检验以及 Pesaran 检验都在 1% 显著性水平拒绝了 H0，表明模型 6-1 存在异方差、序列相关以及截面相关。本书将分别采用 Huber-White 稳健性回归、稳健标准误（Arellano，1987）以及聚类稳健方差估计对异方差、序列相关以及截面相关的影响进行修正，并给出修正后的标准误。与此同时，由于存在交互项，为了避免多重共线性，本书在回归之前对所有非虚拟变量进行了中心化，然后按模型 6-1 进行检验。具体结果见表 6-9。

表 6-9　媒体治理调节的 ESG 表现与权益资本成本

变量 （COE）	（1） 固定效应	（2） 修正异方差	（3） 修正序列相关	（4） 修正截面相关
ESG	-0.947*** (0.024)	-0.947*** (0.030)	-0.947*** (0.027)	-0.947*** (0.030)
Med	4.202*** (0.193)	4.202*** (0.201)	4.202*** (0.199)	4.202*** (0.201)
ESG×Med	0.058*** (0.014)	0.058*** (0.017)	0.058*** (0.014)	0.058*** (0.017)
Size	-5.081*** (0.363)	-5.081*** (0.451)	-5.081*** (0.394)	-5.081*** (0.451)
Growth	-3.860*** (0.391)	-3.860*** (0.417)	-3.860*** (0.404)	-3.860*** (0.417)

续表

变量 (COE)	(1) 固定效应	(2) 修正异方差	(3) 修正序列相关	(4) 修正截面相关
Top1	18.017*** (2.428)	18.017*** (2.605)	18.017*** (2.436)	18.017*** (2.605)
Top10	-1.967 (1.878)	-1.967 (1.971)	-1.967 (1.773)	-1.967 (1.971)
Indirector	-8.085** (3.474)	-8.085** (3.624)	-8.085** (3.425)	-8.085** (3.624)
Stat	0.502 (0.947)	0.502 (1.017)	0.502 (0.979)	0.502 (1.017)
Big4	1.905** (0.960)	1.905* (1.153)	1.905* (1.034)	1.905* (1.153)
LEV	2.577* (1.530)	2.577 (1.689)	2.577* (1.545)	2.577 (1.689)
BTM	-0.097 (0.112)	-0.097 (0.114)	-0.097 (0.103)	-0.097 (0.114)
Fund	15.079*** (2.039)	15.079*** (2.033)	15.079*** (1.913)	15.079*** (2.033)
Legal	1.981* (1.068)	1.981* (1.138)	1.981* (1.043)	1.981* (1.138)
DTS	-67.609*** (11.191)	-67.609*** (13.348)	-67.609*** (11.660)	-67.609*** (13.348)
Turn	0.120 (0.123)	0.120 (0.134)	0.120 (0.129)	0.120 (0.134)
cons	20.601*** (0.687)	20.601*** (0.729)		20.601*** (0.729)
时间效应	控制	控制	控制	控制
行业效应	控制	控制	控制	控制
N	8481	8481	8472	8481
R^2	0.837	0.837	0.837	0.837
调整 R^2	0.816	0.837	0.816	0.837
F值	1040.72	1203.88	1278.61	1203.88

续表

变量 (COE)	(1) 固定效应	(2) 修正异方差	(3) 修正序列相关	(4) 修正截面相关
Wald 检验 1	5458.29	5389.52	5786.06	5389.52
Wald 检验 2	2.60	13.01	4.90	13.01

注：表中括号内是回归系数的双尾 T 检验对应的标准误；***、**、* 分别表示对应系数的显著性水平为 1%、5%、10%；F 值是对所有变量回归系数的联合测试；Wald 检验 1、Wald 检验 2 分别是对年份、行业虚拟变量系数的联合测试；所有变量 Vif 值小于 10。

根据表 6-9，ESG 表现与权益资本成本在 1% 的显著性水平负相关，与本书第 4 章研究结论一致；无论是固定效应回归，还是分别修正异方差、序列相关、截面相关，调节变量（Med）的回归系数都在 1% 通过显著性水平检验，结果与本书理论推演是一致的。自变量与调节变量交互项（ESG×Med）的回归系数在分别修正异方差、序列相关、截面相关的情况下通过 1% 的显著性水平检验，与主回归异号，验证了假设 6-2，即媒体负面报道将削弱 ESG 表现降低权益资本成本的功效，该结论在双向固定效应模型、分别修正异方差、序列相关以及截面相关的情况下均成立。

总体来看，无论是采用双向固定效应，还是分别修正异方差、序列相关、截面相关，调整 R^2 介于 0.816 至 0.837，说明模型对权益资本成本的解释力介于 81.6%—83.7%，拟合效果非常好；F 值显著性水平三颗星，即系数集合显著异于零；Wald 检验 1 在 1% 以上水平通过显著性检验，Wald 检验 2 部分显著，即年份、行业对回归结果有显著影响，该影响已被控制；控制变量与文献研究结果相似；最大方差膨胀因子 3.35，平均值为 1.38，没有发现严重多重共线性存在。以上数据说明模型 6-1 回归结果稳健可靠。

进一步，将表 6-9 相关数据代入模型 6-2。其中，$\gamma_1 = -0.947$，$\gamma_3 = 0.058$，$\overline{\text{Med}} = 0$（变量已被中心化），$sd(\text{Med}) = 1.123$

$$\frac{\partial \text{COE}}{\partial \text{ESG}} = \gamma_1 + \gamma_3 \text{Med} = \begin{cases} -1.012, & \text{低值} \\ -0.947, & \text{中值} \\ -0.882, & \text{高值} \end{cases}$$

很明显，即便是在媒体治理强度很低的时候（低值），其声誉损害的功能已经初露苗头，ESG表现缓解权益资本成本的效用开始被削弱，比基准回归（参见第4章表4-19的回归系数-1.128）下降10.28%，即 (1.128-1.012)÷1.128×100%；随着媒体治理强度的增加，声誉损害逐渐被强化，在媒体治理强度取中值的时候，ESG表现降低权益资本成本的功效与基准情况相比下降16.05%，即 (1.128-0.947)÷1.128×100%；在媒体治理强度很高的时候（高值），声誉损害极大地削弱ESG表现降低权益资本成本的功效，比基准状态下降21.81%，即 (1.128-0.882)÷1.128×100%。

以上分析表明，假设6-1被拒绝，假设6-2得到了验证。即使是很轻微的负面报道，其声誉损害也会削弱ESG表现降低权益资本成本的效用。随着媒体治理强度的增加，ESG表现的功效被进一步削弱。在媒体治理处于低值、中值和高值时，ESG降低权益资本成本的效应分别下降为10.28%、16.05%、21.81%。

是什么原因导致媒体治理的监督功能在此过程中被淹没呢？本书将在第7章从ESG表现与权益资本成本之间不同的路径着手，探究媒体治理对不同路径的作用机制，以期揭开媒体治理的监督功能被淹没的原因。

（2）产权性质差异调节的ESG表现对权益资本成本的影响检验

根据表6-7检验的结果，模型6-3存在显著个体效应（F值4.06），不适宜采用OLS回归；在Hausman检验中，卡方值4237.29，显著拒绝H0。

根据表6-8的检验结果，修正Wald检验、Wooldridge检验以及Pesaran检验都在1%显著性水平拒绝了H0，表明模型6-3存在异方差、序列相关以及截面相关。本书将分别采用Huber-White稳健性回归、稳健标准误（Arellano，1987）以及聚类稳健方差估计对异方差、序列相关以及界面相关的影响进行修正。与此同时，由于存在交互项，为了避免多重共线性，本书在回归之前对所有非虚拟变量进行

第6章 ESG表现对权益资本成本影响的调节效应研究

了中心化,然后按模型6-3进行检验。具体结果见表6-10。

表6-10 产权差异调节的ESG表现与权益资本成本

变量 (COE)	(1) 固定效应	(2) 修正异方差	(3) 修正序列相关	(4) 修正截面相关
ESG	-1.096*** (0.043)	-1.096*** (0.040)	-1.096*** (0.040)	-1.096*** (0.040)
Stat	1.001 (1.710)	1.001 (1.338)	1.001 (1.439)	1.001 (1.338)
ESG×Stat	-0.334*** (0.061)	-0.334*** (0.055)	-0.334*** (0.054)	-0.334*** (0.055)
Size	-4.108*** (0.665)	-4.108*** (0.644)	-4.108*** (0.625)	-4.108*** (0.644)
Growth	-5.032*** (0.707)	-5.032*** (0.692)	-5.032*** (0.683)	-5.032*** (0.692)
Top1	25.219*** (4.380)	25.219*** (3.744)	25.219*** (3.831)	25.219*** (3.744)
Top10	-10.753*** (3.402)	-10.753*** (2.826)	-10.753*** (2.778)	-10.753*** (2.826)
Indirector	-5.722 (6.279)	-5.722 (5.482)	-5.722 (5.729)	-5.722 (5.482)
Big4	3.953** (1.726)	3.953** (1.797)	3.953** (1.671)	3.953** (1.797)
LEV	1.711 (2.760)	1.711 (2.325)	1.711 (2.329)	1.711 (2.325)
B2M	2.284*** (0.198)	2.284*** (0.216)	2.284*** (0.205)	2.284*** (0.216)
Fund	16.748*** (3.690)	16.748*** (3.045)	16.748*** (3.028)	16.748*** (3.045)
Legal	2.157 (1.930)	2.157 (1.656)	2.157 (1.655)	2.157 (1.656)
DTS	-94.344*** (20.138)	-94.344*** (19.747)	-94.344*** (18.131)	-94.344*** (19.747)
Turn	2.543*** (0.216)	2.543*** (0.227)	2.543*** (0.230)	2.543*** (0.227)
cons	13.935*** (0.857)	13.935*** (0.611)		13.935*** (0.611)
时间效应	控制	控制	控制	控制

续表

变量 (COE)	(1) 固定效应	(2) 修正异方差	(3) 修正序列相关	(4) 修正截面相关
行业效应	控制	控制	控制	控制
N	8491	8491	8482	8491
R^2	0.470	0.470	0.470	0.470
调整 R^2	0.399	0.468	0.400	0.468
F 值	184.57	815.25	592.94	815.25
Wald 检验 1	817.89	3085.02	2453.66	3085.02
Wald 检验 2	0.89	9.34	2.90	9.34

注：表中括号内是回归系数的双尾 T 检验对应的标准误；*** 、** 分别表示对应系数的显著性水平为 1%、5%；F 值是对所有变量回归系数的联合测试；Wald 检验 1、Wald 检验 2 分别是对年份、行业虚拟变量系数的联合测试；所有变量 Vif 值小于 10。

根据表 6-10，ESG 表现与权益资本成本在 1% 的显著性水平负相关，与本书第 4 章研究结论是一致的；无论是固定效应回归，还是分别修正异方差、序列相关、截面相关，自变量与调节变量交互项（ESG×Stat）的回归系数都在 1% 通过显著性水平检验，与主回归同号，验证了假设 6-3，即国企的性质会增强 ESG 表现降低权益资本成本的功效。该结论在双向固定效应模型、分别修正异方差、序列相关以及截面相关的情况下均成立。

总体来看，无论是采用双向固定效应，还是分别修正异方差、序列相关、截面相关，调整 R^2 介于 0.399 至 0.468，这就说明模型对权益资本成本的解释力介于 39.9%—46.8%，拟合效果非常好；F 值显著性水平三颗星，即系数集合显著异于零；Wald 检验都在 1% 水平通过显著性检验，即年份、行业对回归结果有显著影响，该影响已被控制；控制变量与文献研究结果相似；最大方差膨胀因子 2.70，平均值为 1.35，没有发现严重多重共线性存在。以上数据说明模型 6-3 回归结果稳健可靠。

进一步，将表 6-10 相关数据代入模型 6-4。其中，$\beta_1 = -1.096$，$\beta_3 = -0.334$，$\overline{Stat} = 0$（变量已被中心化），$sd(Stat) = 0.500$。

第6章 ESG 表现对权益资本成本影响的调节效应研究

$$\frac{\partial \text{COE}}{\partial \text{ESG}} = \beta_1 + \beta_3 \text{Stat} = \begin{cases} -0.929, & \text{低值} \\ -1.096, & \text{中值} \\ -1.263, & \text{高值} \end{cases}$$

很明显，当产权性质完全为非国企时，ESG 表现降低权益资本成本的功效为 0.929，比基准回归（参见第 4 章表 4-19 的回归系数 -1.128）下降 17.64%，即 (1.128 - 0.929) ÷ 1.128 × 100%；而当企业的性质完全为国企时，ESG 表现降低权益资本成本的功效为 1.263，比基准回归上升 11.97%，即 (1.263 - 1.128) ÷ 1.128 × 100%。即产权性质的差异将有利于国企发挥 ESG 表现降低权益资本成本的功效，假设 6-3 得到了验证。

(3) 审计主体差异调节的 ESG 表现对权益资本成本的影响检验

根据表 6-7 检验的结果，模型 6-5 存在显著个体效应（F 值 4.06），不适宜采用 OLS 回归；在 Hausman 检验中，卡方值 4237.29，显著拒绝 H0。因此，本书在验证模型 6-5 时将采用固定效应模型，同时控制时间效应和行业效应。根据表 6-8 检验的结果，修正 Wald 检验、Wooldridge 检验以及 Pesaran 检验都在 1% 显著性水平拒绝了 H0，表明模型 6-5 存在异方差、序列相关以及截面相关。本书将分别采用 Huber-White 稳健性回归、稳健标准误（Arellano, 1987）以及聚类稳健方差估计对异方差、序列相关以及界面相关的影响进行修正。与此同时，由于存在交互项，为了避免多重共线性，在回归之前对所有非虚拟变量进行了中心化，然后按模型 6-5 进行检验。具体结果见表 6-11。

表 6-11 审计主体差异调节的 ESG 表现与权益资本成本

变量 (COE)	(1) 固定效应	(2) 修正异方差	(3) 修正序列相关	(4) 修正截面相关
ESG	-1.128*** (0.044)	-1.128*** (0.042)	-1.128*** (0.042)	-1.128*** (0.042)
Big4	3.226* (1.748)	3.226* (1.763)	3.226* (1.647)	3.226* (1.763)

续表

变量 (COE)	(1) 固定效应	(2) 修正异方差	(3) 修正序列相关	(4) 修正截面相关
ESG × Big4	0.202*** (0.072)	0.202*** (0.069)	0.202*** (0.064)	0.202*** (0.069)
Size	-3.435*** (0.663)	-3.435*** (0.640)	-3.435*** (0.618)	-3.435*** (0.640)
Growth	-4.815*** (0.711)	-4.815*** (0.694)	-4.815*** (0.686)	-4.815*** (0.694)
Top1	24.871*** (4.385)	24.871*** (3.658)	24.871*** (3.772)	24.871*** (3.658)
Top10	-13.022*** (3.393)	-13.022*** (2.824)	-13.022*** (2.778)	-13.022*** (2.824)
Indirector	-7.805 (6.272)	-7.805 (5.510)	-7.805 (5.701)	-7.805 (5.510)
Stat	1.150 (1.710)	1.150 (1.294)	1.150 (1.429)	1.150 (1.294)
CSRR	2.520*** (0.620)	2.520*** (0.454)	2.520*** (0.537)	2.520*** (0.454)
LEV	2.200 (2.763)	2.200 (2.347)	2.200 (2.339)	2.200 (2.347)
B2M	2.337*** (0.198)	2.337*** (0.221)	2.337*** (0.208)	2.337*** (0.221)
Fund	15.504*** (3.684)	15.504*** (3.031)	15.504*** (3.017)	15.504*** (3.031)
Legal	1.499 (1.931)	1.499 (1.647)	1.499 (1.653)	1.499 (1.647)
DTS	-90.018*** (20.193)	-90.018*** (19.262)	-90.018*** (17.868)	-90.018*** (19.262)
cons	12.010*** (1.268)	12.010*** (0.900)		12.010*** (0.900)
时间效应	控制	控制	控制	控制
行业效应	控制	控制	控制	控制
N	8491	8491	8482	8491
R^2	0.470	0.470	0.470	0.470

续表

变量 (COE)	(1) 固定效应	(2) 修正异方差	(3) 修正序列相关	(4) 修正截面相关
调整 R^2	0.398	0.467	0.399	0.467
F 值	179.20	791.01	578.54	791.01
Wald 检验 1	811.99	3022.07	2454.28	3022.07
Wald 检验 2	0.95	4.74	2.70	4.74

注：表中括号内是回归系数的双尾 T 检验对应的标准误；***、* 分别表示对应系数的显著性水平为 1%、10%；F 值是对所有变量回归系数的联合测试；Wald 检验 1、Wald 检验 2 分别是对年份、行业虚拟变量系数的联合测试；所有变量 Vif 值小于 10。

根据表 6-11，ESG 表现与权益资本成本在 1% 的显著性水平负相关，与本书第 4 章研究结论是一致的；无论是固定效应回归，还是分别修正异方差、序列相关、截面相关，调节变量的回归系数都在 1% 的显著性水平与权益资本成本正相关，这表明理论推演中逆向选择现象的确存在；自变量与调节变量交互项（ESG×Big4）的回归系数都通过 1% 的显著性水平检验，与主回归异号，验证了假设 6-3，即审计主体的差异会影响 ESG 表现降低权益资本成本的功效，选择"四大"将不利于 ESG 表现降低权益资本成本功能的发挥。该结论在双向固定效应模型、分别修正异方差、序列相关以及截面相关的情况下均成立。

总体来看，无论是采用双向固定效应，还是分别修正异方差、序列相关、截面相关，调整 R^2 介于 0.398 至 0.467，这就说明模型对权益资本成本的解释力介于 39.8%—46.7%，拟合效果非常好；F 值显著性水平三颗星，即系数集合显著异于零；Wald 检验都在 1% 的水平通过显著性检验，即年份、行业对回归结果有显著影响，该影响已被控制；控制变量与文献研究结果相似；最大方差膨胀因子 2.70，平均值为 1.36，没有发现严重多重共线性存在。以上数据说明模型 6-5 回归结果稳健可靠。

本书将表 6-11 相关数据代入模型 6-6。其中，$\alpha_1 = -1.128$，$\alpha_3 = 0.202$，$\overline{Big4} = 0$（变量已被中心化），$sd(Big4) = 0.346$。

$$\frac{\partial \text{COE}}{\partial \text{ESG}} = \alpha_1 + \alpha_3 \text{Big4} = \begin{cases} -1.198, \text{低值} \\ -1.128, \text{中值} \\ -1.058, \text{高值} \end{cases}$$

很明显,当审计主体为非"四大"时,ESG表现降低权益资本成本的功效为1.198,而当审计主体为"四大"时,ESG表现降低权益资本成本的功效为1.058,非"四大"使得ESG表现降低权益资本成的效应比"四大"上升13.23%,即(1.198÷1.058-1)。由于逆向选择的存在,外部审计主体的差异将对ESG表现降低权益资本成本的功效产生影响,选择"四大"将不利于ESG表现发挥其降低权益资本成本的功效,假设6-4得到了验证。

6.4 稳健性检验

6.4.1 Heckman两阶段法

(1) 媒体治理调节效应的Heckman两阶段法

结合前文论述,本书采用的自变量——彭博ESG评分可能存在因上市企业出于各种目的选择性披露相关信息造成的自选择偏误问题。为此,本节借鉴前文采用的Heckman两阶段法,以模型6-1为基准对基于媒体治理调节的ESG表现与权益资本成本开展稳健性检验。具体做法参见第4章,检验结果见表6-12。

表6-12 媒体治理调节效应的Heckman两阶段法检验

变量 (COE)	(1) 固定效应	(2) 修正异方差	(3) 修正序列相关	(4) 修正截面相关
ESG	-1.116*** (0.022)	-1.116*** (0.029)	-1.116*** (0.026)	-1.116*** (0.029)
Med	3.863*** (0.195)	3.863*** (0.203)	3.863*** (0.198)	3.863*** (0.203)

续表

变量 (COE)	(1) 固定效应	(2) 修正异方差	(3) 修正序列相关	(4) 修正截面相关
ESG×Med	0.049*** (0.014)	0.049*** (0.017)	0.049*** (0.014)	0.049*** (0.017)
λ	2.051*** (0.221)	2.051*** (0.216)	2.051*** (0.217)	2.051*** (0.216)
Growth	−3.500*** (0.392)	−3.500*** (0.397)	−3.500*** (0.396)	−3.500*** (0.397)
LEV	−4.486*** (1.457)	−4.486*** (1.617)	−4.486*** (1.464)	−4.486*** (1.617)
BTM	0.2071* (0.109)	0.2071* (0.112)	0.207** (0.102)	0.2071* (0.112)
Turn	0.2149* (0.118)	0.2149 (0.132)	0.2149* (0.125)	0.2149 (0.132)
DTS	−44.601*** (11.123)	−44.601*** (12.050)	−44.601*** (10.983)	−44.601*** (12.050)
Top1	18.741*** (2.430)	18.741*** (2.568)	18.741*** (2.424)	18.741*** (2.568)
Top10	−0.9016 (1.868)	−0.9016 (1.950)	−0.9016 (1.763)	−0.9016 (1.950)
Indirector	−7.052** (3.513)	−7.0524* (3.640)	−7.052** (3.457)	−7.0524* (3.640)
Big4	1.2044 (0.966)	1.2044 (1.173)	1.2044 (1.040)	1.2044 (1.173)
Stat	−0.5975 (0.957)	−0.5975 (1.127)	−0.5975 (1.016)	−0.5975 (1.127)
cons	20.711*** (0.460)	20.711*** (0.409)		20.711*** (0.409)
时间效应	控制	控制	控制	控制

续表

变量 (COE)	(1) 固定效应	(2) 修正异方差	(3) 修正序列相关	(4) 修正截面相关
行业效应	控制	控制	控制	控制
N	8488	8488	8479	8488
R^2	0.833	0.833	0.833	0.833
调整 R^2	0.811	0.833	0.811	0.833
F 值	1069.88	1238.53	1316.54	1238.53
Wald 检验 1	5482.17	5424.05	5704.45	5424.05
Wald 检验 2	3.39	6.97	5.40	6.97

注：表中括号内是回归系数的双尾 T 检验对应的标准误；***、**、* 分别表示对应系数的显著性水平为 1%、5%、10%；F 值是对所有变量回归系数的联合测试；Wald 检验 1、Wald 检验 2 分别是对年份、行业虚拟变量系数的联合测试；所有变量 Vif 值小于 10。

根据表 6-12，逆米尔斯比（λ）的回归系数显著为正，均通过 1% 显著性水平检验，表明原数据的确存在自选择偏误，该偏误已经得到修正。从第 1 栏—第 4 栏，在双向固定效应模型以及分别修正异方差、序列相关、截面相关的情况下，回归结果的标准误没有显著变化，ESG 表现的所有系数都在 1% 水平通过显著性检验。与主回归的结果（见表 6-9）相比，ESG 表现回归系数的绝对值有所增加，标准误有所减小，这表明纠偏后的结论优于原结论。

进一步，将表 6-12 中相关数据代入模型 6-2。其中，$\gamma_1 = -1.116$，$\gamma_3 = 0.049$，$\overline{Med} = 0$（变量已被中心化），$sd(Med) = 1.123$。

$$\frac{\partial COE}{\partial ESG} = \gamma_1 + \gamma_3 \cdot Med = \begin{cases} -1.171, & 低值 \\ -1.116, & 中值 \\ -1.061, & 高值 \end{cases}$$

以基准回归中 Heckman 检验为标准（参见表 4-26 回归系数为 -1.246），当媒体治理强度处于低、中、高值时，其调节作用使得 ESG 表现降低权益资本成本的效应分别下降 6.02%、10.43%、14.85%，即随着媒体治理强度的增加，ESG 表现降低权益资本成本的功效被削弱,假设6-1被拒绝,假设6-2得到了验证。以上证据表明原结论的稳健性。与此同时,由于遗漏重要解释信息的内生性问题得到缓解,ESG表现的功效有所加强,标准误有所下降,修正后的结论优于原结论,再次证明原结论的稳健性。

(2) 产权性质差异调节效应的Heckman两阶段法

同前文,本书采用的自变量——彭博ESG评分可能存在因上市企业出于各种目的选择性披露相关信息造成的自选择偏误问题。为此,本节借鉴前文采用的Heckman两阶段法,以模型6-3为基准对基于产权性质差异调节的ESG表现与权益资本成本开展稳健性检验。具体做法参见第4章,检验结果参见表6-13。

表6-13 产权性质差异调节效应的Heckman两阶段法检验

变量 (COE)	(1) 固定效应	(2) 修正异方差	(3) 修正序列相关	(4) 修正截面相关
ESG	-1.235*** (0.038)	-1.235*** (0.036)	-1.235*** (0.038)	-1.235*** (0.036)
Stat	0.0933 (1.711)	0.0933 (1.390)	0.0933 (1.444)	0.0933 (1.390)
ESG×Stat	-0.230*** (0.060)	-0.230*** (0.055)	-0.230*** (0.053)	-0.230*** (0.055)
λ	2.290*** (0.393)	2.290*** (0.294)	2.290*** (0.322)	2.290*** (0.294)
Growth	-4.698*** (0.702)	-4.698*** (0.672)	-4.698*** (0.669)	-4.698*** (0.672)
LEV	-3.5300 (2.614)	-3.5300 (2.224)	-3.5300 (2.221)	-3.5300 (2.224)
B2M	2.538*** (0.189)	2.538*** (0.220)	2.538*** (0.203)	2.538*** (0.220)
Turn	2.583*** (0.205)	2.583*** (0.215)	2.583*** (0.215)	2.583*** (0.215)
DTS	-76.052*** (19.808)	-76.052*** (18.004)	-76.052*** (16.946)	-76.052*** (18.004)

续表

变量 (COE)	(1) 固定效应	(2) 修正异方差	(3) 修正序列相关	(4) 修正截面相关
Top1	24.793*** (4.340)	24.793*** (3.666)	24.793*** (3.767)	24.793*** (3.666)
Top10	-9.759*** (3.351)	-9.759*** (2.758)	-9.759*** (2.708)	-9.759*** (2.758)
Indirector	-5.5714 (6.290)	-5.5714 (5.478)	-5.5714 (5.723)	-5.5714 (5.478)
Big4	3.440** (1.720)	3.4401* (1.829)	3.440** (1.675)	3.4401* (1.829)
cons	14.007*** (0.827)	14.007*** (0.526)		14.007*** (0.526)
时间效应	控制	控制	控制	控制
行业效应	控制	控制	控制	控制
N	8498	8498	8489	8498
R^2	0.468	0.468	0.468	0.468
调整 R^2	0.396	0.466	0.397	0.466
F 值	193.63	803.85	603.15	803.85
Wald 检验 1	865.07	2931.08	2403.70	2931.08
Wald 检验 2	1.13	13.79	3.23	13.79

注：表中括号内是回归系数的双尾 T 检验对应的标准误；***、**、* 分别表示对应系数的显著性水平为 1%、5%、10%；F 值是对所有变量回归系数的联合测试；Wald 检验 1、Wald 检验 2 分别是对年份、行业虚拟变量系数的联合测试；所有变量 Vif 值小于 10。

根据表 6-13，逆米尔斯比（λ）的回归系数显著为正，均通过 1% 显著性水平检验，表明原数据的确存在自选择偏误，该偏误已经得到修正。从第 1 栏—第 4 栏，在双向固定效应模型以及分别修正异方差、序列相关、截面相关的情况下，回归结果的标准误没有显著变化，ESG 表现的所有系数都在 1% 水平通过显著性检验。与主回归的结果（见表 6-10）相比，ESG 表现回归系数的绝对值有所增加，标准误有所减小，这表明纠偏后的结论优于原结论。

进一步，将表 6-13 相关数据代入模型 6-4。其中，$\beta_1 = -1.235$，$\beta_3 = -0.230$，$\overline{Stat} = 0$（变量已被中心化），$sd(Stat) = 0.500$。

第6章 ESG表现对权益资本成本影响的调节效应研究

$$\frac{\partial \text{COE}}{\partial \text{ESG}} = \beta_1 + \beta_3 \cdot \text{Stat} = \begin{cases} -1.120, \text{低值} \\ -1.235, \text{中值} \\ -1.350, \text{高值} \end{cases}$$

以基准回归中 Heckman 检验为标准（参见表 4-26 回归系数为 -1.246），当产权性质为国企时，产权性质的调节使得 ESG 表现降低权益资本成本的效应上升 8.35%；当产权性质为非国企时，产权性质的调节使得 ESG 表现降低权益资本成本的效应下降 10.11%。假设 6-3 再次得到验证，即产权性质的差异将有利于国企发挥 ESG 表现降低权益资本成本的功效。

（3）审计主体差异调节效应的 Heckman 两阶段法

同前文，本书采用的自变量——彭博 ESG 评分可能存在因上市企业出于各种目的选择性披露相关信息造成的自选择偏误问题。为此，本节借鉴前文采用的 Heckman 两阶段法，以模型 6-5 为基准对基于外部审计主体差异调节的 ESG 表现与权益资本成本开展稳健性检验。具体做法参见第 4 章，检验结果见表 6-14。

表 6-14　审计主体差异调节效应的 Heckman 两阶段法检验

变量 （COE）	（1） 固定效应	（2） 修正异方差	（3） 修正序列相关	（4） 修正截面相关
ESG	-1.298*** (0.047)	-1.298*** (0.047)	-1.298*** (0.046)	-1.298*** (0.047)
Big4	3.658** (1.732)	3.658** (1.829)	3.658** (1.656)	3.658** (1.829)
ESG×Big4	0.242*** (0.072)	0.242*** (0.073)	0.242*** (0.064)	0.242*** (0.073)
λ	11.593*** (1.237)	11.593*** (0.809)	11.593*** (1.157)	11.593*** (0.809)
Growth	-3.668*** (0.657)	-3.668*** (0.669)	-3.668*** (0.617)	-3.668*** (0.669)
LEV	-7.993*** (0.785)	-7.993*** (0.697)	-7.993*** (0.751)	-7.993*** (0.697)
B2M	22.287*** (4.341)	22.287*** (3.823)	22.287*** (3.774)	22.287*** (3.823)

续表

变量 (COE)	(1) 固定效应	(2) 修正异方差	(3) 修正序列相关	(4) 修正截面相关
Turn	-10.840*** (3.376)	-10.840*** (2.873)	-10.840*** (2.740)	-10.840*** (2.873)
DTS	-9.5735 (6.239)	-9.5735* (5.524)	-9.5735* (5.642)	-9.5735* (5.524)
Top1	0.7303 (1.702)	0.7303 (1.331)	0.7303 (1.434)	0.7303 (1.331)
Top10	-14.756*** (1.944)	-14.756*** (1.252)	-14.756*** (1.899)	-14.756*** (1.252)
Indirector	4.0050 (2.751)	4.0050 (2.428)	4.0050* (2.332)	4.0050 (2.428)
Stat	2.184*** (0.197)	2.184*** (0.219)	2.184*** (0.204)	2.184*** (0.219)
cons	13.706*** (0.827)	13.706*** (0.590)		13.706*** (0.590)
时间效应	控制	控制	控制	控制
行业效应	控制	控制	控制	控制
N	8498	8498	8489	8498
R^2	0.475	0.475	0.475	0.475
调整 R^2	0.405	0.473	0.405	0.473
F 值	178.53	736.49	574.30	736.49
Wald 检验 1	802.10	2923.67	2297.00	2923.67
Wald 检验 2	0.98	3.30	2.40	3.30

注：表中括号内是回归系数的双尾 T 检验对应的标准误；***、**、*分别表示对应系数的显著性水平为 1%、5%、10%；F 值是对所有变量回归系数的联合测试；Wald 检验 1、Wald 检验 2 分别是对年份、行业虚拟变量系数的联合测试；所有变量 Vif 值小于 10。

根据表 6-14，逆米尔斯比（λ）的回归系数显著为正，均通过 1% 显著性水平检验，表明原数据的确存在自选择偏误，该偏误已经得到修正。从第 1 栏—第 4 栏，在双向固定效应模型以及分别控制异方差、序列相关、截面相关的情况下，回归结果的标准误没有显著变化，ESG 表现的所有系数都在 1% 水平通过显著性检验。与主回归的结果（见表 6-11）相比，ESG 表现回归系数的绝对值有所增加，标准误有所减小,这表明纠偏后的结论优于原结论。

本书将表 6-14 相关数据代入模型 6-6。其中,$\alpha_1 = -1.298$,$\alpha_3 = 0.242$,$\overline{\text{Big4}} = 0$(变量已被中心化),$\text{sd}(\text{Stat}) = 0.346$。

$$\frac{\partial \text{COE}}{\partial \text{ESG}} = \alpha_1 + \alpha_3 \cdot \text{Big4} = \begin{cases} -1.382, & \text{低值} \\ -1.298, & \text{中值} \\ -1.214, & \text{高值} \end{cases}$$

以基准回归中 Heckman 检验为标准(参见表 4-26 回归系数为 -1.246),当审计主体为"四大"时,审计主体差异的调节使得 ESG 表现降低权益资本成本的效应下降 2.57%;当审计主体为非"四大"时,审计主体差异的调节使得 ESG 表现降低权益资本成本的效应上升 10.91%。假设 6-4 再次得到验证,由于逆向选择的存在,外部审计主体的差异将对 ESG 表现降低权益资本成本的功效产生影响,选择"四大"将不利于 ESG 表现发挥其降低权益资本成本的功能。

6.4.2 费舍尔组合检验(Fisher's Permutation test)

(1)媒体治理强度差异调节效应的费舍尔组合检验

为了再次检验媒体治理强度对 ESG 表现降低权益资本成本的调节效应,本书将样本按媒体治理强度均值分组,采用费舍尔组合检验(Fisher's Permutation test)对分组样本抽样 3000 次得到相关检验结果。见表 6-15。

表 6-15 媒体治理强度差异调节效应的费舍尔组合检验

变量(COE)	低 Med(小于均值)	高 Med(大于均值)
ESG	-1.062*** (0.031)	-0.802*** (0.028)
Size	-6.601*** (0.452)	-6.963*** (0.462)
Growth	-1.654*** (0.485)	-1.132** (0.464)

续表

变量（COE）	低 Med（小于均值）	高 Med（大于均值）
Top1	15.505 *** (3.106)	10.825 *** (2.966)
Top10	0.430 (2.381)	0.250 (2.229)
Indirector	-8.524 * (4.497)	-12.426 *** (3.901)
Stat	-0.898 (1.251)	0.116 (1.104)
Big4	1.626 (1.382)	2.046 ** (1.035)
CSRR	8.478 *** (0.447)	8.133 *** (0.457)
LEV	2.742 (1.873)	4.332 ** (1.915)
BTM	0.521 *** (0.157)	0.055 (0.125)
Fund	12.629 *** (2.504)	10.101 *** (2.462)
Legal	-0.406 (1.343)	-1.129 (1.253)
DTS	-107.236 *** (13.505)	-102.544 *** (14.425)
Turn	0.400 ** (0.152)	0.034 (0.150)
cons	202.773 *** (10.078)	220.822 *** (10.923)
时间效应	控制	控制
行业效应	控制	控制
N	4379	4109
R^2	0.895	0.901
调整 R^2	0.869	0.876
系数差	-0.260 ***	
费舍尔经验 P 值	0.002	

续表

变量（COE）	低 Med（小于均值）	高 Med（大于均值）
Chi2（Suest）	9.891	
P 值	0.002	
Chow test	24.308	
P 值	0	

注：系数差是解释变量回归系数差异，P 值为系数差的费舍尔经验 P 值，是根据连玉君和廖俊平（2017）抽样 3000 次得到的结果；括号内为回归系数的双尾 T 检验对应的标准误；***、**、* 分别表示对应系数的显著性水平为 1%、5%、10%。

根据表 6-15 检验结果，在低 Med 组，ESG 表现降低权益资本成本的功效为 1.062，而高 Med 组为 0.802，两者相差 0.260，费舍尔经验 P 值为 0.2%，拒绝了 H0，说明两者之间的差异是显著的，即高媒体治理强度会削弱 ESG 表现降低权益资本成本的功效，假设 6-2 再次得到验证，说明原结论是稳健的。

与此同时，我们还提供了似不相关检验（Suest）以及邹检验（Chow test）的检验结果，前者的 Chi2 值 9.891，P 值为 0.2%；后者的 Chi2 值 24.308，P 值为 0，均拒绝 H0，说明两者之间的差异是显著的，媒体治理强度的增加不利于 ESG 表现降低权益资本成本的功效，假设 6-2 再次得到验证，说明原结论是稳健的。

（2）产权性质差异调节效应的费舍尔组合检验

为了再次检验产权性质差异对 ESG 表现降低权益资本成本的调节效应，本书将样本按产权性质差异分组回归，采用费舍尔组合检验（Fisher's Permutation test）对分组样本抽样 3000 次得到相关检验结果。见表 6-16。

根据表 6-16 检验结果，在国企组，ESG 表现降低权益资本成本的功效为 1.211，而非国企组为 0.880，两者相差 0.323，费舍尔经验 P 值为 0，拒绝了 H0，说明两者之间的差异是显著的，即国企使得 ESG 表现能更有效地降低权益资本成本，假设 6-3 再次得到验证，说明原结论是稳健的。

表 6-16　产权性质差异调节效应的费舍尔组合检验

变量（COE）	非国企（Stat=0）	国企（Stat=1）
ESG	-0.888***	-1.211***
	(0.030)	(0.028)
Size	-7.644***	-7.605***
	(0.439)	(0.513)
Growth	-0.881*	-3.148***
	(0.467)	(0.494)
Top1	14.182***	18.911***
	(3.258)	(2.845)
Top10	0.546	3.188
	(2.271)	(2.509)
Indirector	2.611	-13.522***
	(5.085)	(3.735)
Big4	3.629**	2.129**
	(1.371)	(1.049)
LEV	1.453	6.349***
	(1.818)	(1.960)
B2M	0.044	0.998***
	(0.115)	(0.174)
Fund	9.416***	14.769***
	(2.146)	(3.239)
Legal	2.806**	-2.887**
	(1.298)	(1.326)
DTS	-165.175***	-121.071***
	(17.242)	(11.962)
Turn	0.243*	0.351**
	(0.136)	(0.164)
cons	223.030***	240.889***
	(10.169)	(11.498)
时间效应	控制	控制
行业效应	控制	控制
N	4087	4411
R^2	0.884	0.881
调整 R^2	0.865	0.866
系数差	0.323***	
费舍尔经验 P 值	0	

第6章 ESG表现对权益资本成本影响的调节效应研究

续表

变量（COE）	非国企（Stat = 0）	国企（Stat = 1）
CHi2（Suest）	16.080	
P值	0	
Chow test	5.344	
p值	0	

注：系数差是解释变量回归系数差异，P值为系数差的费舍尔经验P值，是根据连玉君和廖俊平（2017）抽样3000次得到的结果；括号内为回归系数的双尾T检验对应的标准误；***、**、*分别表示对应系数的显著性水平为1%、5%、10%。

与此同时，我们还提供了似不相关检验（Suest）以及邹检验（Chow test）的检验结果，前者的 Chi2 值 16.080，P 值为 0；后者的 Chi2 值 5.344，P 值为 0，均拒绝 H0，说明两者之间的差异是显著的，国企能更好地发挥 ESG 表现降低权益资本成本的功效，假设 6-3 再次得到验证，说明原结论是稳健的。

（3）审计主体差异调节效应的费舍尔组合检验

为了再次检验审计主体差异对 ESG 表现降低权益资本成本的调节效应，本书将样本按审计主体差异分组回归，采用费舍尔组合检验（Fisher's Permutation test）对分组样本抽样3000次得到相关结果。见表6-17。

表6-17　审计主体差异调节效应的费舍尔组合检验

变量（COE）	非"四大"（Big4 = 0）	"四大"（Big4 = 1）
ESG	-1.030***	-0.696***
	(0.022)	(0.054)
Size	-6.962***	-10.162***
	(0.315)	(1.200)
Growth	-1.466***	-1.991*
	(0.333)	(1.019)
Top1	14.263***	20.556***
	(2.181)	(5.829)
Top10	1.080	-4.554
	(1.625)	(5.314)

续表

变量（COE）	非"四大"（Big4=0）	"四大"（Big4=1）
Indirector	-9.315*** (3.127)	-16.393** (6.904)
Stat	-0.862 (0.791)	-0.344 (4.165)
LEV	4.260*** (1.285)	7.102 (4.735)
B2M	0.209** (0.091)	0.657** (0.261)
Fund	10.500*** (1.713)	5.153 (5.724)
CSRR	8.453*** (0.324)	11.333*** (0.900)
Legal	-0.115 (0.926)	-5.561** (2.317)
DTS	-117.953*** (9.674)	-93.283*** (33.237)
Turn	0.430*** (0.097)	1.102** (0.403)
cons	213.976*** (7.164)	297.646*** (27.978)
时间效应	控制	控制
行业效应	控制	控制
N	7696	1244
R^2	0.894	0.874
调整 R^2	0.878	0.847
系数差	-0.334	
费舍尔 P 值	0.016	
CHi2（suest）	5.788	
P 值	0.016	
Chow test	15.144	
P 值	0	

注：系数差是解释变量回归系数差异，P 值为系数差的费舍尔经验 P 值，是根据连玉君和廖俊平（2017）抽样 3000 次得到的结果；括号内为回归系数的双尾 T 检验对应的标准误；***、**、* 分别表示对应系数的显著性水平为 1%、5%、10%。

根据表 6-17 检验结果,在非"四大"组,ESG 表现降低权益资本成本的功效为 1.030,而"四大"组为 0.696,两者相差 0.334,费舍尔经验 P 值为 1.60%,在 5% 的显著性水平拒绝了 H0,说明两者之间的差异是显著的,即选择"四大"弱化了 ESG 表现降低权益资本成本的效应,假设 6-4 再次被验证,原结论稳健。

与此同时,我们还提供了似不相关检验(suest)以及邹检验(Chow test)的检验结果,前者的 Chi2 值 5.788,P 值 1.6%;后者的 Chi2 值 15.144,P 值为 0,均拒绝 H0,说明两者之间的差异是显著的,"四大"会弱化 ESG 表现降低权益资本成本的功效,假设 6-4 再次得到验证,说明原结论是稳健的。

6.5 本章小结

本章理论推演了 ESG 表现与媒体治理对权益资本成本的交互影响,在此基础上,以中国股市上市公司为样本,以一年内企业被负面报道次数的自然对数[①]为媒体治理的代理变量,采用双向固定效应模型,同时控制时间和行业效应,实证媒体治理对 ESG 表现与权益资本成本之间关系的调节机制,并作了充分的稳健性检验。实证结果表明:

(1)媒体治理会削弱 ESG 表现降低权益资本成本的功效。即媒体治理的声誉损害作用降低了 ESG 表现对权益资本成本的积极影响。没有发现媒体治理的监督作用对 ESG 表现与权益资本成本关系的积极影响,这与我们观察到的媒体的负面报道具有促进公司改正错误、提高服务、改进产品质量的作用相悖。限于篇幅的原因,本章没有深

---

① 为了避免一年以内企业被媒体负面报道的次数为 0 的极端情况所引发无法计算的情况,本书在实际计算时采用如下公式:媒体治理 = ln(一年内负面报道的次数 +1)。参见本章 6.2.1。

入讨论个中缘由，而是在第7章深入讨论媒体治理对ESG表现与权益资本成本之间各路径的作用原理和作用机制。

（2）产权性质对ESG表现权益资本成本的关系有显著调节作用，国企的性质能够促进ESG表现降低权益资本成本的功效，而非国企的性质则会降低ESG表现降低权益资本成本的功效。其原因在于国企作为国家职能的延伸，是国家战略的坚定支持者、实践者和先行者。国企在ESG方面的实践不仅要接受社会的监督（比如媒体监督）、接受法制的监督（比如《中华人民共和国环境保护法》《中华人民共和国劳动者权益保护法》），还要接受出资人监督，即政府部门的监督和管理。与非国企相比，国企ESG表现的提高就更有公信力，能更好地发挥其降低权益资本成本的功效。

（3）审计主体的差异对于ESG表现降低权益资本成本的关系具有显著调节作用，选择"四大"不利于ESG表现对权益资本成本的降低。由于逆向选择的存在，一些企业选择"四大"的初衷并不在于审计质量的高低，而在于从审计主体选择的角度彰显企业良好的财务绩效和非财务绩效。聪明的投资者一旦形成这样的认知，他们的逆向选择就会对选择"四大"的企业产生不利影响，并体现在对ESG表现与权益资本成本之间的作用机制上。

总之，上市公司ESG表现对权益资本成本的影响受到不同因素的调节，其中媒体治理的作用机制主要体现为负向调节，没有体现媒体监督的功效。本书将在接下来的章节详细探讨ESG表现与权益资本成本之间被隐藏的媒体监督。

中国上市公司ESG表现对权益资本成本的影响研究
Chapter 7

第7章　ESG表现对权益资本成本影响的调节中介效应研究

本书第4章、第5章、第6章分别探讨了ESG表现对权益资本成本的直接影响，通过以融资约束、系统风险为路径的中介效应、联合中介效应，探究媒体治理调节的ESG表现与权益资本成本。在研究媒体治理与ESG表现的交互项对权益资本成本的影响时，我们发现媒体治理的监督功能被完全淹没，只剩下声誉损害的作用，与理论预期相悖。为此，本章将进一步深入系统地研究基于媒体治理调节的、以融资约束和系统风险为中介的ESG表现对权益资本成本的影响，深入探讨媒体治理的监督功能被淹没的原因。

根据本书第4章、第5章、第6章的研究结论，ESG表现可以通过为企业树立良好的企业形象，缓解企业融资约束的状况以及降低企业证券的系统风险来达到降低权益资本成本的目的；与此同时，媒体治理削弱了ESG表现对权益资本成本的影响。这在作用机制上源于负面报道作为媒体治理的主要形式（李培功和沈艺峰，2010；戴亦一等，2011；Miller，2006），存在对公司声誉的损害作用：从经营角度看，持续不断的负面报道会导致企业销售额下降、盈利能力降低；从融资角度看，无论银行等金融机构还是供应商都会因为持续不断的负面报道对公司失去信心，并最终体现为信贷、信用支持的下降，加剧企业融资约束的程度（仲秋雁和石晓峰，2016；郑建明和夏楸，2014），比如银行在同等条件下缩短其债务期限结构（石晓峰和仲秋雁，2017），供应商会降低企业信用等级或要求提前收回货款等。这都会对企业控制权益资本成本的努力产生不利影响。

与此同时，媒体治理通过缓解企业内外信息不对称，促使管理者修正自己的决策，发挥媒体监督、公司治理以及降低代理成本的作用（Miller，2006；李培功和沈艺峰，2010，刘启亮等，2013），这在负面报道相对较少的情况下非常显著。但上一章的研究结果并非如此，其中是否蕴含未被检验的作用机制和原理？这是本章计划研究的内容，也期望通过该研究对这一方面的学术探讨作出有益补充。

本章从理论和实证两个方面探讨媒体治理与自变量以及多个中介

变量对权益资本成本的交互影响。这包括媒体治理与 ESG 表现对融资约束的交互影响，媒体治理与 ESG 表现、融资约束对系统风险的交互影响，媒体治理与 ESG 表现、融资约束、系统风险对权益资本成本的交互影响。通过研究结果探讨媒体治理对不同作用路径的调节效应，本书检验基于媒体治理调节的、融资约束与系统风险中介的联合调节中介效应。

7.1 理论分析与研究假设

根据新制度经济学的观点，媒体报道作为一种非正式制度，是正式制度的有益补充。媒体通过收集、整理与传播信息，降低信息不对称，给参与者提供决策支持。从传统金融学的视角，媒体通过缓解企业内外信息不对称，使资产定价效率得以提高（Bushee et al., 2010；Drake et al., 2014；黄俊和郭照蕊，2014）；从媒体监督的视角，媒体报道通过缓解企业内部与外部的信息不对称，起到纠正管理者错误行为的作用（Miller, 2006；李培功和沈艺峰，2010）。媒体监督主要通过负面报道来实现，因为负面报道可以通过引发政府机构的介入以及影响管理者及股东的声誉来促使企业纠正自己的错误行为，起到治理的效果（Dyck & Zingales, 2002）；负面报道还影响企业与其他利益相关者（如鉴证机构及人员、银行及其他金融机构等）的关系（刘启亮等，2013）。

从公司治理的角度，负面报道是媒体治理的主要形式（李培功和沈艺峰，2010；戴亦一等，2011；Dyck & Zingales, 2004）。这种机制显然存在消极影响：从经营角度看，公司声誉会因为负面报道的增加而受到伤害，进而导致销售额下降、盈利能力下降；从融资角度看，银行以及供应商等债权人会因负面报道的出现或增加而降低对企业的信贷或信用，比如银行在同等条件下缩短其债务期限结构（石晓峰和仲秋雁，2017），从而加剧企业融资约束的程度（仲秋雁和石晓峰，2016；郑建明和夏楸，2014）。

从这个意义上讲，媒体治理具有媒体监督和声誉损害两种效用。很显然，这两种效用在持续发挥作用时是有显著差异的：媒体监督具有长期性，而声誉损害具有短期性。但负面报道出现的时候，谨慎的投资者、债权人、消费者大多会选择放弃投资、收回贷款（或货款）、放弃消费，一旦负面报道被消除或澄清，投资者、债权人、消费者会逐步回归；在此期间，媒体监督会一直起效，企业要想存续就必须积极应对负面报道，要么澄清错误的报道，要么改正错误、不断进步。因为一个坚决不改正错误、不澄清负面新闻的企业最终都会被资本市场和消费市场抛弃直至经营难以为继，甚至因为有关政府部门的介入失去合法存续的基础。聪明的投资者一旦得出企业会积极应对负面报道的结论，就会增加投资，竞相购入企业的证券，以期获得良好的投资回报，这必然对企业控制权益资本成本的努力产生积极影响。

媒体治理对于股市的影响最为明显，会放大企业证券的系统风险。媒体的负面报道会对股价影响巨大（张磊，2017），导致证券的价格在短期内剧烈波动（王昶等，2017；洪靖雅，2021）。因为大部分投资者都是风险厌恶型，他们对于负面报道的敏感度远远高于正面报道，他们根据负面报道作出投资决策而且执行的速度也远远高于正面报道。而更深层次的原因在于中小投资者与企业内部人员存在严重的信息不对称，进而导致他们需要更为谨慎地投资，毕竟任何声誉损害信息都可能是灾难性的，对系统风险和权益资本成本的影响也是巨大的。

相比而言，无论是银行等金融机构还是供应商，他们对上市公司的了解大都高于中小投资者。如果企业要从银行等金融机构融资，那么必须按照银行的要求提供信息、接受监督检查；而供应商要做好服务就必须对中下游企业加强了解，上市公司想要得到良好的服务就需要让供应商更了解自己，甚至把企业的信息系统与供应商的系统对

第7章 ESG 表现对权益资本成本影响的调节中介效应研究

接,这都有利于供应商对企业的了解。在这种情况下,无论是银行等金融机构还是供应商对负面报道的敏感度就会大大降低,进而导致融资约束对负面信息的敏感度有所下降。面对来势汹汹的负面报道,任何银行和供应商都不会掉以轻心,他们会审慎评估现有的信贷或信用政策,采取措施降低风险敞口,进而对企业的融资约束和权益资本成本产生不利影响。

然而,只要把 ESG 表现影响权益资本成本中容易被声誉损害影响的因素去除,任何公司想长期存续,接受监督改正错误就是企业必然的选择。长期而言,媒体监督对 ESG 表现降低权益资本成本的直接效应是积极向上的。

根据本书第 5 章的研究结论,ESG 表现与权益资本成本之间存在以融资约束(SA)和系统风险(Beta)为路径的联合中介效应(见图 5-4)。与此同时,根据本书第 6 章的研究结论,媒体治理与 ESG 表现对权益资本成本存在交互作用。在此前提下,探讨媒体治理对 ESG 表现与权益资本成本之间各路径的调节中介效应以及联合调节中介效应就很有理论意义和学术价值。

根据第 5 章研究结论,ESG 表现与权益资本成本之间存在以下 4 条路径(见图 7-1、图 7-2):

①ESG—COE,直接路径;

②ESG—SA—COE,以融资约束为中介的间接路径;

③ESG—Beta—COE,以系统风险为中介的间接路径;

④ESG—SA—Beta—COE,以融资约束和系统风险为中介的链式中介路径。

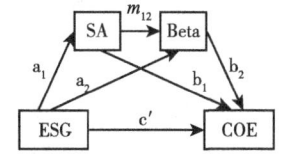

图 7-1 SA、Beta 联合中介效应

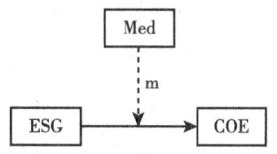

图 7-2 Med 调节效应

鉴于第 6 章已实证媒体治理与 ESG 表现对权益资本成本存在交互作用，因此理论上存在媒体治理对 ESG 表现与权益资本成本之间各路径（即路径①、路径②、路径③、路径④）的调节作用。但根据前文的理论推导，媒体治理对不同路径的调节作用是不一样的。对于以系统风险为路径的中介效应，媒体在信息传导过程中通过"有偏的放大机制"而非"中立的把关机制"所产生的"轰动效应"（熊艳等，2011）会在短期内引发上市公司股价剧烈波动（洪靖雅，2021），导致系统风险上升，权益资本成本上升，这就会削弱 ESG 表现通过该路径降低权益资本成本的效应。

负面报道的声誉损害会导致银行或债权人降低风险敞口，加剧企业的融资约束（宋婕等，2019），进而导致权益资本成本上升，即媒体治理也会削弱 ESG 表现通过融资约束降低权益资本成本的功效。但负面报道对融资约束的影响并不存在"轰动效应"，也就是说融资约束对声誉损害的敏感性会低于系统风险，因此媒体治理对于该路径的调节效应将弱于前者。

与此同时，根据前文的理论推导，在去除声誉损害敏感性路径后，媒体治理的监督作用将有利于 ESG 表现降低权益资本成本的直接效应，即媒体治理将强化 ESG 表现降低权益资本成本的直接效应。由于 ESG 表现的直接效应受到媒体治理正向调节的幅度低于前者，媒体治理总的调节效应是削弱 ESG 表现降低权益资本成本的效应。

因此本书提出如下假设：

假设 7-1：媒体治理会强化 ESG 表现降低权益资本成本的直接效应，但 ESG 表现与权益资本成本之间的总效应会随着媒体治理强度的提升而下降。

假设 7-2：媒体治理会削弱 ESG 表现与权益资本成本之间以融资约束、系统风险为路径的间接效应。其中，对以系统风险为路径的间接效应的削弱作用最为强烈。

第 7 章 ESG 表现对权益资本成本影响的调节中介效应研究

7.2 实证方案设计

7.2.1 研究变量定义

(1) 因变量

本章的被解释变量权益资本成本（COE）是根据 CAPM 模型计算出来的期望收益率，具体计算方法见第 2 章公式（2-1）。

(2) 自变量

本章所采用的自变量是采用彭博 ESG 评价，具体内容参见第 4 章 4.2.1。

(3) 中介变量

本章所采用的中介变量为融资约束（SA）和系统风险（Beta）。其中，融资约束的代理变量为 SA 指数，系统风险的代理变量是年综合市场 Beta 值。具体内容参见第 5 章 5.2.1。

(4) 调节变量

本章所采用的调节变量为媒体治理（Med），代理变量是网络媒体负面报道的自然对数，具体内容参见第 6 章 6.2.1。

(5) 控制变量

本章采用控制变量与前文相同，具体内容参见第 4 章表 4-2。

7.2.2 实证模型构建

为了检验假设 7-1、假设 7-2，本书借鉴巴伦和肯尼（Baron & Kenny，1986）、温忠麟等（2004）以及江艇（2022）的理论，采用多层递归法检验媒体治理对 ESG 表现与权益资本成本之间各路径的调节效应以及联合调节中介效应。为此，本书按如下步骤开展研究：

首先,根据本章关于各中介路径的论述(参见图7-1),理论推演受到媒体治理调节的各路径分别为(见图7-3):

①Med 对路径①(直接路径)的调节(ESG—COE);

②Med 对路径②(中介路径一)的调节(ESG—SA—COE);

③Med 对路径③(中介路径二)的调节(ESG—Beta—COE);

④Med 对路径④(链式中介路径)的调节(ESG—SA—Beta—COE)。

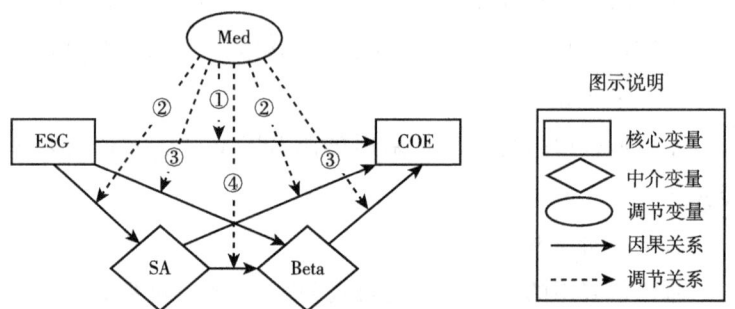

图7-3 媒体治理调节的联合中介示意

其次,建立模型考察自变量(ESG)、中介变量(SA、Beta)、调节变量(Med)以及因变量(COE)之间的相互影响,并确定相应的效用测算规则:

(1)基于媒体治理调节的 ESG 表现与融资约束

检验基于媒体治理调节的 ESG 表现与融资约束(SA),以考察媒体治理与 ESG 表现对融资约束的交互作用,构建模型如下:

$$SA_{it} = \alpha_0 + \mu_i + \alpha_1 ESG_{it} + \alpha_2 Med_{it} + \alpha_3 ESG_{it} \times Med_{it} + \varphi C + \sum IND_{it} + \sum Year_{it} + \varepsilon_{it} \quad 式(7-1)$$

其中,SA_{it} 为融资约束,是因变量;ESG_{it} 为 ESG 表现,是自变量;Med_{it} 为媒体治理,是调节变量;$ESG_{it} \times Med_{it}$ 为 ESG 表现与媒体治理的交互项;C 是控制变量矩阵;α_0 是模型截距项;μ_i 是个体效应;α_1 是自变量回归系数;α_2 是调节变量回归系数;α_3 是 ESG 自变

第7章 ESG表现对权益资本成本影响的调节中介效应研究

量与调节变量交互项回归系数;φ是控制变量系数向量;$\sum \text{IND}_{it}$为行业效应;$\sum \text{Year}_{it}$为时间效应,如国家宏观经济政策、利率、汇率、通胀冲击等;ε_{it}为随机扰动项。关键系数α_1、α_3,如果α_1显著,那么表明在媒体治理调节下ESG表现与融资约束依然存在相关关系;如果α_3显著,那么表明媒体治理对ESG表现与融资约束之间的关系有显著的调节作用。

我们将模型7-1等式两边对ESG求导,并令其为α_1:

$$\alpha_1 = \frac{\partial \text{SA}}{\partial \text{ESG}} = \alpha_1 + \alpha_3 \text{Med} = \begin{cases} \alpha_1, (\alpha_1\text{显著}、\alpha_3\text{不显著}) \\ \alpha_1 + \alpha_3 \text{Med}, (\alpha_1\text{显著}、\alpha_3\text{显著}) \end{cases}$$

式(7-2)

(2)基于媒体治理调节的ESG表现、融资约束与系统风险

为了考察在媒体治理调节下ESG表现以及融资约束对系统风险的影响,并确定媒体治理的调节效应,本书构建如下回归模型:

$$\text{Beta}_{it} = \beta_0 + \mu_i + \beta_1 \text{ESG}_{it} + \beta_2 \text{SA}_{it} + \beta_3 \text{Med}_{it} + \beta_4 \text{ESG}_{it} \times \text{Med}_{it}$$
$$+ \beta_5 \text{SA}_{it} \times \text{Med}_{it} + \beta C + \sum \text{IND}_{it} + \sum \text{Year}_{it} + \varepsilon_{it}$$

式(7-3)

其中,β_0为截距项;β为控制变量系数向量;$\text{SA}_{it} \times \text{Med}_{it}$为融资约束与媒体治理的交互项;其余符号的定义同前文。关键系数为β_1、β_2和β_4、β_5,如果β_1、β_2显著且与原始检验同号,则表明在媒体治理调节下原相关关系依然存在;如果β_4、β_5显著,那么表明媒体治理对原相关关系有显著的调节作用。

我们将模型7-3等式两边对ESG求导,并令其为α_2:

$$\alpha_2 = \frac{\partial \text{Beta}}{\partial \text{ESG}} = \beta_1 + \beta_4 \text{Med} = \begin{cases} \beta_1, (\beta_1\text{显著}、\beta_4\text{不显著}) \\ \beta_1 + \beta_4 \text{Med}, (\beta_1\text{显著}、\beta_4\text{显著}) \end{cases}$$

式(7-4)

与此同时,我们将模型7-3等式两边对SA求导,并令其为m_{12}:

$$m_{12} = \frac{\partial \text{Beta}}{\partial \text{SA}} = \beta_2 + \beta_5 \text{Med} = \begin{cases} \beta_2, & (\beta_2 显著、\beta_5 不显著) \\ \beta_2 + \beta_5 \text{Med}, & (\beta_2 显著、\beta_5 显著) \end{cases}$$

式（7-5）

（3）基于媒体治理调节的 ESG 表现、融资约束、系统风险与权益资本成本

为了考察在媒体治理调节下 ESG 表现、融资约束以及系统风险对权益资本成本的影响，并确定媒体治理的联合调节中介效应，本书构建如下回归模型：

$$\begin{aligned} \text{COE}_{it} = & \gamma_0 + \mu_i + \gamma_1 \text{ESG}_{it} + \gamma_2 \text{SA}_{it} + \gamma_3 \text{Beta}_{it} + \gamma_4 \text{Med}_{it} + \gamma_5 \text{ESG}_{it} \\ & \times \text{Med}_{it} + \gamma_6 \text{SA}_{it} \times \text{Med}_{it} + \gamma_7 \text{Beta}_{it} \times \text{Med}_{it} + \gamma C \\ & + \sum \text{IND}_{it} + \sum \text{Year}_{it} + \varepsilon_{it} \end{aligned}$$

式（7-6）

其中，γ_0 是截距项；γ 是控制变量系数向量；$\text{Beta}_{it} \times \text{Med}_{it}$ 为系统风险与媒体治理的交互项；其余符号的定义同前文。关键系数为 γ_1、γ_2、γ_3 和 γ_5、γ_6、γ_7，如果 γ_1、γ_2、γ_3 显著，那么表明在媒体治理调节下原相关关系依然存在；如果 γ_5、γ_6、γ_7 显著，那么表明媒体治理对原相关关系有显著的调节作用。

我们将模型 7-6 等式两边对 ESG 求导，并令其为 c'：

$$c' = \frac{\partial \text{COE}}{\partial \text{ESG}} = \gamma_1 + \gamma_5 \text{Med} = \begin{cases} \gamma_1, & (\gamma_1 显著、\gamma_5 不显著) \\ \gamma_1 + \gamma_5 \text{Med}, & (\gamma_1 显著、\gamma_5 显著) \end{cases}$$

式（7-7）

与此同时，我们将模型 7-6 等式两边对 SA 求导，并令其为 b_1：

$$b_1 = \frac{\partial \text{COE}}{\partial \text{SA}} = \gamma_2 + \gamma_6 \text{Med} = \begin{cases} \gamma_2, & (\gamma_2 显著、\gamma_6 不显著) \\ \gamma_2 + \gamma_6 \text{Med}, & (\gamma_2 显著、\gamma_6 显著) \end{cases}$$

式（7-8）

另外，我们再将模型 7-6 等式两边对 Beta 求导，并令其为 b_2：

$$b_2 = \frac{\partial \text{COE}}{\partial \text{Beta}} = \gamma_3 + \gamma_7 \text{Med} = \begin{cases} \gamma_3, & (\gamma_3 显著、\gamma_7 不显著) \\ \gamma_3 + \gamma_7 \text{Med}, & (\gamma_3 显著、\gamma_7 显著) \end{cases}$$

式（7-9）

第 7 章　ESG 表现对权益资本成本影响的调节中介效应研究

根据温忠麟等（2006）提出的多层递归法的传递规则，分路径确定调节中介效应的计算方式。根据路径的不同，效应系数组合构成不同的效应。其中，c' 表示 ESG 表现的直接效应，$a_1 \cdot b_1$ 表示 ESG 表现通过融资约束（SA）的间接效应，$a_2 \cdot b_2$ 表示 ESG 表现通过系统风险（Beta）的间接效应，$a_1 \cdot m_{12} \cdot b_2$ 表示 ESG 表现通过融资约束—系统风险（SA—Beta）的间接效应。由于各效应系数均包含媒体治理（Med）的调节效应（具体参见模型 7-2、模型 7-4、模型 7-5、模型 7-7、模型 7-8、模型 7-9），因此直接效应、间接效应的计算不再考虑调节效应的影响（见表 7-1）。

表 7-1　　　　　　　联合调节中介效应汇总测算

	路径	效应系数	效应
直接路径	ESG—COE	c'	
间接路径	ESG—M_1	a_1	
	ESG—M_2	a_2	
	M_1—M_2	m_{12}	
	M_1—COE	b_1	
	M_2—COE	b_2	
直接效应	ESG—COE		c'
间接效应	ESG—M_1—COE		$a_1 \cdot b_1$
	ESG—M_2—COE		$a_2 \cdot b_2$
	ESG—M_1—M_2—COE		$a_1 \cdot m_{12} \cdot b_2$

注：表中各参数的计算与回归结果中相关系数的显著性水平相关，只有达到 1 星以上的系数才会纳入其中，否则计为 0；当调节效应显著时，调节变量分别取 $\overline{(Med + SD)}$、$\overline{Med}$、$\overline{(Med - SD)}$ 以计算调节中介效应并判断其强度和方向。

7.2.3　样本选择和数据来源

本章的样本选择和数据来源与前面各章节一致，在此不再赘述。

7.2.4 数据的相关性分析

表 7-2 是核心变量之间的相关性分析。表中 ESG 与 COE 正相关，但不显著，与理论预期相悖，可能的原因在于面板数据存在的个体效应；SA 与 COE 在 1% 的水平显著负相关，与理论预期相悖，可能的原因在于面板数据存在的个体效应；Beta 与 COE 在 1% 的水平显著正相关，与理论预期一致，即系统风险的增加会显著提升企业的权益资本成本；Med 与 COE 在 1% 的显著性水平正相关，说明负面报道会引起投资者风险预期的增加，进而体现为权益资本成本的上升。

ESG 与 SA 在 1% 的水平显著负相关，表明 ESG 表现可以缓解企业融资约束的状况，与理论预期一致；ESG 与 Beta 在 1% 水平上显著负相关，表明 ESG 表现的提升可以缓解企业证券的系统风险，与理论预期一致；ESG 与 Med 在 1% 的水平显著正相关，说明企业 ESG 表现越好，其被网络媒体负面报道的程度越高，与理论预期相悖，可能的原因在于面板数据存在的个体效应。

SA 与 Beta 在 1% 的水平显著正相关，说明企业融资约束状况的增加会提升企业证券的系统风险，与理论预期一致；Med 与 SA 在 1% 的水平显著正相关，说明负面报道会让资金提供者变得更加谨慎，甚至商业信用也受到影响，使得供应商减少甚至取消对企业的赊销，导致或加重企业的融资约束恶化的状况。

Med 与 Beta 在 1% 的水平显著正相关，说明负面报道越多，企业证券的系统风险越高，与理论预期一致。

以上相关性检验初步印证了我们的理论分析和假设。部分变量之间关系不显著，甚至符号与理论预期相反，这是由于相关性分析并未考虑面板数据的个体效应、时间效应等因素的影响。

表7-2　　　　　　　　核心变量相关性分析

	COE	ESG	SA	Beta	Med
COE	1.000				
ESG	0.002	1.000			
SA	-0.063***	-0.042***	1.000		
Beta	0.021***	-0.156***	0.136***	1.000	
Med	0.083***	0.052***	0.212***	0.017***	1.000

注：上标***表示差值在1%的水平通过了显著性检验。

7.3　实证结果与分析

7.3.1　单变量分析

（1）融资约束与媒体治理单变量分析

同前文，本书在进行融资约束与媒体治理（Med）的单变量分析时按如下标准分组：①将全样本按Med强度的高低分组（Panel A）；②将全样本先按产权性质分组，再根据Med强度分为高低两组（Panel B、Panel C）；③按产权性质分组（Panel D）。表7-3是配对样本后融资约束与Med的单变量分析结果，对于均值差异我们采用T检验，对于中值差异我们采用秩和检验。

根据表7-3，无论是全样本（Panel A）、国企子样本组（Panel B）还是非国企子样本组（Panel C），均值差和中值差都通过了1%的显著性检验，表明媒体治理强度越高，企业的融资约束程度也越高，这从一个侧面印证了前文理论推演的正确性。

在国企子样本和非国企子样本（Panel D）配对中，国企与非国企子样本媒体治理强度的均值和中值差异都不显著。这表明随着自媒体的蓬勃发展，不同性质的企业都会受到媒体的监督，媒体治理不存在产权性质差异。

表7-3　融资约束与媒体治理单变量分析（按产权性质）

分组类型	观测数	均值	均值差	T值	观测数	中值	中值差	Z值
Panel A：全样本								
高Med强度	4467	-3.709	0.127***	23.507	4603	-3.729	0.113***	21.374
低Med强度	4761	-3.836			4625	-3.842		
Panel B：国企子样本组								
高Med强度	2236	-3.674	0.186***	22.913	2269	-3.713	0.159***	21.182
低Med强度	2324	-3.860			2291	-3.873		
Panel C：非国企子样本组								
高Med强度	2240	-3.744	0.068***	9.585	2323	-3.747	0.072***	9.393
低Med强度	2428	-3.812			2345	-3.819		
Panel D：国企子样本和非国企子样本								
国企子样本	4560	4.362	0.027	1.161	4560	4.331	0.040	0.983
非国企子样本	4668	4.334			4668	4.290		

注：上标***表示差值在1%的水平通过了显著性检验。

另外，考虑到中国是一个地域辽阔的国家，地区差异客观存在。为此，本书在进行融资约束与Med强度单变量分析时，首先按Med强度划分为高、低Med强度组（Panel E）；其次，分别对东部和中西部地区公司子样本按同样的方法划分高、低Med强度组（Panel F和Panel G）；最后，直接按地区差异将企业划分为东部、中西部子样本（Panel H）。各组分析结果详见表7-4，对于均值差异我们采用T检验，对于中值差异我们采用秩和检验。

根据表7-4相关结果，在全样本（Panel E）、东部地区子样本组（Panel F）以及中西部地区子样本组（Panel G），高Med强度企业的融资约束的均值和中值都在1%的水平上显著高于低Med强度组。初步印证本书的理论推演，即媒体的负面报道会恶化企业融资约束的状况，尤其是负面报道可能导致中小投资者、银行以及供应商提高对企业风险水平的认定，进而放弃投资、收回贷款、削减赊销的规模，恶化企业融资约束的状况。

在东部子样本和中西部子样本配对（Panel H）中，两者的均值差异通过了10%的显著性水平检验，中值差异不显著。这表明东部地区企业受到媒体关注的程度要稍微高于中西部地区，平均负面报道的数量大概比中西部地区高5.02%[①]。

表7-4 融资约束与媒体治理单变量分析（按地区）

分组类型	观测数	均值	均值差	T值	观测数	中值	中值差	Z值
Panel E：全样本								
高 Med 强度	4467	-3.709	0.127***	23.507	4603	-3.729	0.113***	21.374
低 Med 强度	4761	-3.836			4625	-3.842		
Panel F：东部地区子样本组								
高 Med 强度	3078	-3.683	0.143***	21.052	3171	-3.715	0.121***	18.667
低 Med 强度	3316	-3.825			3223	-3.836		
Panel G：中西部地区子样本组								
高 Med 强度	1397	-3.766	0.094***	10.911	1409	-3.756	0.116***	11.065
低 Med 强度	1437	-3.860			1425	-3.872		
Panel H：东部子样本和中西部子样本								
东部子样本	6394	4.363	0.049*	1.927	6394	4.317	0.027	1.572
中西部子样本	2834	4.314			2834	4.290		

注：上标***、*分别表示差值在1%、10%的水平通过了显著性检验。

（2）系统风险与媒体治理单变量分析

同前文，为了避免产权性质差异给单变量分析造成不必要的干扰，本书在进行系统风险与媒体治理（Med）单变量分析时按如下标准分组：①将全样本按Med强度的高低分组（Panel A）；②将全样本先按产权性质分组，再根据Med强度分为高低两组（Panel B、Panel C）；③按产权性质分组（Panel D）。表7-5是配对样本后系统风险与Med单变量分析的结果，对于均值差异我们采用T检验，对于中值差异我们采用秩和检验。

根据表7-5，无论是全样本（Panel A）、国企子样本组（Panel

---

① 由于媒体治理为（负面报道次数+1）的自然对数，所以东西部差距0.049反自然对数 = $e^{0.049} - 1 = 5.02\%$，表示媒体对东部地区企业的关注度比中西部地区高5.02%。

B）还是非国企子样本组（Panel C），高、低 Med 强度企业间的系统风险没有显著差异，与前文理论推演相吻合，即可能的原因在于媒体治理对 ESG 表现的直接效应有强化作用，对间接效应有弱化作用，两种力量相互作用，进而导致综合效应不显著。

在国企子样本和非国企子样本（Panel D）配对中，国企与非国企子样本媒体治理强度的均值和中值差异都不显著。这表明随着自媒体的蓬勃发展，产权性质的差异并不是媒体关注的焦点，媒体治理不存在产权性质差异。

表 7-5　系统风险与媒体治理单变量分析（按产权性质）

分组类型	观测数	均值	均值差	T 值	观测数	中值	中值差	Z 值
Panel A：全样本								
高 Med 强度	4445	1.093	0.007	1.035	4538	1.103	0.003	0.576
低 Med 强度	4687	1.086			4594	1.100		
Panel B：国企子样本组								
高 Med 强度	2220	1.066	0.009	1.002	2253	1.087	0.009	0.637
低 Med 强度	2317	1.056			2284	1.078		
Panel C：非国企子样本组								
高 Med 强度	2219	1.119	0.005	0.483	2274	1.117	-0.003	-0.037
低 Med 强度	2376	1.114			2321	1.120		
Panel D：国企子样本和非国企子样本								
国企子样本	4537	4.359	0.031	1.318	4537	4.331	0.040	1.123
非国企子样本	4595	4.328			4595	4.290		

本书在进行系统风险与 Med 强度基于地区差异所作的单变量分析时，首先按 Med 强度划分为高、低 Med 强度组（Panel E）；其次，分别对东部和中西部地区公司子样本按同样的方法划分高、低 Med 强度组（Panel F 和 Panel G）；最后，直接按地区差异将企业划分为东部、中西部子样本（Panel H）。各组分析结果见表 7-6，对于均值差异我们采用 T 检验，对于中值差异我们采用秩和检验。

根据表 7-6 相关结果，在全样本（Panel E）、东部地区子样本组（Panel F）以及中西部地区子样本组（Panel G），高 Med 强度企业的系统风险的均值和中值与低 Med 强度组没有差异，与前文理论推演相吻合，极可能的原因在于媒体治理对 ESG 表现与权益资本成本之间的直接和间接效应作用机制的差异导致两者的效应相互抵消，总效应不显著。

在东部子样本和中西部子样本配对（Panel H）中，两者的均值差异通过了 10% 的显著性水平检验，中值差异不显著。这表明东部地区企业受到媒体关注的程度要稍微高于中西部地区，平均负面报道的数量大概比中西部地区高 5.02%（同前文）。

表 7-6　　系统风险与媒体治理单变量分析（按地区）

分组类型	观测数	均值	均值差	T 值	观测数	中值	中值差	Z 值
Panel E：全样本								
高 Med 强度	4445	1.093	0.007	1.035	4538	1.103	0.003	0.576
低 Med 强度	4687	1.086			4594	1.100		
Panel F：东部地区子样本组								
高 Med 强度	3026	1.082	-0.007	-0.903	3153	1.096	-0.010	-0.791
低 Med 强度	3290	1.090			3163	1.105		
Panel G：中西部地区子样本组								
高 Med 强度	1385	1.112	0.033***	2.780	1397	1.120	0.036**	2.116
低 Med 强度	1431	1.079			1419	1.084		
Panel H：东部子样本和中西部子样本								
东部子样本	6316	4.358	0.045*	1.765	6316	4.304	0.014	1.442
中西部子样本	2816	4.313			2816	4.290		

注：上标 ***、**、* 分别表示差值在 1%、5%、10% 的水平通过了显著性检验。

7.3.2　模型选择分析

在回归检验之前，我们采用 F 检验考察模型 7-1、模型 7-3、模型 7-6 的个体效应，采用 Hausman 检验考察固定效应、随机效应选择问题，检验结果见表 7-7。根据相关结果，所有模型都存在个体效应，无法通过 F 检验，不适合采用 OLS 回归，我们在本章实证中将不采用 OLS 回归；与此同时，Hausman 检验中所有模型设计均拒绝原假设，表明固定效应回归结果比随机效应回归结果更为严谨可靠，因此我们在回归中全部采用固定效应模型，考虑到权益资本成本随年份的变化（见第 4 章图 4-1）以及行业间融资状况的差异，同时控制时间效应和行业效应。

表 7-7　　　　　F 检验及 Hausman 检验

模型	F 检验			Hausman 检验		
	F 值	P 值	H0	Chi2	P 值	H0
7-1	109.17	0	拒绝	513.59	0	拒绝
7-3	4.01	0	拒绝	348.10	0	拒绝
7-6	7.05	0	拒绝	284.05	0	拒绝

由于本书所研究内容样本个体数量多，时间范围短，很多文献没有考虑异方差、序列相关以及截面相关的问题，存在不严谨的地方（Hoechle，2007），为此本书将这些因素纳入考察范围并加以控制。方法同前文。

根据表 7-8，所有模型存在异方差、自相关以及截面相关，因此本书在进行回归分析时将分别采用 Huber-White 稳健性回归、组内估计的稳健标准误（Arellano，1987）、聚类稳健方差估计分别修正这三种因素的影响，并给出修正后的标准误。

表 7-8　　　　　异方差、序列相关及截面相关检验

模型	修正 Wald 检验			Wooldridge 检验			Pesaran 检验		
	Chi2	P 值	H0	F 值	P 值	H0	CD 值	Pr 值	H0
7-1	22374.81	0	拒绝	1506.75	0	拒绝	345.50	0	拒绝
7-3	9483.62	0	拒绝	198.38	0	拒绝	19.07	0	拒绝
7-6	15155.00	0	拒绝	136.61	0	拒绝	176.70	0	拒绝

注：根据 Pesaran 检验（Pesaran，2004），在截面相关的零假设下，在双侧 5% 名义显著水平上进行截面相关性检验，如果 |CD|≥1.96，那么拒绝 H0。

7.3.3 实证结果与分析

(1) 媒体治理调节的 ESG 表现对融资约束的影响检验

根据表 7-7 检验的结果,模型 7-1 存在显著个体效应（F 值为 109.17）；拒绝 H0,不适宜采用 OLS 回归；同时模型 7-1 拒绝了随机效应模型回归（卡方值为 513.59）,因此我们将采用固定效应回归,同时控制时间效应、行业效应。另外根据表 7-8 的检验结果,无论是修正 Wald 检验、Wooldridge 检验还是 Pesaran 检验,模型 7-1 都分别拒绝了 H0,表明模型存在异方差、序列相关以及截面相关。本书将分别采用 Huber-White 稳健性回归、稳健标准误（Arellano, 1987）以及聚类稳健方差估计对异方差、序列相关以及截面相关的影响进行修正,并给出修正后的标准误。为了消除媒体治理与 ESG 表现的交互项带来的多重共线性,本书在回归前对连续变量进行了中心化处理。具体回归结果见表 7-9。

表 7-9　基于媒体治理调节的 ESG 表现与融资约束

变量 (SA)	(1) 固定效应	(2) 修正异方差	(3) 修正序列相关	(4) 修正截面相关
ESG	-0.392*** (0.015)	-0.392*** (0.028)	-0.392*** (0.020)	-0.392*** (0.028)
Med	2.174*** (0.119)	2.174*** (0.195)	2.174*** (0.147)	2.174*** (0.195)
ESG × Med	0.170*** (0.009)	0.170*** (0.018)	0.170*** (0.013)	0.170*** (0.018)
Size	-1.371*** (0.224)	-1.371** (0.615)	-1.371*** (0.393)	-1.371** (0.615)
Growth	0.449* (0.241)	0.449 (0.293)	0.449 (0.278)	0.449 (0.293)
Top1	5.533*** (1.496)	5.533* (3.282)	5.533** (2.198)	5.533* (3.282)

续表

变量 (SA)	(1) 固定效应	(2) 修正异方差	(3) 修正序列相关	(4) 修正截面相关
Top10	11.640*** (1.157)	11.640*** (2.263)	11.640*** (1.589)	11.640*** (2.263)
Indirector	-6.881*** (2.141)	-6.881** (3.507)	-6.881** (2.567)	-6.881** (3.507)
Stat	-0.695 (0.584)	-0.695 (1.160)	-0.695 (0.776)	-0.695 (1.160)
Big4	-1.303** (0.591)	-1.303 (0.992)	-1.303* (0.685)	-1.303 (0.992)
LEV	1.106 (0.943)	1.106 (1.832)	1.106 (1.229)	1.106 (1.832)
BTM	0.004 (0.069)	0.004 (0.135)	0.004 (0.098)	0.004 (0.135)
Fund	-0.145 (1.256)	-0.145 (2.011)	-0.145 (1.527)	-0.145 (2.011)
Legal	-1.200* (0.658)	-1.200 (1.104)	-1.200 (0.835)	-1.200 (1.104)
DTS	-105.645*** (6.896)	-105.645*** (14.301)	-105.645*** (9.636)	-105.645*** (14.301)
Turn	-0.391*** (0.076)	-0.391*** (0.105)	-0.391*** (0.085)	-0.391*** (0.105)
cons	-2.841*** (0.424)	-2.841*** (0.795)		-2.841*** (0.795)
时间效应	控制	控制	控制	控制
行业效应	控制	控制	控制	控制
N	8481	8481	8472	8481
R^2	0.675	0.675	0.675	0.675
调整 R^2	0.631	0.674	0.632	0.674
F 值	419.74	148.44	293.32	148.44
Wald 检验 1	344.44	173.58	222.75	173.58
Wald 检验 2	5.66	2.62	3.49	2.62

注：表中括号内是回归系数的双尾 T 检验对应的标准误；***、**、* 分别表示对应系数的显著性水平为 1%、5%、10%；F 值是对所有变量回归系数的联合测试；Wald 检验 1、Wald 检验 2 分别是对年份、行业虚拟变量系数联合测试；所有变量 Vif 值小于 10。

第7章 ESG表现对权益资本成本影响的调节中介效应研究

根据表7-9第1栏至第4栏的回归结果,ESG表现的系数都在1%的显著性水平与融资约束负相关。这表明由于国家的产业政策扶持、ESG理念的普及,企业积极承担环境、社会责任能够获得金融机构、投资者的信赖,降低其融资约束的状况。在生态文明和可持续发展的大背景下,媒体会时刻关注企业的ESG表现,对于其不合规、不合法行为加强报道和监督,这些负面报道的声誉损害作用会引发投资者和债权人的担忧,他们甚至卖掉证券、提前收回货款(贷款),从而恶化企业融资约束的状况。这也就反映在ESG表现与媒体治理的交互项(ESG×Med)的回归系数在1%的水平通过显著性检验且与主回归异号,根据前文模型7-2的定义,此情况下系数 $a_1 = -0.392 + 0.170\text{Med}$。

总体来看,无论是固定效应模型还是分别修正异方差、序列相关、截面相关,所有调整 R^2 介于0.631至0.674,这就说明模型对融资约束的解释力介于63.1%—67.4%,拟合效果非常好;F值显著性水平三颗星,即模型回归系数集合显著异于零;Wald检验1显著,即年份对回归结果有显著影响,该影响已被控制;Wald检验2显著,即行业对回归结果有显著影响,该影响已被控制;控制变量与文献研究结果相似;最大方差膨胀因子3.33,平均1.39,没有发现严重多重共线性存在。以上数据说明表7-9回归结果稳健可靠。

(2)媒体治理调节的ESG表现与融资约束对系统风险的影响检验

根据表7-7检验的结果,模型7-3存在显著个体效应(F值为4.01),拒绝H0,不适采用OLS回归;同时模型7-3拒绝了随机效应模型回归(卡方值为348.10),因此我们将采用固定效应回归,同时控制时间、行业效应。另外,根据表7-8检验的结果,无论是修正Wald检验、Wooldridge检验还是Pesaran检验,模型7-3都拒绝了H0,表明模型存在异方差、序列相关以及截面相关。本书将分别采用Huber-White稳健性回归、稳健标准误(Arellano,1987)以及聚类稳健方差估计对异方差、序列相关以及截面相关的影响进行修正，并给出修正后的标准误。为了消除媒体治理与 ESG 表现的交互项、媒体治理与融资约束的交互项带来的多重共线性，本书在回归前对连续变量进行了中心化处理。具体回归结果见表 7-10。

表 7-10　基于媒体治理调节的 ESG 表现、融资约束与系统风险

变量 (Beta)	(1) 固定效应	(2) 修正异方差	(3) 修正序列相关	(4) 修正截面相关
ESG	-0.327*** (0.060)	-0.327*** (0.076)	-0.327*** (0.068)	-0.327*** (0.076)
SA	0.301*** (0.047)	0.301*** (0.067)	0.301*** (0.056)	0.301*** (0.067)
Med	4.750*** (0.472)	4.750*** (0.567)	4.750*** (0.507)	4.750*** (0.567)
ESG × Med	0.167*** (0.035)	0.167*** (0.046)	0.167*** (0.043)	0.167*** (0.046)
SA × Med	-0.041*** (0.014)	-0.041** (0.016)	-0.041** (0.015)	-0.041** (0.016)
Size	5.994*** (0.876)	5.994*** (1.181)	5.994*** (1.031)	5.994*** (1.181)
Growth	0.906 (0.941)	0.906 (1.042)	0.906 (1.034)	0.906 (1.042)
Top1	17.677*** (5.782)	17.677** (7.430)	17.677** (6.417)	17.677** (7.430)
Top10	-31.465*** (4.508)	-31.465*** (5.993)	-31.465*** (5.261)	-31.465*** (5.993)
Indirector	-7.898 (8.295)	-7.898 (9.784)	-7.898 (8.771)	-7.898 (9.784)
Stat	-3.314 (2.264)	-3.314 (3.214)	-3.314 (2.658)	-3.314 (3.214)

续表

变量 (Beta)	(1) 固定效应	(2) 修正异方差	(3) 修正序列相关	(4) 修正截面相关
Big4	4.331* (2.260)	4.331 (2.710)	4.331* (2.526)	4.331 (2.710)
LEV	−11.745*** (3.639)	−11.745** (4.436)	−11.745*** (3.983)	−11.745** (4.436)
BTM	1.328*** (0.266)	1.328*** (0.376)	1.328*** (0.345)	1.328*** (0.376)
Fund	0.296 (4.781)	0.296 (5.670)	0.296 (5.152)	0.296 (5.670)
Legal	0.647 (2.504)	0.647 (3.053)	0.647 (2.712)	0.647 (3.053)
DTS	−14.911 (27.120)	−14.911 (30.241)	−14.911 (27.320)	−14.911 (30.241)
Turn	4.612*** (0.259)	4.612*** (0.427)	4.612*** (0.390)	4.612*** (0.427)
cons	−12.977*** (1.703)	−12.977*** (2.096)		−12.977*** (2.096)
时间效应	控制	控制	控制	控制
行业效应	控制	控制	控制	控制
N	8577	8577	8565	8577
R^2	0.262	0.262	0.262	0.262
调整 R^2	0.163	0.258	0.164	0.258
F 值	63.92	53.97	52.15	53.97
Wald 检验1	156.06	97.33	109.18	97.33
Wald 检验2	2.78	4.19	3.39	4.19

注：表中括号内是回归系数的双尾 T 检验对应的标准误；***、**、*分别表示对应系数的显著性水平为1%、5%、10%；F 值是对所有变量回归系数的联合测试；Wald 检验1、Wald 检验2分别是对年份、行业虚拟变量系数的联合测试；所有变量 Vif 值小于10。

根据表7-10第1栏至第4栏的回归结果，ESG 表现的系数都在1%的显著性水平与系统风险负相关，表明对资本市场而言，企业积极承担环境责任、社会责任能够增强投资者的信任,降低其系统风险。在生态文明和可持续发展的大背景下,媒体会时刻关注企业的 ESG 表现,对于其不合规、不合法行为加强报道和监督,这种报道会引发资本市场的动荡,导致公司证券短期内剧烈波动(王昶等,2017;洪靖雅,2021),在模型回归中体现为 ESG 表现与媒体治理的交互项(ESG×Med)对系统风险的回归系数在 1% 的水平通过显著性检验且与主回归异号。根据模型 7-4 的定义,此情况下系数 a_2 = $-0.327 + 0.167 \mathrm{Med}$。

融资约束(SA)与系统风险(Beta)在 1% 的显著性水平正相关。因为从企业经营的角度看,融资约束会迫使企业在作投资决策时不得不选择次优方案,从而导致经营风险的上升;经营风险的提高传递到资本市场就会引起系统风险的上升。在此过程中,媒体治理会起到缓解信息不对称和代理问题的作用,这反映在回归模型中,融资约束与媒体治理交互项(SA×Med)的系数在 1% 的水平通过显著性检验且与主回归异号。根据前文模型 7-5 的定义,此情况下系数 m_{12} = $0.301 - 0.041 \cdot \mathrm{Med}$。

总体来看,无论是固定效应模型还是分别修正异方差、序列相关、截面相关,所有模型调整 R^2 介于 0.163 至 0.258,这就说明模型对系统风险的解释力介于 16.3%—25.8%;F 统计量在 1% 水平上显著,表明系数集合显著异于零;Wald 检验的显著性水平三颗星,表明年份、行业对 ESG 表现、融资约束、媒体治理以及对应的交互项等的系数存在显著影响,该影响已经得到修正;控制变量系数符号符合文献研究的结果。此外,最大方差膨胀因子 3.67,平均值 1.47,没有发现严重多重共线性存在。

(3)媒体治理调节的 ESG 表现、融资约束、系统风险与权益资本成本

根据表 7-7 检验的结果,模型 7-6 存在显著个体效应(F 值为 7.05),不适合采用 OLS 模型回归;同时模型 7-6 拒绝了随机效应

第7章 ESG表现对权益资本成本影响的调节中介效应研究

模型回归（卡方值为284.05），我们采用固定效应模型7-6验证，并控制时间效应、行业效应。根据表7-8检验的结果，模型7-6存在异方差、序列相关以及截面相关。我们将分别采用Huber-White稳健性回归、稳健标准误（Arellano，1987）以及聚类稳健方差估计分别对异方差、序列相关和截面相关的影响进行修正。与此同时，本书在回归前对连续变量进行了中心化处理以消除多重共线性的影响。具体回归结果见表7-11。

表7-11 基于媒体治理调节的ESG变现与权益资本成本联合中介效应

变量 （COE）	（1） 固定效应	（2） 修正异方差	（3） 修正序列相关	（4） 修正截面相关
ESG	-0.860*** (0.045)	-0.860*** (0.041)	-0.860*** (0.041)	-0.860*** (0.041)
SA	0.345*** (0.034)	0.345*** (0.032)	0.345*** (0.031)	0.345*** (0.032)
Beta	0.018** (0.008)	0.018** (0.007)	0.018** (0.008)	0.018** (0.007)
Med	3.621*** (0.354)	3.621*** (0.303)	3.621*** (0.323)	3.621*** (0.303)
ESG×Med	-0.048* (0.026)	-0.048** (0.023)	-0.048*** (0.022)	-0.048** (0.023)
SA×Med	0.009 (0.011)	0.009 (0.009)	0.009 (0.009)	0.009 (0.009)
Beta×Med	-0.015** (0.006)	-0.015*** (0.005)	-0.015*** (0.005)	-0.015*** (0.005)
Size	-3.758*** (0.652)	-3.758*** (0.638)	-3.758*** (0.604)	-3.758*** (0.638)
Growth	-4.626*** (0.697)	-4.626*** (0.664)	-4.626*** (0.665)	-4.626*** (0.664)
Top1	24.021*** (4.323)	24.021*** (3.472)	24.021*** (3.682)	24.021*** (3.472)

续表

变量 (COE)	(1) 固定效应	(2) 修正异方差	(3) 修正序列相关	(4) 修正截面相关
Top10	-16.204*** (3.357)	-16.204*** (2.681)	-16.204*** (2.730)	-16.204*** (2.681)
Indirector	-5.614 (6.174)	-5.614 (5.561)	-5.614 (5.667)	-5.614 (5.561)
Stat	2.119 (1.682)	2.119* (1.253)	2.119 (1.403)	2.119* (1.253)
Big4	3.434** (1.705)	3.434* (1.765)	3.434** (1.636)	3.434* (1.765)
LEV	0.681 (2.719)	0.681 (2.222)	0.681 (2.301)	0.681 (2.222)
BTM	1.936*** (0.197)	1.936*** (0.210)	1.936*** (0.202)	1.936*** (0.210)
Fund	13.531*** (3.629)	13.531*** (2.975)	13.531*** (2.960)	13.531*** (2.975)
Legal	1.382 (1.898)	1.382 (1.587)	1.382 (1.621)	1.382 (1.587)
DTS	-35.723* (20.192)	-35.723** (17.363)	-35.723** (17.339)	-35.723** (17.363)
Turn	2.063*** (0.221)	2.063*** (0.221)	2.063*** (0.227)	2.063*** (0.221)
cons	14.491*** (1.230)	14.491*** (0.873)		14.491*** (0.873)
时间效应	控制	控制	控制	控制
行业效应	控制	控制	控制	控制
N	8481	8481	8472	8481
R^2	0.488	0.488	0.488	0.488
调整 R^2	0.419	0.486	0.420	0.486
F 值	173.80	739.82	580.66	739.82
Wald 检验 1	825.18	3060.64	2545.01	3060.64
Wald 检验 2	0.94	20.00	3.16	20.00

注：表中括号内是回归系数的双尾 T 检验对应的标准误；***、**、*分别表示对应系数的显著性水平为1%、5%、10%；F 值是对所有变量回归系数的联合测试；Wald 检验1、Wald 检验2 分别是对年份、行业虚拟变量系数的联合测试；所有变量 Vif 值小于 10。

第7章　ESG表现对权益资本成本影响的调节中介效应研究

根据表7-11第1栏至第4栏的回归结果，ESG表现的回归系数都在1%的显著性水平与权益资本成本负相关，与第4章主回归一致：即随着投资者素质的提升，他们对于积极承担ESG责任的企业会更加认同，愿意为企业证券支付更高的溢价，从而导致权益资本成本下降。在剔除间接效应后，媒体的负面报道会促使企业作出改进，这种改进有利于企业ESG表现的改善，并直接对权益资本成本产生积极影响，体现在回归模型中就是ESG表现与媒体治理的交互项（ESG × Med）的回归系数显著为负（显著性水平三颗星）且与主效应同号。根据表7-11第1栏至第4栏的结果，交互项的系数显著性水平三颗星。根据前文模型的定义，此情况下系数 $c' = -0.860 - 0.048 \cdot \text{Med}$。

根据表7-11第1栏至第4栏的回归结果，融资约束（SA）与权益资本成本正相关，显著性水平三颗星，与理论推演一致；而融资约束与媒体治理的交互项（SA × Med）并不显著，也就是说负面报道并不影响融资约束对权益资本成本的影响，这可能源于媒体负面报道的媒体监督功能与其声誉损坏作用相互抵消的结果。根据前文模型的定义，此情况下系数 $b_1 = 0.345$。

根据表7-11第1栏至第4栏的回归结果，Beta的回归系数都在1%的显著性水平与权益资本成本正相关，这与本书因变量COE的定义一致（参见第2章模型2-1所定义的COE计算）：也就是随着系统风险的增加，投资者会索取更高的风险补偿，从而导致权益资本成本上升。文献研究表明，媒体的负面报道在此过程中会放大系统风险的作用，但随着负面报道的深入，证券的价格波动在低位徘徊（洪靖雅，2021），波动幅度降低，系统风险下降，体现在回归模型中就是系统风险与媒体治理的交互项（Beta × Med）对权益资本成本的回归系数为负且与主效应异号。根据表7-11第1栏至第4栏的回归结果，交互作用的回归系数通过1%的显著性水平检验。根据前文模型的定义，此情况下系数 $b_2 = 0.018 - 0.015 \cdot \text{Med}$。

总体来看，无论是固定效应模型还是分别修正异方差、序列相关、截面相关，所有回归模型调整 R^2 都在 0.419 到 0.486 这个区间范围，由此可知模型 7-6 的解释力介于 41.9%—48.6%，拟合效果非常好；F 统计量显著性水平三颗星，说明模型系数集合显著异于零；Wald 检验 1 显著性水平三颗星，表明年份对模型存在显著影响，该影响已经得到修正；Wald 检验 2 的显著性水平三颗星，表明行业对模型存在显著影响，该影响也已经得到修正；控制变量系数符号符合现有文献，结果基本符合理论预期。此外，最大方差膨胀因子 3.62，平均 1.41，没有发现严重多重共线性存在。

（4）数据汇总与结果讨论

根据前文检验的结果，我们将基于媒体治理调节的以融资约束和系统风险为中介的直接、间接效应的回归系数汇总于表 7-12。

根据表 7-12，按照模型构建中相关系数传递规则（见表 7-1），在媒体治理强度处于高、中、低三种情况下，分别计算基于媒体治理调节的直接效应、间接效应以及相较于低值组效应的占比。结果见表 7-13。

为了更好地考察媒体治理对 ESG 表现与权益资本成本之间不同路径的作用机制，根据表 7-13 中直接效应、间接效应以及总效应占基准回归系数的比例绘制折线图①，详见图 7-4。

表 7-12　ESG 表现与权益资本成本联合调节中介系数

（递归法）

变量	a		b		m_{12}		c'	
	回归系数	调节系数	回归系数	调节系数	回归系数	调节系数	回归系数	调节系数
SA	-0.392*** (0.015)	0.170*** (0.009)	0.345*** (0.034)	0.009 (0.011)				
Beta	-0.327*** (0.060)	0.167*** (0.035)	0.018** (0.008)	-0.015** (0.006)				

---

① 图 7-4 以第 4 章基准回归系数 -1.0782 为标准，将各路径在媒体治理分别取低、中、高的效应占标准的比例绘制折线图。

续表

变量	a		b		m$_{12}$		c′	
	回归系数	调节系数	回归系数	调节系数	回归系数	调节系数	回归系数	调节系数
SA—Beta					0.301*** (0.047)	-0.041*** (0.014)		
ESG							-0.860*** (0.045)	-0.048* (0.026)

注：表中括号内是回归系数的双尾 T 检验对应的标准误；***、**、* 分别表示对应系数的显著性水平为 1%、5%、10%。

表 7-13　ESG 表现与权益资本成本联合调节中介效应

（递归法）

路径/效应	高值组 sd(Med) = 1.123		中值组 sd(Med) = 0		低值组 sd(Med) = -1.123	
	效应	占比	效应	占比	效应	占比
ESG—M$_1$—COE	-0.069	34.33%	-0.135	67.16%	-0.201	100.00%
ESG—M$_2$—COE	0.000	0.00%	0.000	0.00%	-0.018	100.00%
ESG—M$_1$—M$_2$—COE	0.000	0.00%	-0.002	28.57%	-0.007	100.00%
ESG—COE	-0.914	113.40%	-0.860	106.70%	-0.806	100.00%
直接效应	-0.914		-0.860		-0.806	
间接效应	-0.069		-0.137		-0.226	
总效应	-0.983		-0.997		-1.032	

注：表中 M$_1$、M$_2$ 分别代表 SA、Beta；各效用是根据表 7-12、按照表 7-1 的规则计算所得；只有显著性水平达到 1 颗星以上的系数才会纳入，否则计为 0；媒体治理的均值为 0，标准差为 1.123；占比是相较于低值组效应的比。

根据图 7-4，可以明显得出如下结论：（1）ESG 表现与权益资本成本之间的直接效应随着媒体治理强度的增加而上升；（2）ESG 表现与权益资本成本之间的间接效应随着媒体治理强度的增加而下降；（3）ESG 表现与权益资本成本之间的总效应随着媒体治理强度的增加而下降。假设 7-1 得到验证。

根据图 7-4，我们发现媒体治理会削弱 ESG 表现对权益资本成本的间接效应，但还无法判断这种削弱对两种间接效应的强弱。为此我们研究了随着媒体治理强度的增加，ESG 表现与权益资本成本之间以融资约

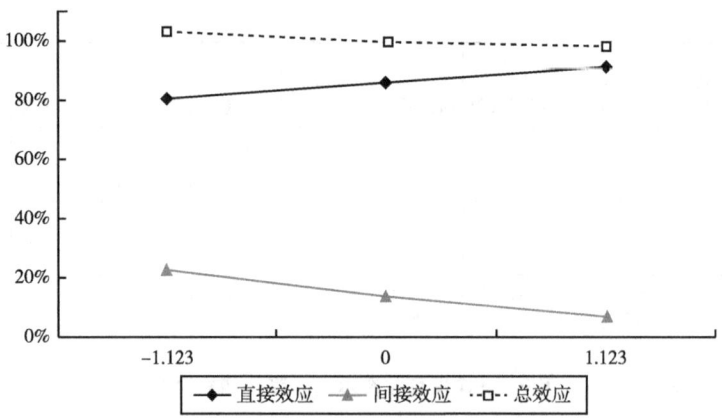

图 7-4 媒体治理调节下各路径基准占比折线图

束为路径的中介效应和以系统风险为路径的中介效应的下降速度。具体的做法是：以各中介效应在媒体治理为低值时为基准，计算在媒体治理取中值和高值时相较于低值时的比例（见表 7-13 "占比"一栏），并做成折线图。与此同时，按同样的方法把直接效应在媒体治理取中值和高值时相较于低值时的百分比也做成折线图，并汇总到图 7-5。

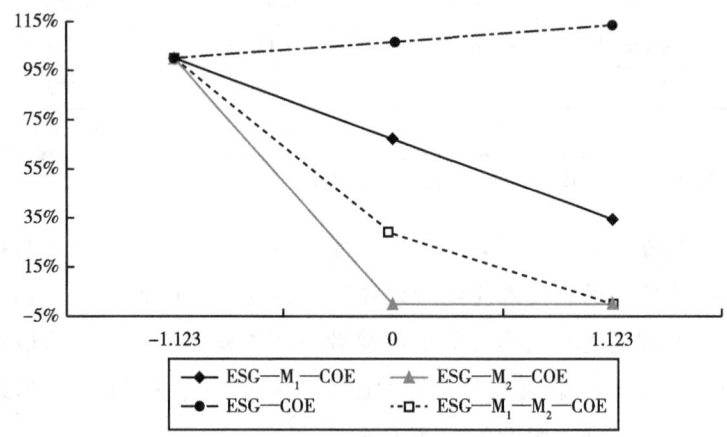

图 7-5 媒体治理调节下各路径调节中介效应变化折线图①

---

① M_1 代表融资约束，M_2 代表系统风险。

第7章 ESG表现对权益资本成本影响的调节中介效应研究

根据图7-5，可以明显看出随着媒体治理强度的提升：（1）直接路径ESG—COE的折线图呈明显的上升趋势；（2）间接路径ESG—M_1—COE、ESG—M_2—COE、ESG—M_1—M_2—COE的折线图呈明显的下降趋势；（3）间接路径ESG—M_2—COE的下降速度明显高于路径ESG—M_1—COE与路径ESG—M_1—M_2—COE。

由此可以得出结论：媒体治理会增强ESG表现与权益资本成本之间直接路径的效应，削弱ESG表现与权益资本成本之间间接路径的效应，且对以系统风险为中介的路径影响最大，对以融资约束为中介的路径影响最小。假设7-2得到验证，也再次从侧面验证假设7-1的合理性。

为什么媒体治理对ESG表现的直接效应是正向调节而非负向调节呢？这需要从以下几个方面解释。

第一，ESG评价并不受媒体负面报道影响，其评估机制决定了媒体报道只占很小一部分，比如彭博在ESG评价指南中就指出，其数据来源主要包括企业可持续发展报告、年度文件、委托书、公司治理报告、补充发布和公司网站信息等。其他数据来源还有公司股票基本面数据（如收入），非政府组织监测数据、政府信息以及各种新闻等[①]。从以上叙述可以看出媒体报道只占ESG评价很小一部分。

第二，从长期来看，媒体治理有助于企业改正错误，积极承担环境责任、社会责任以及公司治理责任，否则企业难以存续。这就有利于ESG表现的提高和经营风险的降低。这对于降低企业的权益资本成本大有裨益。因为对法律、法规及制度的遵从一定会降低各种非正常损失的发生；而良好的口碑则有助于企业收入的增加，比如加多宝2008年向汶川、2011年向玉树大地震捐款就在当年为企业创造高额收益。

---

① 参见第3章相关内容。

第三，从短期来看，系统风险受媒体负面报道的影响就很大（熊艳等，2011；王昶等，2017；洪靖雅，2021），融资约束次之（宋婕等，2019）。面对来势汹汹的负面报道，中小投资者会及时采取措施止损，一般是先执行后评估，这对于系统风险和权益资本成本的上升起着推波助澜的作用；而债权人（包括银行、供应商等）首先会对企业（债务人）进行审慎评估，再制定措施并执行，这也会引发系统风险和权益资本成本的上升，但强度就会小得多。

综上所述，媒体治理对于ESG表现与权益资本成本之间的关系具有调节作用，但对两者之间不同的作用路径存在不同的调节机制：媒体治理增强了ESG表现直接降低权益资本成本的效应，削弱了ESG表现通过融资约束、系统风险以及融资约束—系统风险降低权益资本成本的间接效应，而且对以系统风险为路径的间接效应影响最为显著。假设7-1、假设7-2得到验证。也从侧面印证了前文假设6-2实证结论的稳健性。

7.4 稳健性检验

7.4.1 Bootstrap检验

递归法被认为其检验力低于其他方法（Fritz & MacKinnon，2007；Hayes，2009）。因此，对于弱中介效应，如果递归法得出显著性的结论，那么它不应被质疑（温忠麟和叶宝娟，2014）。但由于递归法没有提供有关系数传递后的标准误，无法确定相关结果是否达到显著性水平的要求，为此本书采用Bootstrap的方法，抽样3000次得到有关的系数及其标准误。为了消除变量间交互项带来的多重共线性，本书在回归前对连续变量进行中心化。具体结果见表7-14。

第7章 ESG 表现对权益资本成本影响的调节中介效应研究

表 7-14　ESG 表现与权益资本成本联合调节中介系数（Bootstrap）

路径	高值组 sd(Med)=1.123				中值组 sd(Med)=0				低值组 sd(Med)=-1.123			
	a	b	m_{12}	c'	a	b	m_{12}	c'	a	b	m_{12}	c'
ESG—SA—COE	-0.205*** (0.021)	0.523*** (0.020)			-0.386*** (0.019)	0.523*** (0.019)			-0.566*** (0.024)	0.523*** (0.018)		
ESG—Beta—COE	-0.006 (0.077)	0.104*** (0.007)			-0.306*** (0.069)	0.125*** (0.004)			-0.606*** (0.088)	0.145*** (0.005)		
ESG—SA—Beta—COE			0.128** (0.056)				0.184*** (0.054)				0.240*** (0.054)	
ESG—COE				-0.756*** (0.029)				-0.719*** (0.022)				-0.682*** (0.026)

注：本结果为基于媒体治理（Med）调节的中介效应。a 代表基于媒体治理调节的 ESG 表现与中变量（SA 和 Beta）的回归系数，b 代表基于媒体治理调节的中变量（SA 和 Beta）与权益资本成本的回归系数，m_{12} 代表基于媒体治理调节的中介变量融资约束（SA）与系统风险（Beta）的回归系数。***、**分别表示显著性水平1%、5%。Boostrap 抽样 3000 次得到系数的双尾 T 检验对应的标准误。表中括号内是回归系数的回归系数和标准误。

由于有了标准误,可以判定系数的显著性水平。我们根据系数的显著性水平,按照表 7-1 的规则对各路径、直接效应和间接效应进行测算,并将测算结果汇总到表 7-15。

根据表 7-15,我们发现在媒体治理强度处于高值的时候,ESG 表现对系统风险的回归系数没有通过显著性检验,此时 ESG 表现的提升已经无法平抑企业证券的系统风险,导致此时该 ESG 表现通过系统风险降低权益资本成本的初效用已经降为 0,而其他系数的显著性水平没有实质变化,都在 1% 的水平通过显著性检验,这符合前文的理论推演,即系统风险对负面报道的声誉损害更为敏感,ESG 表现对系统风险的效应更容易受到负面报道的影响。这与其他系数或效应一起初步印证原结论的稳健性。

根据表 7-15 进一步分析,我们发现:(1) 间接效应随着媒体治理强度取值低、中、高而下降,其中通过系统风险这条路径下降幅度最大,以该路径媒体治理处于低值时的效用为基准,其效用下降幅度为 100%;(2) 通过融资约束—系统风险这条路径次之,以该路径媒体治理处于低值时的效用为基准,其效用下降幅度分别为 55% 和 90%;(3) 而通过融资约束这条路径最低,以该路径媒体治理处于低值时的效用为基准,其效用下降幅度分别为 31.76% 和 63.85%;(4) 直接效应随着媒体治理强度的增加而上升,以该路径媒体治理处于低值时的效用为基准,上升幅度分别为 5.43% 和 10.85%;(5) 总效应随着媒体治理强度的增加而下降,下降幅度分别为 10.87% 和 20.26%。以上数据变化与主回归一致,假设 7-1、假设 7-2 得到了验证。

总体而言,通过采用 Bootstrap,我们在确保数据通过显著性水平的条件下实证了假设 7-1、假设 7-2,原实证结论稳健。

表 7-15　ESG 表现与权益资本成本联合调节中介效应
（Bootstrap）

路径/效应	高值组 sd(Med) = 1.123		中值组 sd(Med) = 0		低值组 sd(Med) = -1.123	
	效应	变化比例	效应	变化比例	效应	占比
ESG—SA—COE	-0.107*** (0.012)	-63.85%	-0.202*** (0.013)	-31.76%	-0.296*** (0.017)	100.00%
ESG—Beta—COE		-100.00%	-0.038*** (0.009)	-56.82%	-0.088*** (0.014)	100.00%
ESG—SA—Beta—COE	-0.003** (0.001)	-90.00%	-0.009*** (0.003)	-55.00%	-0.020*** (0.005)	100.00%
ESG—COE	-0.756*** (0.029)	10.85%	-0.719*** (0.022)	5.43%	-0.682*** (0.026)	100.00%
直接效应	-0.756*** (0.029)	10.85%	-0.719*** (0.022)	5.43%	-0.682*** (0.026)	100.00%
间接效应	-0.110*** (0.015)	-72.77%	-0.249*** (0.016)	-38.37%	-0.404*** (0.022)	100.00%
总效应	-0.866*** (0.029)	-20.26%	-0.968*** (0.023)	-10.87% -31.76%	-1.086*** (0.029)	100.00%

注：表中括号内是回归系数的双尾 T 检验对应的标准误；***、** 分别表示显著性水平 1%、5%；各效应只有显著性水平达到 1 颗星以上的才会被纳入计算范围，否则计为 0；Boostrap 抽样 3000 次得到系数与标准误；在中心化条件下，Med = 0，sd(Med) = 1.123；高中低值组分别为 1.123、0、-1.123。

7.4.2　Heckman 两阶段法

根据前文论述，本书采用的自变量——彭博 ESG 评级可能存在因上市企业出于各种目的选择性披露相关信息造成的自选择偏误问题。为此，本节借鉴前文采用的 Heckman 两阶段法，对基于媒体治理调节的 ESG 表现与权益资本成本的联合调节中介效应开展稳健性检验。具体做法参见第 4 章。同时为了使结果具有显著性水平作为判定标准，本节采用 Bootstrap 法进行实证。结果见表 7-16。

表 7-16　ESG 表现与权益资本成本联合调节中介系数（Heckman）

路径	高值组 sd(Med)=1.123				中值组 sd(Med)=0				低值组 sd(Med)=-1.123			
	a	b	m_{12}	c'	a	b	m_{12}	c'	a	b	m_{12}	c'
ESG—SA—COE	-0.231*** (0.020)	0.555*** (0.022)			-0.415*** (0.020)	0.555*** (0.022)			-0.599*** (0.024)	0.555*** (0.021)		
ESG—Beta—COE	0.182** (0.073)	0.093*** (0.006)			-0.099 (0.064)	0.113*** (0.005)			-0.380*** (0.082)	0.133*** (0.005)		
ESG—SA—Beta—COE			0.133** (0.059)				0.182*** (0.053)				0.231*** (0.053)	
ESG—COE				-0.981*** (0.026)				-0.933*** (0.022)				-0.384*** (0.028)

注：本结果为基于媒体治理（Med）调节的中介效应。a 代表基于媒体治理（SA 和 Beta）调节的中介变量（SA 和 Beta）的回归系数，b 代表基于媒体治理调节的 ESG 表现与权益资本成本的回归系数，m_{12} 代表基于媒体治理调节的中介变量融资约束（SA）与系统风险（Beta）的回归系数。表中括号内是回归系数对应的标准误。***、**、* 分别表示显著性水平 1%、5%。Boostrap 抽样 3000 次得到系数和标准误。

第7章 ESG表现对权益资本成本影响的调节中介效应研究

由于有了标准误,可以判定系数的显著性水平。根据表7-16,我们发现在媒体治理强度处于高值的时候,ESG表现对系统风险的回归系数没有通过显著性检验,在此情况下ESG表现的提升已经无法平抑企业证券的系统风险,导致此时ESG表现通过系统风险降低权益资本成本的效用已经降为0,而其他系数的显著性水平没有实质变化,都在1%的水平通过显著性检验,这符合前文的理论推演,即系统风险对负面报道的声誉损害作用更为敏感,ESG表现对系统风险的效应更容易受到负面报道的影响。这与其他系数或效应一起初步印证原结论的稳健性。

根据表7-17进一步分析,我们发现:(1)间接效应随着媒体治理强度取值低、中、高而下降,其中通过系统风险这条路径下降幅度最大,因为以该路径低值时的效用为基准,其效用下降幅度分别为78.43%和100%;通过融资约束—系统风险这条路径次之,因为以该路径低值时的效用为基准,其效用下降幅度分别为50%和83.33%;而通过融资约束这条路径最低,因为以该路径低值时的效用为基准,其效用下降幅度分别为30.72%和61.45%。(2)直接效应随着媒体治理强度的增加而上升,上升幅度分别为5.54%和10.97%。(3)总效应随着媒体治理强度的增加而下降,下降幅度分别为8.02%和13.46%。以上数据变化与主回归一致,假设7-1、假设7-2得到了验证,原结论稳健。

表7-17　ESG表现与权益资本成本联合调节中介效应

(Heckman)

路径/效应	高值组 sd(Med) = 1.123		中值组 sd(Med) = 0		低值组 sd(Med) = -1.123	
	效应	变化比例	效应	变化比例	效应	基准占比
ESG—SA—COE	-0.128*** (0.013)	-63.85%	-0.230*** (0.016)	-30.72%	-0.332*** (0.020)	100.00%
ESG—Beta—COE		-100.00%	-0.011 (0.007)	-78.43%	-0.051*** (0.011)	100.00%

续表

路径/效应	高值组 sd(Med)=1.123		中值组 sd(Med)=0		低值组 sd(Med)=−1.123	
	效应	变化比例	效应	变化比例	效应	基准占比
ESG—SA—Beta—COE	−0.0028** (0.001)	−85.00%	−0.009*** (0.003)	−50.00%	−0.018*** (0.004)	100.00%
ESG—COE	−0.981*** (0.026)	10.85%	−0.933*** (0.022)	5.54%	−0.884*** (0.028)	100.00%
直接效应	−0.981*** (0.026)	10.85%	−0.933*** (0.022)	5.54%	−0.884*** (0.028)	100.00%
间接效应	−0.131*** (0.015)	−72.77%	−0.250*** (0.018)	−37.66%	−0.401*** (0.022)	100.00%
总效应	−1.112*** (0.026)	−20.26%	−1.182*** (0.023)	−8.02%	−1.285*** (0.030)	100.00%

注：表中括号内是回归系数的双尾T检验对应的标准误；***、**分别表示显著性水平1%、5%；各效应只有显著性水平达到1颗星以上的才会被纳入计算范围，否则计为0；Boostrap抽样3000次得到系数与标准误；在中心化条件下，$\overline{Med}=0$，$sd(Med)=1.123$；高中低值组分别为1.123、0、−1.123。

与此同时，我们发现经过逆米尔斯比调整之后，模型回归的效应有所增加，标准误有所下降，显著性水平有所提高，回归结果优于原结论，原结论稳健。

7.5 本章小结

本章理论推演了基于媒体治理调节、融资约束与系统风险中介的ESG表现与权益资本成本的联合调节中介效应。在此基础上，以中国股市上市公司为研究对象，选用2011—2021年共计11年的观测数据，采用固定效应模型同时控制时间效应和行业效应进行实证，并做了充分的稳健性检验。

第7章 ESG 表现对权益资本成本影响的调节中介效应研究

根据第6章的研究结论，媒体治理会削弱 ESG 表现降低权益资本成本的效应。以此为基础，理论推演发现，媒体治理对 ESG 表现与权益资本成本之间不同的作用路径具有不同的作用机制。原因在于不同的中介路径对于媒体治理强度变化的敏感性有很大差异：其中对系统风险的影响最大，媒体治理的声誉损害作用会放大企业证券的系统风险，削弱 ESG 表现间接降低权益资本成本的功效；媒体治理的声誉损害作用会恶化企业融资约束的状况，削弱 ESG 表现间接降低权益资本成本的功效；媒体治理的监督功能会强化 ESG 表现直接降低权益资本成本的功效。

实证检验表明，媒体治理对于 ESG 表现与权益资本成本之间不同路径的作用机制存在差异，具体体现在：

（1）由于资本市场对负面消息非常敏感，ESG 表现通过系统风险降低权益资本的路径极易受到声誉损害的影响。随着媒体治理强度的增加，ESG 表现通过该路径降低权益资本成本的效应迅速下降，直至变为 0。

（2）尽管信用（从供应商处赊购）、信贷市场对于负面消息也很敏感，但相较于系统风险就小得多。随着媒体治理强度的增加，ESG 表现通过融资约束降低权益资本成本的功效也在急速下降，但相较于系统风险而言强度要小很多。

（3）由于 ESG 评价主要源于公司在环境保护、社会责任以及公司治理各方面的综合表现，目前不同的评价模型都致力于还原企业的真实情况，其评价结果并不会受负面报道影响；相反，在绝大多数情况下负面报道有利于企业改正错误、提升其 ESG 表现，并最终降低权益资本成本。因此，企业 ESG 表现直接降低权益资本成本的效应随着媒体治理强度的增加而加强。

（4）在媒体治理的调节下，ESG 表现降低权益资本成本的间接效应下降速度超过直接效应上升的速度，总体而言，媒体治理会削弱 ESG 表现降低权益资本成本的功效。

本章的研究启示如下：

（1）尽管企业 ESG 表现作为一个综合评价，并不会受媒体短期负面报道影响，但 ESG 表现降低权益资本成本的间接路径仍可能受媒体治理强大的声誉损害的影响。这就要求企业在做好 ESG 各项工作的同时，还要正确应对媒体的负面报道，及时做好公关处理。

（2）政府应加强对媒体的监督和管理，控制媒体在信息传导过程中通过"有偏的放大机制"而非"中立的把关机制"（熊艳等，2011），减少信息摩擦，降低资本市场的市场摩擦和交易成本。

中国上市公司ESG表现
对权益资本成本的
影响研究
Chapter 8

第8章 结论和政策启示

8.1 主要研究结论

近年来,随着可持续发展理念逐步成为全球共识,ESG 投资蓬勃发展,考察企业 ESG 表现对权益资本成本的直接影响和间接影响就十分具有理论意义和实践价值。本书采用 CAPM 模型度量权益资本成本,以彭博 ESG 评价作为上市公司 ESG 表现的代理变量,理论推演了 ESG 表现对权益资本成本的影响、作用路径、作用机制。具体来说,本书推演了 ESG 表现对权益资本成本的影响、融资约束中介的 ESG 表现与权益资本成本、系统风险中介的 ESG 表现与权益资本成本、融资约束与系统风险联合中介的 ESG 表现与权益资本成本,以及这些中介变量与媒体治理的交互项对其他变量以及权益资本成本的影响。以此为基础,以中国上市企业为研究对象,以 2011—2021 年的数据为样本,采用多种方法进行实证。研究发现,ESG 表现是影响公司权益资本成本的一个重要因素,能够显著降低企业的权益资本成本;ESG 表现通过缓解公司的融资约束状况、平抑公司证券的系统风险降低公司权益资本成本,而媒体治理强度的增加会削弱 ESG 表现,间接降低权益资本成本的效应,提高 ESG 表现直接降低权益资本成本的效应,总体上媒体治理会削弱 ESG 表现降低权益资本成本的总效应。具体而言,本书的研究结论总结如下:

1. ESG 表现对权益资本成本的影响

(1) ESG 表现的提升会降低公司权益资本成本。这表明积极承担 ESG 责任能够降低企业的法律风险和经营风险;提升企业产品的附加值和经营成果;缓解中小股东的信息不对称,减少公司的代理冲突,实施有效治理,从而降低投资者的风险预期和公司的权益资本成本。

(2) 相较于非国有企业,国有企业 ESG 表现和权益资本成本之间的负相关关系更为显著。由于与政府存在政治关联，国有企业被要求创造更多的社会效益而不仅仅是经济效益，国有企业管理者会更加关注自己的声誉，因此国有企业的经理友好型董事声誉对投资效率的正向影响更大（赵娜等，2019）。在生态文明建设已经成为国家战略的前提下，国有企业会更加注重遵从国家产业政策的指引而不仅仅是对股东财富最大化的追求，这是国有企业与非国有企业本质区别的所在。

（3）相较于东部地区企业，中西部地区企业 ESG 表现和权益资本成本之间的负相关关系看起来更为显著，但实际上两者之间的差异并不显著。这表明在生态文明建设已经成为国家战略的前提下，企业所在地区的差异不会对 ESG 表现与权益资本成本之间的关系产生实质影响。

2. ESG 表现对融资约束（SA）和权益资本成本的影响

（1）ESG 表现与融资约束存在负相关关系。良好的 ESG 表现可以增加企业商业信用，因为符合国家产业政策的绿色环保型投资及其产业链是受到国家产业政策扶持的，与之相关的上下游企业可以同时受惠，彼此给予商业信用缓解融资约束就有了共同的出发点。与此同时，绿色环保型投资可以获得国家政策性贷款支持，这对于企业缓解融资约束大有裨益。

（2）ESG 表现与权益资本成本之间存在以融资约束为路径的部分中介效应。一个陷入融资约束的企业需要从证券市场获取更多的资金来扩大再投资，资金的边际成本上升导致权益资本成本上升。如果一个企业可以获得较多的商业信用和银行信贷（比如国家的绿色信贷），那么其需要从证券市场获得的资金量就可以相应减少，权益资本的边际成本就会相应下降。

3. ESG 表现对系统风险（Beta）和权益资本成本的影响

（1）ESG 表现与系统风险存在负相关关系。这意味着公司良好的 ESG 表现向市场表明：企业遵守环境保护的法律和制度，法律风险低；企业积极承担社会责任，口碑会更好，盈利能力会更强；公司治理有效，代理成本会下降；企业有能力进行 ESG 投资，财务稳健性高。因此，ESG 表现的上升促使投资者更愿意持有和购入公司相关证券，促使系统风险下降以及权益资本成本的下降。

（2）ESG 表现与权益资本成本之间存在以系统风险为路径的部分中介效应。在采用 CAPM 模型衡量权益资本成本的前提下，系统风险是决定权益资本成本的特征变量。因此，通过平抑企业证券的系统风险，ESG 表现能够降低企业权益资本成本。但实证结果为部分中介效应，这就表明 ESG 表现和权益资本成本之间还存在其他值得探讨的作用路径。

4. ESG 表现通过融资约束—系统风险对权益资本成本的影响

（1）融资约束和系统风险存在正相关关系。一个受到融资约束困扰的企业在做财务决策时大多只能选择次优方案，这种决策会增加其经营风险，该风险传递到资本市场就会引起系统风险上升，投资者要么抛弃企业的证券，要么索取更高的风险溢价，从而导致企业权益资本成本的上升。

（2）ESG 表现和权益资本成本之间存在以融资约束—系统风险为路径的链式中介效应。企业的 ESG 表现通过缓解企业融资约束的状况、降低企业证券的系统风险，进而发挥降低权益资本成本的功效。

5. ESG 表现与媒体治理对权益资本成本的交互影响

（1）一般认为媒体负面报道具有媒体监督和声誉损害两个作用，但在绝大多数时候，声誉损害的作用强于媒体监督，特别是当持续不断的负面报道出现时，声誉损害变成主要方面，导致证券被抛售，价格剧烈波动，权益资本成本上升。

（2）媒体治理对于 ESG 表现与权益资本成本之间的负相关关系有显著的调节作用。当媒体治理处于低值时，ESG 表现与权益资本成本之间的负相关关系被轻微削弱；当媒体治理处于中值时，ESG 表现与权益资本成本之间的负相关关系被削弱;当媒体治理处于高值时,ESG 表现与权益资本成本之间的负相关关系被严重削弱。

6. ESG 表现与产权性质对权益资本成本的交互影响

(1) 在可持续发展已经成为国家战略的情况下,国有企业会被要求承担更多的 ESG 责任,这会使得国有企业 ESG 表现的提升更能获得投资者或债权人信服,进而导致产权性质差异对企业 ESG 表现与权益资本成本之间的作用关系产生影响。

(2) 产权性质的不同对 ESG 表现降低权益资本成本的效用有显著影响:国有企业的性质能够强化 ESG 表现降低权益资本成本的功效;非国有企业的性质会弱化 ESG 表现降低权益资本成本的功效。这种差异历经费舍尔组合检验、似不相关检验、邹检验,结果是稳健的。

7. ESG 表现与审计主体差异对权益资本成本的交互影响

(1) 由于逆向选择的存在,内部治理机制失效,有丑闻的公司更愿意选择"四大"为自己服务,以便向市场传递正面的、强有力的信息;由于逆向选择的存在,投资者对于选择"四大"为自己服务的企业持审慎的态度,导致审计主体的差异对企业 ESG 表现与权益资本成本之间的作用关系发生变化。

(2) 审计主体的不同对 ESG 表现降低权益资本成本的效用有显著影响:选择"四大"为自己服务会弱化 ESG 表现,降低权益资本成本的功效。这种差异历经费舍尔组合检验、似不相关检验、邹检验,结果是稳健的。

8. 媒体治理对 ESG 表现与权益资本成本之间不同的作用路径存在不同的调节效应

(1) 媒体治理对 ESG 表现与权益资本成本之间以系统风险为路径的中介效应具有负向调节作用。随着媒体治理强度的增加,ESG 表现通过该路径的效用快速减少直至为 0。

(2) 媒体治理对 ESG 表现与权益资本成本之间以融资约束—

系统风险为路径的链式中介效应具有负向调节作用，但调节强度低于第（1）点。

（3）媒体治理对 ESG 表现与权益资本成本之间以融资约束为路径的中介效应具有负向调节作用，但强度低于第（1）点、第（2）点。

（4）媒体治理对 ESG 表现与权益资本成本之间的直接效应具有正向调节作用。随着媒体治理强度的增加，ESG 降低权益资本成本的效用在增强。

（5）媒体治理对 ESG 表现与权益资本成本之间的总效应具有负向调节作用。随着媒体治理强度的增加，ESG 降低权益资本成本的总效用在下降。

8.2 政策启示

根据理论推演和实证检验，本书获得如下政策启示：

1. 加强 ESG 理念的宣传，要让企业认识到 ESG 投入不是负担，而是机会。引导企业增加 ESG 投入，促进整个社会生态文明建设的不断进步。这对于企业从应当、自愿到自觉承担 ESG 相关责任，促进社会的可持续发展具有十分重要的意义。

2. 加强对媒体报道的监督。尽管媒体报道被认为是社会"第四"监督利器，但自媒体的兴起使得网络媒体报道风起云涌，各种跟风的负面报道铺天盖地，常常使得事情的真相扑朔迷离，抹杀企业承担 ESG 责任的各种努力，使得企业在 ESG 投入方面的努力产生反效果。这就要求政府对于对自媒体的监管要跟上时代，对于传播谣言构成利益侵害的，要依法追究法律责任。

3. 完善制度建设，引导企业积极承担 ESG 责任，具体包括：

（1）强化法治建设，加强对投资者的利益保护，规范公司 ESG 信息披露制度。（2）完善 ESG 信息披露标准的制定，引导企业按既定标准行事，减少政府对企业不必要的干预，提高政府办事效率。（3）加强对企业承担 ESG 责任的教育，引导企业充分认识承担 ESG 责任的益处以及违反相关规定的潜在危害。（4）加强金融体制建设，完善银行信贷制度，在原有"绿色信贷"的基础上探索"ESG 信贷"的可行性，帮助那些积极承担 ESG 责任的企业渡过难关。（5）完善 ESG 产品的市场培育，提升其市场竞争力。（6）规范网络媒体发展，教育和引导自媒体提高报道水平，减少跟风报道和捕风捉影的报道，还原媒体治理本身的功能。

8.3 研究局限与研究展望

1. 研究局限

（1）因变量度量模型的不足。鉴于数据的完整性、一致性和篇幅的局限性，本书采用 CAPM 模型度量中国上市公司权益资本成本，同时采用 Fama—French 三因素模型以及 PEG 模型测算的权益资本成本进行稳健性检验，没有讨论、评价和采用现有西方学者所提出的权益资本成本度量的其他所有模型，没有基于中国现有体制深入研究相关模型的适应性以及提出新的度量模型。

（2）可选数据来源的不足。本书采用的 ESG 表现的数据主要来自彭博 ESG 评价，数据只涉及国内 1131 家上市公司，数据涵盖范围为 2011—2021 年，尽管这些企业的资产、负债和营收、利润都达到或超过符合筛选条件企业的 90%，但数量问题仍然是下一步研究需要深耕的地方。

（3）间接路径探究的不足。本书讨论了基于融资约束、系统风险、融资约束—系统风险三条间接路径，对于是否存在其他路径以及这些路径的效应，限于文章篇幅以及数据的可获得性，本书未进一步开展实证研究。

(4）方案设计的不足。本书侧重于从路径和机制两个方面研究 ESG 表现对权益资本成本的影响，主要探讨媒体治理调节下 ESG 表现通过不同路径对公司权益资本成本的影响。限于篇幅原因没有深入探讨 ESG 表现各子项（环境、社会、公司治理）在媒体治理调节下通过不同路径对权益资本成本的影响。

2. 研究展望

基于前述不足，计划在今后的研究中从以下几个方面着手：（1）以现有研究成果为基础，努力发掘适合中国上市公司并能反映中国国情的新的权益资本成本度量模型。（2）深入研究 E（环境）、S（社会）、G（公司治理）各子项通过不同路径与调节变量对权益资本成本的影响以及他们彼此之间的交互影响。（3）从本书所涉角度之外考察，检验 ESG 表现与权益资本成本之间是否存在其他作用路径，探究其内在作用机制。

8.4 本章小结

本书以 ESG 表现对权益资本成本的影响为主线，研究了 ESG 表现与权益资本成本之间以融资约束、系统风险为中介的作用路径以及这些直接、间接路径在媒体治理调节下的变化。研究发现：ESG 表现的提升会降低公司权益资本成本，国企的性质会强化这种效应；ESG 表现通过缓解企业的融资约束和系统风险降低权益资本成本；媒体治理对于 ESG 表现与权益资本成本之间不同的路径存在差异的调节效应。

本书认为，政府和监管部门应强化 ESG 宣传，引导企业自觉承担 ESG 责任；加强对媒体报道的管理，发挥媒体治理的积极作用，降低其消极作用；加强制度建设，规范企业承担可持续发展责任，促进整个社会的可持续发展。

参 考 文 献

[1] Arellano M. Computing Robust Standard Errors for Within – Group Estimators [J]. Oxford Bulletin of Economics and Statistics, 1987, 49: 431 – 434.

[2] Ashbaugh H, Collins D, Lafond R. Corporate Governance and Cost of Equity Capital [J]. SSRN Electronic Journal, 2004.

[3] Atan R, Alam MM, Said J et al. The Impacts of Environmental, Social, and Governance Factors on Firm Performance: Panel Study of Malaysian Companies [J]. Management of Environmental Quality, 2019, 29 (2): 182 – 194.

[4] Athey M J, Laumas P S. Internal Funds and Corporate Investment in India [J]. Journal of Development Economics, 1994, 45 (2): 287 – 303.

[5] Aupperle K, Carroll A, Hatfield J. An Empirical Examination of the Relationship between Corporate Social Responsibility and Profitability [J]. Academy of Management Journal, 1985, 28: 446 – 463.

[6] Baron R M, Kenny D A. The Moderator – Mediator Variable Distinction in Social Psychological Research: Conceptual, Strategic, and Statistical Considerations [J]. Journal of Personality and Social Psychology, 1986, 51 (6): 1173 – 1182.

[7] Bednar M K. Watchdog or Lapdog? A Behavioral View of the Media as a Corporate Governance Mechanism [J]. The Academy of Man-

agement Journal, 2012, 55 (1): 131 - 150.

[8] Bernanke B, Gertler M. Agency Costs, Net Worth, and Business Fluctuations [J]. The American Economic Review, 1988, 79 (1): 14 - 31.

[9] Bhandari L C. Debt/Equity Ratio and Expected Common Stock Returns: Empirical Evidence [J]. The Journal of Finance, 1988, 43 (2): 507 - 528.

[10] Bowen H R. Social Responsibilities of the Businessman [M]. University of Iowa Press, 2013.

[11] Brammer S, Brooks C, Pavelin S. Corporate Social Performance and Stock Returns: UK Evidence from Disaggregate Measures [J]. Financial Management, 2006, 35 (3): 97 - 116.

[12] Brealey R A, Myers S C, Allen F. Principles of Corporate Finance [M]. The 13th Edtion. McGraw - Hill Australia, 2020.

[13] Brennan M J, Chordia T, Subrahmanyam A. Alternative Factor Specifications, Security Characteristics, and the Cross - Section of Expected Stock Returns [J]. Journal of Financial Economics, 1998, 49 (3): 345 - 373.

[14] Bushee B J, Core J E, GuayW, et al. The Role of the Business Press as an Information Intermediary [J]. Journal of Accounting Research, 2010, 48 (1): 1 - 19.

[15] Carretta A, Farina V, MartelliD, et al. The Impact of Corporate Governance Press News on Stock Market Returns [J]. European Financial Management, 2011, 17 (1): 100 - 119.

[16] Cek K, Eyupoglu S. Does Environmental, Social and Governance Performance Influence EconomicPerformance? [J]. Journal of Business Economics and Management, 2020, 21 (4): 1165 - 1184.

[17] Cheng B, Ioannou I, Serafeim G. Corporate Social Responsi-

bility and Access to Finance [J]. Strategic Management Journal, 2014, 35 (1): 1 – 23.

[18] Cohen J, Ding Y, LesageC, et al. Corporate Fraud and Managers' Behavior: Evidence From the Press [J]. Journal of Business Ethics, 2010, 95: 271 – 315.

[19] Cornell B, Shapiro A C. Corporate Stakeholders and Corporate Finance [J]. Financial Management, 1987, 16 (1): 5 – 14.

[20] Davis K. Can Business Afford to Ignore Social Responsibilities? [J]. California Management Review, 1960, 2: 70 – 76.

[21] Derwall J, Nadja Günster, BauerR, et al. The Eco – Efficiency Premium Puzzle [J]. Financial Analysts Journal, 2005, 61 (2): 51 – 63.

[22] Dhaliwal D S, Li O Z, TsangA, et al. Voluntary Nonfinancial Disclosure and the Cost of Equity Capital: The Initiation of Corporate Social Responsibility Reporting [J]. The Accounting Review, 2011, 86 (1): 59 – 100.

[23] Dimson E, Karakas O, Li X. Active Ownership [J]. Review of Financial Studies, 2015, Forthcoming (12): 3225 – 3268.

[24] Drake M S, Guest N M, Twedt B J. The Media and Mispricing: The Role of the Business Press in the Pricing of Accounting Information [J]. The Accounting Review, 2014, 89 (5): 1673 – 1701.

[25] Drucker P F. Converting Social Problems into Business Opportunities: The New Meaning of Corporate Social Responsibility [J]. California Management Review, 1984, 26 (2): 53 – 63.

[26] Duque – Grisales E, Aguilera – Caracuel J. Environmental, Social and Governance (ESG) Scores and Financial Performance of Multilatinas: Moderating Effects of Geographic International Diversification and Financial Slack [J]. Journal of Business Ethics, 2019, 168 (2): 315 – 334.

[27] Dyck A, Volchkova N, Zingales L. The Corporate Governance Role of the Media: EvidenceFrom Russia [J]. The Journal of Finance, 2008, 63 (3): 1093 – 1135.

[28] Dyck A, Zingales L. Private Benefits of Control: An International Comparison [J]. The Journal of Finance, 2004, 59 (2): 537 – 600.

[29] Dyck I J A, Zingales L. The Corporate Governance Role of the Media [M]. Rochester, NBER Working Paper Series, 2002 (9309).

[30] Easton P D. PE Ratios, PEG Ratios, and Estimating the Implied Expected Rate of Return on Equity Capital [J]. The Accounting Review, 2004, 79 (1): 73 – 95.

[31] Fama E F, French K R. Common Risk Factors in the Returns on Stocks and Bonds [J]. Journal of Financial Economics, 1993, 33 (1): 3 – 56.

[32] Fama E F, French K R. Multifactor Explanations of Asset Pricing Anomalies [J]. The Journal of Finance, 1996, 51 (1): 55 – 84.

[33] Fama E F, French K R. The Cross – Section of Expected Stock Returns [J]. The Journal of Finance, 1992, 47 (2): 427 – 465.

[34] Fama E F, Laffer A B. Information and Capital Markets [J]. The Journal of Business, 1971, 44 (3): 289 – 298.

[35] Fama E F. Efficient Capital Markets: A Review of Theory and Empirical Work [J]. The Journal of Finance, 1970, 25 (2): 383 – 417.

[36] Fatemi A, Glaum M, Kaiser S. ESG Performance and Firm Value: The Moderating Role of Disclosure [J]. Global Finance Journal, 2018, 38: 45 – 64.

[37] Fazzari S M, Hubbard R G, Petersen B C, et al. Financing Constraints and Corporate Investment [J]. Brookings Papers on Economic

Activity, 1988 (1): 141 -206.

[38] Fazzari S M, Petersen B C. Working Capital and Fixed Investment: New Evidence on Financing Constraints [J]. The Rand Journal of Economics, 1993, 24 (3): 328 -342.

[39] Feldman S, Soyka P, Ameer P. Does Improving a Firm's Environmental Management System and Environmental Performance Result in a Higher Stock Price? [J]. The Journal of Investing, 1997, 6: 87 - 97.

[40] Flammer C. Does Corporate Social Responsibility Lead to Superior Financial Performance? A Regression Discontinuity Approach [J]. Management Science, 2015, 61 (11): 2549 -2568.

[41] Fombrun C, Shanley M. What's in a Name? Reputation Building and Corporate Strategy [J]. The Academy of Management Journal, 1990, 33 (2): 233 -258.

[42] Forst A, Hettler B. Disproportionate Insider Control and the Demand for Audit Quality [J]. Auditing: A Journal of Practice & Theory, 2018, 38.

[43] Forte A. Corporate Social Responsibility in the United States and Europe: How Important Is It? The Future of Corporate Social Responsibility [J]. International Business & Economics Research Journal, 2013, 12 (7): 815 -824.

[44] Francis J, Nanda D, Olsson P. Voluntary Disclosure, Earnings Quality, and Cost of Capital [J]. Journal of Accounting Research, 2008, 46 (1): 53 -99.

[45] Friedman M. The Social Responsibility of Business is to Increase Its Profits [J]. New York Times Magazine, 1970, 32 -33.

[46] Fritz M S, Mackinnon D P. Required Sample Size to Detect the Mediated Effect [J]. Psychological Science, 2007, 18 (3): 233 -239.

[47] Gebhardt W R, Lee C M C, Swaminathan B. Toward an Implied Cost of Capital [J]. Journal of Accounting Research, 2001, 39 (1): 135 – 176.

[48] Gilchrist S, Himmelberg C P. Evidence on the Role of Cash Flow for Investment [J]. Journal of Monetary Economics, 1995, 36 (3): 541 – 572.

[49] Gordon M J. Dividends, Earnings, and Stock Prices [J]. The Review of Economics and Statistics, 1959, 41 (2): 99 – 105.

[50] Grossman G M, Krueger A B. Economic Growth and the Environment [J]. The Quarterly Journal of Economics, 1995, 110 (2): 353 – 377.

[51] Guariglia A. The Effects of Financial Constraints on Inventory Investment: Evidence from a Panel of UK Firms [J]. Economica, 1999, 66 (261): 43 – 62.

[52] Hadlock C J, Pierce J R. New Evidence on Measuring Financial Constraints: Moving Beyond the KZ Index [J]. Review of Financial Studies, 2010, 23 (5): 1909 – 1940.

[53] Hart S L. A Natural Resource – Based View of The Firm [J]. Academy of Management Review, 1995, 20 (4): 986 – 1014.

[54] Hayes A F. Beyond Baron and Kenny: Statistical Mediation Analysis in the New Millennium [J]. Communication Monographs, 2009, 76 (4): 408 – 420.

[55] He W P, Lepone A, Leung H. Information Asymmetry and the Cost of Equity Capital [J]. International Review of Economics & Finance, 2013, 27: 611 – 620.

[56] Heckman J J. Sample Selection Bias as a Specification Error [J]. Econometrica, 1979, 47 (1): 153 – 161.

[57] Hirschman A. Exit, Voice, and Loyalty: Responses to Decline

in Firms, Organizations, and States [M]. Harvard University Press, 1970.

[58] Hoechle D. Robust Standard Errors for Panel Regressions with Cross – Sectional Dependence [J]. Stata Journal, 2007, 7 (3): 281 – 312.

[59] Huang H, Wang Q, Zhang X. The Effect of CEO Ownership and Shareholder Rights on Cost of Equity Capital [J]. Corporate Governance: The International Journal of Business in Society, 2009, 9 (3): 255 – 270.

[60] Jamali D, Mirshak R. Corporate Social Responsibility (CSR): Theory and Practice in a Developing Country Context [J]. Journal of Business Ethics, 2007, 72 (3): 243 – 262.

[61] Jensen M C, Meckling W H. Theory of the Firm: Managerial Behavior, Agency Costs and Ownership Structure [J]. Journal of Financial Economics, 1976, 3 (4): 305 – 360.

[62] Jensen M C. Value Maximization, Stakeholder Theory, and the Corporate Objective Function [J]. Business Ethics Quarterly, 2002, 12 (2): 235 – 256.

[63] Joe J R, Louis H, Robinson D. Managers' and Investors' Responses to Media Exposure of Board Ineffectiveness [J]. The Journal of Financial and Quantitative Analysis, 2009, 44 (3): 579 – 605.

[64] Jones T M. Corporate Social Responsibility Revisited, Redefined [J]. California Management Review, 1980, 22 (3): 59 – 67.

[65] Kaplan S N, Zingales L. Do Investment – Cash Flow Sensitivities Provide Useful Measures of Financing Constraints? [J]. The Quarterly Journal of Economics, 1997, 112 (1): 169 – 215.

[66] Kim O, Verrecchia R E. The Relation among Disclosure, Returns, and Trading Volume Information [J]. The Accounting Review,

2001, 76 (4): 633 - 654.

[67] Komath M A C, Doğan M, Sayilir Ö. Impact of corporate governance and related controversies on the market value of banks [J]. Research in International Business and Finance, 2023, 65.

[68] Kotler P, Lee N. Corporate social responsibility: Doing the Most Good for Your Company and Your Cause [M]. John Wiley & Sons, 2004.

[69] La Porta R, Lopez - De - Silanes F, Shleifer A. Corporate Ownership around the World [J]. The Journal of Finance, 1999, 54 (2): 471 - 517.

[70] Lamont O, Polk C, Saa - Requejo J. Financial Constraints and Stock Returns [J]. Review of Financial Studies, 2001, 14 (2): 529 - 554.

[71] Lantos G. The Ethics of Altruistic Corporate Social Responsibility [J]. Journal of Consumer Marketing, 2001, 19 (3): 205 - 230.

[72] Larocque S. Disclosure, analyst forecast bias, and the cost of equity capital [D]. Canada: University of Toronto, 2009.

[73] Leuz C, Verrecchia R E. The Economic Consequences of Increased Disclosure [J]. Journal of Accounting Research, 2000, 38: 91 - 124.

[74] Lins K V, Servaes H, Tamayo A. Social Capital, Trust, and Firm Performance: The Value of Corporate Social Responsibility during the Financial Crisis [J]. The Journal of Finance, 2017, 72 (4): 1785 - 1823.

[75] Lintner J. The Valuation of Risk Assets and the Selection of Risky Investments in Stock Portfolios and Capital Budgets [J]. The Review of Economics and Statistics, 1965, 47 (1): 13 - 37.

[76] Liu C. Are Women Greener? Corporate Gender Diversity and

Environmental Violations [J]. Journal of Corporate Finance, 2018, 52: 118 - 142.

[77] Manner M H. The Impact of CEO Characteristics on Corporate Social Performance [J]. Journal of Business Ethics, 2010, 93: 53 - 72.

[78] McConnell J J, Servaes H. Equity Ownership and the Two Faces of Debt [J]. Journal of Financial Economics, 1995, 39 (1): 131 - 157.

[79] Miller G S. The Press as a Watchdog for Accounting Fraud [J]. Journal of Accounting Research, 2006, 44 (5): 1001 - 1033.

[80] Modigliani F, Miller M H. The Cost of Capital, Corporation Finance and the Theory of Investment [J]. The American Economic Review, 1958, 48 (3): 261 - 297.

[81] Monks R A G, Minow N. Corporate Governance [M]. The 5th Edtion, John Wiley & Sons, 2011.

[82] Moyen N. Investment - Cash Flow Sensitivities: Constrained Versus Unconstrained Firms [J]. The Journal of Finance, 2004, 59 (5): 2061 - 2092.

[83] Myers S C, Majluf N S. Corporate Financing and Investment Decisions When Firms Have Information That Investors Do Not Have [J]. Journal of Financial Economics, 1984, 13 (2): 187 - 221.

[84] Nelling E, Webb E. Corporate Social Responsibility and Financial Performance: The "Virtuous Circle" Revisited [J]. Review of Quantitative Finance and Accounting, 2009, 32 (2): 197 - 209.

[85] Ohlson J A, Juettner - Nauroth B E. Expected EPS and EPS Growth as Determinants of Value [J]. Review of Accounting Studies, 2005, 10 (2): 349 - 365.

[86] Ohlson J A. Earnings, Book Values, and Dividends in Equity

Valuation [J]. Contemporary Accounting Research, 1995, 11 (2): 661-687.

[87] Orazalin N. Do Board Sustainability Committees Contribute to Corporate Environmental and Social Performance? The Mediating Role of Corporate Social Responsibility Strategy [J]. Business Strategy and the Environment, 2020, 29 (1): 140-153.

[88] Orlitzky M, Schmidt F L, Rynes S L. Corporate Social and Financial Performance: A Meta-Analysis [J]. Organization Studies, 2003, 24 (3): 403-441.

[89] Pesaran M H. General Diagnostic Tests for Cross Section Dependence in Panels [J]. Cambridge Working Papers in Economics, 2004, 69 (7): 1240.

[90] Porter M E. Competitive Advantage: Creating and Sustaining Superior Performance [M]. The Free Press, a Division of Simon & Schuster Inc., 1985.

[91] Pratt S P, Grabowski R J. Cost of Capital: Applications and Examples [M]. The 5th Edition. John Wiley & Sons, Inc., 2014.

[92] Qin Y, Harrison J, Chen L. A Framework for the Practice of Corporate Environmental Responsibility in China [J]. Journal of Cleaner Production, 2019, 235 (Oct.20): 426-452.

[93] Ross S A. The Arbitrage Theory of Capital Asset Pricing [J]. Journal of Economic Theory, 1976, 13 (3): 341-360.

[94] Servaes, Henri, Tamayo, et al. The Impact of Corporate Social Responsibility on Firm Value: The Role of Customer Awareness [J]. Management Science, 2013, 59 (5): 1045-1061.

[95] Sharpe W F. Capital Asset Prices: A Theory of Market Equilibrium Under Conditions of Risk [J]. Journal of Finance, 1964, 19 (3): 425-442.

[96] Sheldon O. The Philosophy of Management [M]. Bristol, U. K. Thoemmes, 2001.

[97] Smith M, Yahya K, Amiruddin A M. Environmental Disclosure and Performance Reporting in Malaysia [J]. Asian Review of Accounting, 2007, 15 (2): 185-199.

[98] Suchard J A, Pham P K, Zein J. Corporate Governance and the Cost of Capital: Evidence from Australian Firms [J]. Journal of Applied Corporate Finance, 2012, 24 (3): 84-92.

[99] Tan H, Wang Z. The impact of confucian culture on the cost of equity capital: The moderating role of marketization process [J]. International Review of Economics & Finance, 2023, 86: 112-126.

[100] Tommaso C D, Thornton J. Do ESG Scores Effect Bank Risk Taking and Value? Evidence from European Banks [J]. Corporate Social Responsibility and Environmental Management, 2020, 27 (5): 2286-2298.

[101] Townsend R M. Optimal Contracts and Competitive Markets with Costly State Verification [J]. Journal of Economic Theory, 1979, 21 (2): 265-293.

[102] Turban D B, Greening D W. Corporate Social Performance and Organizational Attractiveness to Prospective Employees [J]. The Academy of Management Journal, 1997, 40 (3): 658-672.

[103] Velte P. Does ESG Performance Have an Impact on Financial Performance? Evidence from Germany [J]. Journal of Global Responsibility, 2017, 8.

[104] Whited T M, Wu G. Financial Constraints Risk [J]. The Review of Financial Studies, 2006, 19 (2): 531-559.

[105] Williams J B. The Theory of Investment Value [M]. www.bnpublishing.com, 2012.

[106] Wong C W Y, Miao X, CuiS, et al. Impact of Corporate Environmental Responsibility on Operating Income: Moderating Role of Regional Disparities in China [J]. Journal of Business Ethics, 2018, 149 (2): 363-382.

[107] 曹跃群, 刘冀娜. 我国服务业资本存量地区差异及其成因——基于空间经济学的实证分析 [J]. 数量经济技术经济研究, 2008, 25 (11): 71-84.

[108] 曾颖, 陆正飞. 信息披露质量与股权融资成本 [J]. 经济研究, 2006 (2): 69-79, 91.

[109] 陈宋生, 李文颖, 吴东琳. XBRL、公司治理与权益成本——财务信息价值链全视角 [J]. 会计研究, 2015 (3): 64-71, 95.

[110] 陈璇, 淳伟德. 环境绩效、环境信息披露与经济绩效相关性研究综述 [J]. 软科学, 2010, 24 (6): 137-140.

[111] 代昀昊. 机构投资者、所有权性质与权益资本成本 [J]. 金融研究, 2018 (9): 143-159.

[112] 戴亦一, 潘越, 刘思超. 媒体监督、政府干预与公司治理: 来自中国上市公司财务重述视角的证据 [J]. 世界经济, 2011 (11): 121-144.

[113] 翟淑萍, 刘湘宁, 霍欣欣. 融资约束、系统风险与资产定价 [J]. 金融论坛, 2012, 17 (8): 4-12.

[114] 杜剑, 徐筱彧, 杨杨. 气候风险影响权益资本成本吗？——来自中国上市公司年报文本分析的经验证据 [J]. 金融评论, 2023, 15 (3): 19-46, 125.

[115] 段云, 王福胜, 王正位. 多个大股东存在下的董事会结构模型及其实证检验 [J]. 南开管理评论, 2011, 14 (1): 54-64.

[116] 樊纲, 王小鲁, 朱恒鹏. 中国市场化指数——各地区市场化相对进程2009年报告 [M]. 北京: 经济科学出版社, 2010.

[117] 范建华, 张静. 基于Fama-French三因子模型的沪深

300指数效应实证研究［J］. 重庆工商大学学报（社会科学版），2013，30（3）：31–38.

［118］方杰，温忠麟. 三类多层中介效应分析方法比较［J］. 心理科学，2018，41（4）：962–967.

［119］符加林，黄晓红. 企业ESG表现如何影响企业全要素生产率？［J］. 经济经纬，2023，40（3）：108–117.

［120］高杰英，褚冬晓，廉永辉，等. ESG表现能改善企业投资效率吗？［J］. 证券市场导报，2021（11）：24–34，72.

［121］顾雷雷，郭建鸾，王鸿宇. 企业社会责任、融资约束与企业金融化［J］. 金融研究，2020（2）：109–127.

［122］郭华，罗彤，张洋. 金融资源配置水平与经济高质量发展［J］. 统计与决策，2021，37（23）：136–140.

［123］何贤杰，肖土盛，陈信元. 企业社会责任信息披露与公司融资约束［J］. 财经研究，2012，38（8）：60–71，83.

［124］贺建刚，孙铮，李增泉. 难以抑制的控股股东行为：理论解释与案例分析［J］. 会计研究，2010（3）：20–27.

［125］洪靖雅. 媒体负面报道与上市公司股价波动［J］. 财会通讯，2021（12）：58–62.

［126］胡建军，董大勇，金炜东. 企业社会责任信息披露与股票价格关系研究——沪市民营企业的经验证据［J］. 商业经济与管理，2013（4）：73–80.

［127］黄建元，靳月. 企业社会责任对权益资本成本的影响研究——基于企业社会责任报告与鉴证的视角［J］. 产业经济研究，2016（2）：87–95.

［128］黄俊，郭照蕊. 新闻媒体报道与资本市场定价效率——基于股价同步性的分析［J］. 管理世界，2014（5）：121–130.

［129］霍晓萍，林红英. 资本成本估算模型质量评价指标体系构建及应用［J］. 财会月刊，2021（9）：56–62.

[130] 纪茂利,董宝莹. CEO 过度自信、权益资本成本与融资约束 [J]. 财会通讯, 2020 (2): 66-69.

[131] 江艇. 因果推断经验研究中的中介效应与调节效应 [J]. 中国工业经济, 2022 (5): 100-120.

[132] 姜付秀,陆正飞. 多元化与资本成本的关系——来自中国股票市场的证据 [J]. 会计研究, 2006 (6): 48-55, 97.

[133] 姜付秀,王运通,田园,等. 多个大股东与企业融资约束——基于文本分析的经验证据 [J]. 管理世界, 2017 (12): 61-74.

[134] 姜英兵,崔广慧. 企业环境责任承担能够提升企业价值吗?——基于工业企业的经验证据 [J]. 证券市场导报, 2019 (8): 24-34.

[135] 蒋琰. 权益资本成本、债务成本与公司治理: 影响差异性研究 [J]. 管理世界, 2009 (11): 144-155.

[136] 鞠晓生,卢荻,虞义华. 融资约束、营运资本管理与企业创新可持续性 [J]. 经济研究, 2013, 48 (1): 4-16.

[137] 黎文靖,路晓燕. 机构投资者关注企业的环境绩效吗?——来自我国重污染行业上市公司的经验证据 [J]. 金融研究, 2015 (12): 97-112.

[138] 李百兴,王博,卿小权. 企业社会责任履行、媒体监督与财务绩效研究——基于 A 股重污染行业的经验数据 [J]. 会计研究, 2018 (7): 64-71.

[139] 李慧云,刘镝. 市场化进程、自愿性信息披露和权益资本成本 [J]. 会计研究, 2016 (1): 71-78, 96.

[140] 李培功,沈艺峰. 媒体的公司治理作用: 中国的经验证据 [J]. 经济研究, 2010, 45 (4): 14-27.

[141] 李青原,吴立扬,蔡贵龙. 非控股国有股权与民营企业权益资本成本 [J]. 证券市场导报, 2023 (5): 3-15.

[142] 李姝,翟士运,古朴. 非控股股东参与决策的积极性与

企业技术创新 [J]. 中国工业经济, 2018 (7): 155-173.

[143] 李姝, 赵颖, 童婧. 社会责任报告降低了企业权益资本成本吗?——来自中国资本市场的经验证据 [J]. 会计研究, 2013 (9): 64-70, 97.

[144] 李卫兵, 张凯霞. 空气污染对企业生产率的影响——来自中国工业企业的证据 [J]. 管理世界, 2019, 35 (10): 95-112, 119.

[145] 李扬, 张晓晶. "新常态": 经济发展的逻辑与前景 [J]. 经济研究, 2015, 50 (5): 4-19.

[146] 连玉君, 廖俊平. 如何检验分组回归后的组间系数差异? [J]. 郑州航空工业管理学院学报, 2017, 35 (6): 97-109.

[147] 连玉君, 彭方平, 苏治. 融资约束与流动性管理行为 [J]. 金融研究, 2010 (10): 158-171.

[148] 刘溶. 论政府与国有企业 [J]. 学术论坛, 2009, 32 (12): 57-62.

[149] 刘启亮, 李祎, 张建平. 媒体负面报道、诉讼风险与审计契约稳定性——基于外部治理视角的研究 [J]. 管理世界, 2013 (11): 144-154.

[150] 刘啟仁, 黄建忠. 异质出口倾向、学习效应与"低加成率陷阱" [J]. 经济研究, 2015, 50 (12): 143-157.

[151] 刘锡良, 文书洋. 中国的金融机构应当承担环境责任吗?——基本事实、理论模型与实证检验 [J]. 经济研究, 2019, 54 (3): 38-54.

[152] 卢洪友, 唐飞, 许文立. 税收政策能增强企业的环境责任吗——来自我国上市公司的证据 [J]. 财贸研究, 2017, 28 (1): 85-91.

[153] 卢锐, 赵家悦, 刘畅, 等. 资本市场开放的公司治理效应: 基于控股股东股权质押的视角 [J]. 会计研究, 2022 (2): 164-178.

[154] 毛新述, 叶康涛, 张頔. 上市公司权益资本成本的测度

与评价——基于我国证券市场的经验检验 [J]. 会计研究, 2012 (11): 12-22, 94.

[155] 孟晓华, 曾赛星, 张振波, 等. 高管团队特征与企业环境责任——基于制造业上市公司的实证研究 [J]. 系统管理学报, 2012, 21 (6): 825-834.

[156] 庞家任, 张鹤, 张梦洁. 资本市场开放与股权资本成本——基于沪港通、深港通的实证研究 [J]. 金融研究, 2020 (12): 169-188.

[157] 彭韶兵, 宋冰洁, 王玉. 高管股权激励与公司异常关联交易: 抑制还是加剧 [J]. 广东财经大学学报, 2021, 36 (2): 54-68.

[158] 钱颖一. 企业的治理结构改革和融资结构改革 [J]. 经济研究, 1995 (1): 20-29.

[159] 邱牧远, 殷红. 生态文明建设背景下企业 ESG 表现与融资成本 [J]. 数量经济技术经济研究, 2019, 36 (3): 108-123.

[160] 权小锋, 吴世农. 媒体关注的治理效应及其治理机制研究 [J]. 财贸经济, 2012 (5): 59-67.

[161] 沈红波, 谢越, 陈峥嵘. 企业的环境保护、社会责任及其市场效应——基于紫金矿业环境污染事件的案例研究 [J]. 中国工业经济, 2012 (1): 141-151.

[162] 沈洪涛, 金婷婷. 我国上市公司社会责任信息披露的现状分析 [J]. 审计与经济研究, 2006 (3): 84-87.

[163] 沈洪涛, 游家兴, 刘江宏. 再融资环保核查、环境信息披露与权益资本成本 [J]. 金融研究, 2010 (12): 159-172.

[164] 沈坤荣, 金刚. 中国地方政府环境治理的政策效应——基于"河长制"演进的研究 [J]. 中国社会科学, 2018 (5): 92-115, 206.

[165] 沈艺峰, 肖珉, 黄娟娟. 中小投资者法律保护与公司权益资本成本 [J]. 经济研究, 2005 (6): 115-124.

[166] 石晓峰, 仲秋雁. 媒体报道、所有权性质与上市公司债

务融资期限结构 [J]. 大连理工大学学报（社会科学版），2017，38 (3)：11-17.

[167] 史贝贝，冯晨，张妍，等. 环境规制红利的边际递增效应 [J]. 中国工业经济，2017 (12)：40-58.

[168] 宋婕，张俊民，李会云. 媒体报道能缓解企业融资约束吗？基于商业信用融资视角 [J]. 北京工商大学学报（社会科学版），2019，34 (4)：60-73.

[169] 苏忠秦，沈中华，黄登仕. 政治关联、终极控制人性质与权益资本成本 [J]. 南方经济，2012 (10)：74-87，101.

[170] 陶可，张维. 媒体报道与资产价格：一个文献综述 [J]. 金融评论，2018，10 (3)：112-121，126.

[171] 陶欣欣，江轩宇，谢志华，等. 社会责任履行影响企业劳动投资效率吗 [J]. 会计研究，2022 (6)：120-133.

[172] 田彩英. 资本成本估算研究的新进展：国外文献综述 [J]. 经济与管理评论，2013，29 (2)：93-97.

[173] 佟孟华，许东彦，郑添文. 企业环境信息披露与权益资本成本——基于信息透明度和社会责任的中介效应分析 [J]. 财经问题研究，2020 (2)：63-71.

[174] 屠光绍. ESG 责任投资的理念与实践（上）[J]. 中国金融，2019 (1)：13-16.

[175] 王斌，梁欣欣. 公司治理、财务状况与信息披露质量——来自深交所的经验证据 [J]. 会计研究，2008 (2)：31-38，95.

[176] 王冰洁，刘振涛. 管理层预测质量对权益资本成本的影响 [J]. 经济问题探索，2017 (11)：46-58.

[177] 王波，杨茂佳. ESG 表现对企业价值的影响机制研究——来自我国 A 股上市公司的经验证据 [J]. 软科学，2022，36 (6)：78-84.

[178] 王昶，王敏，龚钺. 媒体报道降低了股价崩盘风险吗？——

来自创业板的证据 [J]. 金融与经济, 2017 (4): 74-80.

[179] 王海军, 陈波, 何玉. ESG 责任履行提高了企业估值吗?——来自 MSCI 评级的准自然试验 [J]. 经济学报, 2023, 10 (2): 62-90.

[180] 王琳璘, 廉永辉, 董捷. ESG 表现对企业价值的影响机制研究 [J]. 证券市场导报, 2022 (5): 23-34.

[181] 王双进, 田原, 党莉莉. 工业企业 ESG 责任履行、竞争战略与财务绩效 [J]. 会计研究, 2022 (3): 77-92.

[182] 王晓梅, 龚洁松. 创业板市场 IPO 融资成本的影响因素研究 [J]. 北京工商大学学报 (社会科学版), 2012, 27 (1): 77-81.

[183] 魏志华, 曾爱民, 李博. 金融生态环境与企业融资约束——基于中国上市公司的实证研究 [J]. 会计研究, 2014 (5): 73-80, 95.

[184] 温忠麟, 侯杰泰, 张雷. 调节效应与中介效应的比较和应用 [J]. 心理学报, 2005 (2): 268-274.

[185] 温忠麟, 叶宝娟. 中介效应分析: 方法和模型发展 [J]. 心理科学进展, 2014, 22 (5): 731-745.

[186] 温忠麟, 张雷, 侯杰泰, 等. 中介效应检验程序及其应用 [J]. 心理学报, 2004 (5): 614-620.

[187] 邬彩霞. 中国低碳经济发展的协同效应研究 [J]. 管理世界, 2021, 37 (8): 105-117.

[188] 吴红军, 刘啟仁, 吴世农. 公司环保信息披露与融资约束 [J]. 世界经济, 2017, 40 (5): 124-147.

[189] 吴红军. 环境信息披露、环境绩效与权益资本成本 [J]. 厦门大学学报 (哲学社会科学版), 2014 (3): 129-138.

[190] 吴武清, 陈暮紫, 黄德龙, 等. 系统风险的会计决定: 企业财务风险、经营风险、系统风险的时变关联 [J]. 管理科学学报, 2012, 15 (4): 71-80.

[191] 武勇杰, 赵公民, 俞立平. 资本积累、外部性与地区差

异——基于地区吸收能力的视角 [J]. 现代经济探讨, 2019 (2): 19-25.

[192] 夏楸, 郑建明. 媒体报道、媒体公信力与融资约束 [J]. 中国软科学, 2015 (2): 155-165.

[193] 夏晓兰, 高凡懿, 赖黎. 企业金融化、媒体监督与财务风险 [J]. 金融论坛, 2020, 25 (11): 59-68.

[194] 肖作平, 黄璜. 媒体监督、所有权性质和权益资本成本 [J]. 证券市场导报, 2013 (12): 14-20.

[195] 肖作平. 终极所有权结构对权益资本成本的影响——来自中国上市公司的经验证据 [J]. 管理科学学报, 2016, 19 (1): 72-86.

[196] 肖作平, 周婧霏. 腐败、媒体关注与权益资本成本 [J]. 证券市场导报, 2021 (8): 36-47.

[197] 谢丹. 环境风险视域下企业自我规制研究 [J]. 企业经济, 2021 (12): 51-58.

[198] 谢德仁, 廖珂. 控股股东股权质押与上市公司真实盈余管理 [J]. 会计研究, 2018 (8): 21-27.

[199] 谢军, 黄志忠, 何翠茹. 宏观货币政策和企业金融生态环境优化——基于企业融资约束的实证分析 [J]. 经济评论, 2013 (4): 116-123.

[200] 辛杰. 企业文化对企业社会责任的影响:领导风格与高管团队行为整合的作用 [J]. 上海财经大学学报, 2014, 16 (6): 30-39.

[201] 熊艳, 李常青, 魏志华. 媒体"轰动效应":传导机制、经济后果与声誉惩戒——基于"霸王事件"的案例研究 [J]. 管理世界, 2011 (10): 125-140.

[202] 许开国. 资本配置效率的地区差异及影响因素分析 [J]. 山西财经大学学报, 2009, 31 (2): 34-39.

[203] 徐展,盛思思. 企业数字化转型能降低权益资本成本吗?——基于效率和风险视角的机制识别 [J]. 金融经济学研究:2023 (6): 1-15.

[204] 闫邹先,尚秋芬. 媒体监督、公司性质与上市公司合谋——一项基于上市公司的经验证据 [J]. 山东社会科学, 2008 (5): 100-103.

[205] 杨德明,赵璨. 媒体监督、媒体治理与高管薪酬 [J]. 经济研究, 2012, 47 (6): 116-126.

[206] 杨棉之,谢婷婷,孙晓莉. 股价崩盘风险与公司资本成本——基于中国A股上市公司的经验证据 [J]. 现代财经(天津财经大学学报), 2015, 35 (12): 41-51.

[207] 杨喆,田凯,薛文皓. 环境规制对企业绿色投资的影响研究——基于上市公司的经验证据 [J]. 重庆理工大学学报(社会科学): 2023, 37 (11): 1-20.

[208] 叶勇,李明,王雨潇. 媒体监督、经理人特征与掏空——基于我国家族上市公司的经验证据 [J]. 管理评论, 2017, 29 (2): 155-167.

[209] 于蔚,汪淼军,金祥荣. 政治关联和融资约束:信息效应与资源效应 [J]. 经济研究, 2012, 47 (9): 125-139.

[210] 余明桂,钟慧洁,范蕊. 民营化、融资约束与企业创新——来自中国工业企业的证据 [J]. 金融研究, 2019 (4): 75-91.

[211] 袁洋. 环境信息披露质量与股权融资成本——来自沪市A股重污染行业的经验证据 [J]. 中南财经政法大学学报, 2014 (1): 126-136.

[212] 张曾莲,邓文悦扬. 地方政府债务影响企业ESG的效应与路径研究 [J]. 现代经济探讨, 2022 (6): 10-21.

[213] 张磊. 公开信息披露、媒体报道基调与股票价格行为——基于权益变动类信息的新闻报道视角 [J]. 会计之友, 2017 (4): 96-99.

[214] 张琳, 赵海涛. 企业环境、社会和公司治理 (ESG) 表现影响企业价值吗? ——基于 A 股上市公司的实证研究 [J]. 武汉金融, 2019 (10): 36-43.

[215] 张飒. ESG 体系在我国的应用研究 [J]. 金融纵横, 2017 (11): 80-85.

[216] 张完定, 赵淑萍, 杨松蓉. 企业绩效与企业社会责任关系的实证研究 [J]. 统计与信息论坛, 2014, 29 (12): 44-49.

[217] 张长江, 张玥, 陈雨晴. ESG 表现、投资者信心与上市公司绩效 [J]. 环境经济研究, 2021, 6 (4): 22-39.

[218] 赵娜, 张晓峒, 朱彤. 董事声誉偏好与企业投资效率——基于中国 2005—2016 年上市公司的实证分析 [J]. 南开经济研究, 2019 (5): 198-224.

[219] 赵胜民, 闫红蕾, 张凯. Fama-French 五因子模型比三因子模型更胜一筹吗? ——来自中国 A 股市场的经验证据 [J]. 南开经济研究, 2016 (2): 41-59.

[220] 郑建明, 夏楸. 媒体报道、融资约束与投资效率 [J]. 财政研究, 2014 (9): 58-60.

[221] 中国证券投资基金业协会, 国务院发展研究中心金融研究所. 中国上市公司 ESG 评价体系研究报告 (2019) [M]. 北京: 中国财政经济出版社, 2020.

[222] 中国注册会计师协会. 财务成本管理 [M]. 1 版. 北京: 中国财政经济出版社, 2022.

[223] 仲秋雁, 石晓峰. 媒体关注、产权性质与上市公司融资约束——基于 Heckman 两阶段模型的实证检验 [J]. 商业经济与管理, 2016 (8): 87-97.

[224] 周方召, 潘婉颖, 付辉. 上市公司 ESG 责任表现与机构投资者持股偏好——来自中国 A 股上市公司的经验证据 [J]. 科学决策, 2020 (11): 15-41.

[225] 周嘉南,雷霆. 股权激励影响上市公司权益资本成本了吗?[J]. 管理评论,2014,26(3):39-52,176.

[226] 周键,刘阳. 制度嵌入、绿色技术创新与创业企业碳减排[J]. 中国人口·资源与环境,2021,31(6):90-101.

[227] 周珏廷,李善民. 国有股东如何化解民营企业股权质押危机?——对国有股东"用脚投票"治理机制的实证检验[J]. 证券市场导报,2023(10):25-38.

[228] 朱冰,张晓亮,郑晓佳. 多个大股东与企业创新[J]. 管理世界,2018,34(7):151-165.

[229] 朱梅. 媒体负面报道与会计监管——来自上市公司被立案调查的经验证据[D]. 北京:中央财经大学,2019.

[230] 祝继高,李天时,Tianxia Y. 董事会中的不同声音:非控股股东董事的监督动机与监督效果[J]. 经济研究,2021,56(5):180-198.

[231] 祝树金,张鹏辉. 出口企业是否有更高的价格加成:中国制造业的证据[J]. 世界经济,2015,38(4):3-24.

附　录

附表1　FAMA三因素模型测算权益资本成本的统计性特征　　　　　　　　　　（%）

年份	数量	均值	标准差	极小值	25分位	中值	75分位	极大值
2011	457	-30.703	6.004	-40.059	-36.117	-29.343	-26.545	-3.081
2012	500	5.041	6.195	-17.688	-1.170	7.720	10.172	24.896
2013	517	21.912	8.421	0.732	15.234	15.234	31.850	40.557
2014	525	48.487	7.468	9.940	46.543	50.383	53.828	61.557
2015	603	95.854	28.077	-32.713	81.010	85.621	123.578	133.815
2016	614	12.789	7.801	-17.360	7.963	8.203	19.179	40.614
2017	634	-16.083	5.338	-28.358	-21.846	-12.944	-12.944	0.895
2018	583	-35.509	4.834	-40.059	-40.059	-33.698	-33.698	-4.462
2019	635	24.140	4.211	3.671	20.626	20.626	28.804	33.803
2020	601	20.931	4.902	13.268	16.512	16.512	26.269	36.973
2021	592	23.660	0.491	20.406	23.555	23.555	23.890	30.368
总计	6261	16.282	36.722	-40.059	-12.944	16.512	28.804	133.815

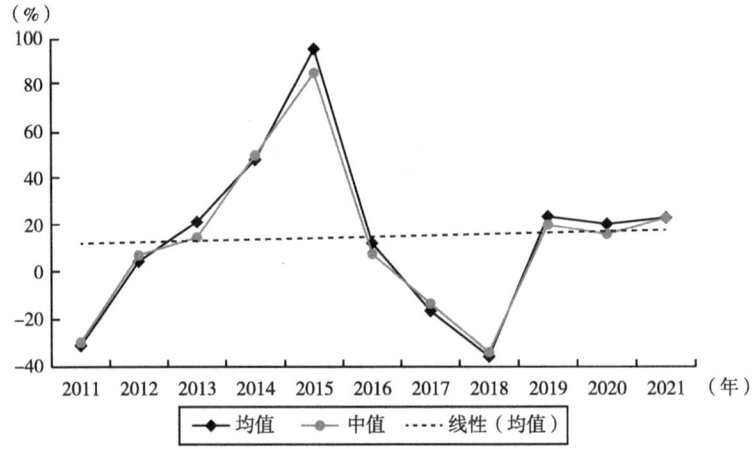

附图1 权益资本成本的均值、中值及均值变化趋势（FAMA）

附表2　PEG模型测算权益资本成本的统计性特征　　　　　　　　（%）

年份	数量	均值	标准差	极小值	25分位	中值	75分位	极大值
2011	446	7.356	3.369	0.824	4.732	7.022	9.590	15.428
2012	485	6.675	3.205	0.824	4.242	6.193	8.748	15.428
2013	504	6.187	3.144	0.824	3.876	5.756	8.097	15.428
2014	504	5.274	2.829	0.824	3.222	4.702	6.857	15.428
2015	568	4.531	2.500	0.824	2.734	4.093	5.708	15.428
2016	561	4.339	2.477	0.824	2.627	3.820	5.390	15.428
2017	561	4.419	2.416	0.824	2.690	3.920	5.576	15.428
2018	502	5.194	2.766	0.824	3.303	4.635	6.449	15.428
2019	517	4.369	2.575	0.824	2.597	3.768	5.521	15.428
2020	478	4.560	2.837	0.824	2.526	3.856	5.885	15.428
2021	456	4.337	2.596	0.824	2.528	3.713	5.521	15.428
总计	5582	5.160	2.961	0.824	3.002	4.478	6.655	15.428

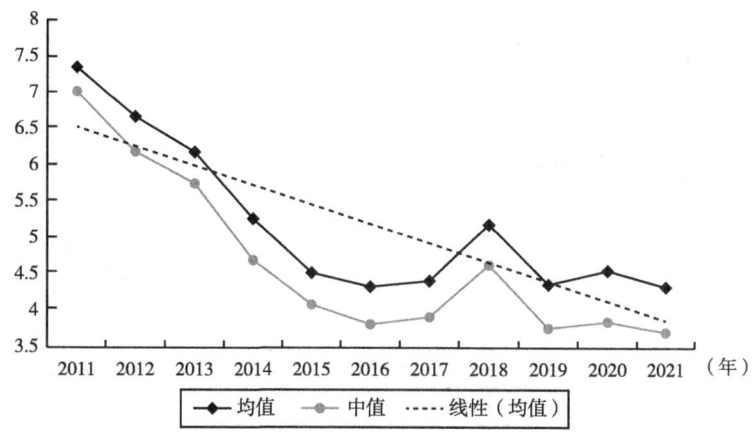

附图 2　权益资本成本的均值、中值及均值变化趋势（PEG）

附表 3　OJ 模型测算权益资本成本的统计性特征　（%）

年份	数量	均值	标准差	极小值	25 分位	中值	75 分位	极大值
2011	488	16.217	4.353	5.343	13.534	15.532	18.344	28.447
2012	545	14.577	3.756	5.343	12.196	14.323	16.774	28.447
2013	567	14.367	3.859	5.873	11.793	13.822	16.164	28.447
2014	572	12.913	3.517	5.343	10.463	12.655	14.775	28.447
2015	681	11.851	3.728	5.343	9.511	11.391	13.687	28.447
2016	675	12.171	3.368	5.343	10.016	11.924	14.009	28.447
2017	698	12.783	3.540	5.343	10.592	12.669	14.562	28.447
2018	652	15.014	4.234	5.343	12.429	14.299	17.113	28.447
2019	721	12.861	3.905	5.343	10.409	12.274	14.463	28.447
2020	706	12.274	3.950	5.343	9.611	11.375	13.983	28.447
2021	715	12.786	3.787	5.343	10.307	12.039	14.529	28.447
总计	7020	13.315	4.019	5.343	10.610	12.805	15.326	28.447

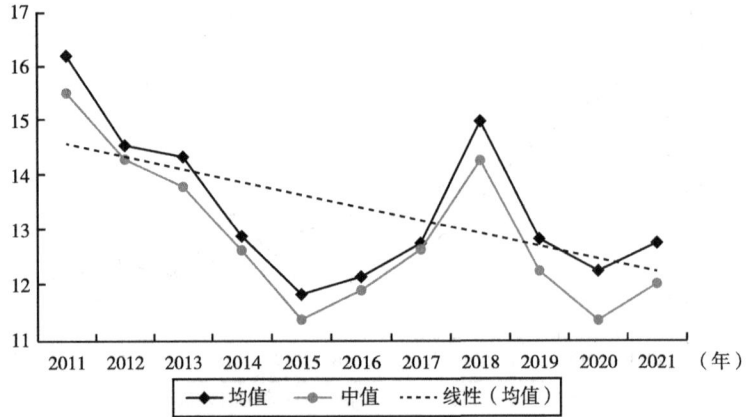

附图3 权益资本成本的均值、中值及均值变化趋势（OJ）

表 索 引

表1-1 章节及研究路径与机制的篇章演进 …………………… 15
表4-1 彭博、和讯以及华证ESG评价所涉企业比较 ………… 77
表4-2 控制变量的定义 ……………………………………… 79
表4-3 CAPM模型测算权益资本成本的统计性特征（%）…… 81
表4-4 ESG表现的统计性特征（%）………………………… 82
表4-5 环境保护表现的统计性特征（%）…………………… 84
表4-6 社会责任表现的统计性特征（%）…………………… 85
表4-7 公司治理表现的统计性特征（%）…………………… 87
表4-8 控制变量的统计性特征 ……………………………… 88
表4-9 ESG表现与权益资本成本单变量分析（按产权性质）……………………………………………………… 90
表4-10 ESG表现与权益资本成本单变量分析（按地区）…… 91
表4-11 环保表现与权益资本成本单变量分析（按产权性质）……………………………………………………… 93
表4-12 环保表现与权益资本成本单变量分析（按地区）…… 94
表4-13 社会责任表现与权益资本成本单变量分析（按产权性质）……………………………………………… 95
表4-14 社会责任表现与权益资本成本单变量分析（按地区）………………………………………………… 97
表4-15 公司治理表现与权益资本成本单变量分析（按产权性质）……………………………………………… 98
表4-16 公司治理表现与权益资本成本单变量分析（按地区）………………………………………………… 99

表 4-17	F 检验及 Hausman 检验	100
表 4-18	序列相关、异方差及截面相关检验	100
表 4-19	ESG 表现与权益资本成本（全样本）	102
表 4-20	ESG 表现与权益资本成本（按产权性质）	106
表 4-21	ESG 表现与权益资本成本（按地区）	109
表 4-22	环境责任表现与权益资本成本	112
表 4-23	社会责任表现与权益资本成本	114
表 4-24	公司治理表现与权益资本成本	117
表 4-25	ESG 表现及各子项与权益资本成本	120
表 4-26	Heckman 两阶段法的稳健性检验	123
表 4-27	两阶段最小二乘法回归结果	125
表 4-28	替换自变量的稳健性测试	127
表 4-29	替换因变量的稳健性测试（FAMA）	129
表 4-30	替换因变量的稳健性测试（OJ）	131
表 4-31	同时替换因变量、自变量的稳健性检验	133
表 5-1	中介效应路径及效应测算	146
表 5-2	联合中介效应路径及效应测算	147
表 5-3	融资约束的统计性特征	148
表 5-4	系统风险（Beta）的统计性特征	149
表 5-5	融资约束与 ESG 表现单变量分析（按产权性质）	151
表 5-6	融资约束与 ESG 表现单变量分析（按区域）	153
表 5-7	权益资本成本与融资约束单变量分析（按产权性质）	154
表 5-8	权益资本成本与融资约束单变量分析（按区域）	155
表 5-9	系统风险与 ESG 表现单变量分析（按产权性质）	156
表 5-10	系统风险与 ESG 表现单变量分析（按区域）	157
表 5-11	F 检验及 Hausman 检验	158
表 5-12	异方差自相关以及截面相关检验	159

表 5-13	基于融资约束中介的 ESG 表现与权益资本成本（递归法）	161
表 5-14	基于融资约束中介的 ESG 表现与权益资本成本（效应测算）	163
表 5-15	基于系统风险中介的 ESG 表现和权益资本成本（递归法）	164
表 5-16	基于系统风险中介的 ESG 表现与权益资本成本（效应测算）	165
表 5-17	融资约束与系统风险联合中介效应检验（递归法）	166
表 5-18	融资约束与系统风险联合中介效应测算（递归法）	168
表 5-19	基于融资约束中介的 Heckman 两阶段法检验（递归法）	169
表 5-20	基于融资约束中介的 Heckman 两阶段法检验（效应测算）	171
表 5-21	基于系统风险中介的 Heckman 两阶段法检验（递归法）	172
表 5-22	基于系统风险中介 Heckman 两阶段法检验（效应测算）	174
表 5-23	联合中介效应 Heckman 两阶段法检验（递归法）	174
表 5-24	联合中介效应 Heckman 两阶段法检验（效应测算）	176
表 5-25	基于融资约束中介的 Sobel 检验	177
表 5-26	基于系统风险中介的 Sobel 检验	178
表 5-27	基于融资约束中介的 Bootstrap 检验	179
表 5-28	基于系统风险中介的 Bootstrap 检验	179
表 5-29	融资约束与系统风险联合中介的 Bootstrap 检验	180

表6-1	媒体治理的统计性特征值	195
表6-2	公司性质的统计性特征值	196
表6-3	"四大"审计的统计性特征值	198
表6-4	媒体治理与权益资本成本单变量分析（按产权性质）	199
表6-5	媒体治理与权益资本成本单变量分析（按地区）	201
表6-6	ESG表现与权益资本成本单变量分析（按是否"四大"）	203
表6-7	F检验及Hausman检验	204
表6-8	异方差、序列相关及截面相关检验	204
表6-9	媒体治理调节的ESG表现与权益资本成本	205
表6-10	产权差异调节的ESG表现与权益资本成本	209
表6-11	审计主体差异调节的ESG表现与权益资本成本	211
表6-12	媒体治理调节效应的Heckman两阶段法检验	214
表6-13	产权性质差异调节效应的Heckman两阶段法检验	217
表6-14	审计主体差异调节效应的Heckman两阶段法检验	219
表6-15	媒体治理强度差异调节效应的费舍尔组合检验	221
表6-16	产权性质差异调节效应的费舍尔组合检验	224
表6-17	审计主体差异调节效应的费舍尔组合检验	225
表7-1	联合调节中介效应汇总测算	239
表7-2	核心变量相关性分析	241
表7-3	融资约束与媒体治理单变量分析（按产权性质）	242
表7-4	融资约束与媒体治理单变量分析（按地区）	243
表7-5	系统风险与媒体治理单变量分析（按产权性质）	244
表7-6	系统风险与媒体治理单变量分析（按地区）	245
表7-7	F检验及Hausman检验	246
表7-8	异方差、序列相关及截面相关检验	246
表7-9	基于媒体治理调节的ESG表现与融资约束	247

表 7-10	基于媒体治理调节的 ESG 表现、融资约束与系统风险	250
表 7-11	基于媒体治理调节的 ESG 变现与权益资本成本联合中介效应	253
表 7-12	ESG 表现与权益资本成本联合调节中介系数（递归法）	256
表 7-13	ESG 表现与权益资本成本联合调节中介效应（递归法）	257
表 7-14	ESG 表现与权益资本成本联合调节中介系数（Bootstrap）	261
表 7-15	ESG 表现与权益资本成本联合调节中介效应（Bootstrap）	263
表 7-16	ESG 表现与权益资本成本联合调节中介系数（Heckman）	264
表 7-17	ESG 表现与权益资本成本联合调节中介效应（Heckman）	265
附表 1	FAMA 三因素模型测算权益资本成本的统计性特征	299
附表 2	PEG 模型测算权益资本成本的统计性特征	300
附表 3	OJ 模型测算权益资本成本的统计性特征	301

图 索 引

图 1-1　研究框架 …………………………………… 12
图 1-2　技术路线 …………………………………… 13
图 1-3　实证内容的逻辑演进 ……………………… 16
图 4-1　权益资本成本的均值、中值及均值变化趋势
　　　　（CAPM）……………………………………… 81
图 4-2　ESG 表现均值、中值及均值变化趋势 …… 83
图 4-3　环境保护表现的均值、中值及均值变化趋势 … 84
图 4-4　社会责任表现的均值、中值及均值变化趋势 … 86
图 4-5　公司治理表现的均值、中值及均值变化趋势 … 87
图 5-1　ESG 与 COE ……………………………… 143
图 5-2　SA 中介效应 ……………………………… 143
图 5-3　Beta 中介效应 …………………………… 143
图 5-4　SA、Beta 联合中介效应 ………………… 143
图 5-5　融资约束的均值、中值及均值变化趋势 … 149
图 5-6　系统风险的均值、中值及均值变化趋势 … 150
图 6-1　媒体治理的均值、中值及均值的变化趋势 … 196
图 6-2　公司性质的均值、中值及均值的变化趋势 … 197
图 6-3　"四大"的均值、中值及均值的变化趋势 … 198
图 7-1　SA、Beta 联合中介效应 ………………… 233
图 7-2　Med 调节效应 …………………………… 233
图 7-3　媒体治理调节的联合中介示意 …………… 236
图 7-4　媒体治理调节下各路径基准占比折线图 … 258
图 7-5　媒体治理调节下各路径调节中介效应变化折线图 …… 258

附图 1　权益资本成本的均值、中值及均值变化趋势
　　　　（FAMA） ································· 300
附图 2　权益资本成本的均值、中值及均值变化趋势
　　　　（PEG） ·································· 301
附图 3　权益资本成本的均值、中值及均值变化趋势
　　　　（OJ） ··································· 302